Eve O. Schaub

UN AÑO
SIN
azúcar

SÉLECTOR

ACTUALIDAD EDITORIAL

Este libro no pretende sustituir la asesoría de un médico calificado. Su objetivo es proveer información general genuina sobre el tema. En caso de requerir atención profesional, consulte a su médico.

Year of no sugar
© Eve O. Schaub
Publicado originalmente por Sourcebooks, Inc.,
bajo un acuerdo con Lennart Sane Agency AB.

Un año sin azúcar
© Eve O. Schaub

D.R. © Carolina Lewis, por la traducción

iStockphoto, imagen de portada

SELECTOR
ACTUALIDAD EDITORIAL

D.R. © Selector S.A. de C.V. 2015
Doctor Erazo 120, Col. Doctores,
C.P. 06720, México D.F.

ISBN: 978-607-453-333-0
Primera edición: agosto de 2015

Consulte nuestro aviso de privacidad en www.selector.com.mx

Impreso en México
Printed in Mexico

Índice

Prólogo

David Gillespie

Hace diez años, mi esposa Lizzie realizó una cosa inaudita. Sin haber consultado a nadie y sin la aprobación de ningún experto, decidió que, en lugar de tener a nuestro quinto hijo, tendría gemelos. Ella estaba embarazada de nuestro bebé número cinco, y un buen día nuestro mundo de pronto se puso de cabeza. Estábamos por añadir un par de gemelos a nuestros otros cuatro niños (todos menores de nueve años en aquel entonces).

Yo tenía cuarenta kilos de sobrepeso y difícilmente podía con los cuatro niños que teníamos, ¡cuándo iba a poder con los gemelos! Estaba apático, de malas (o por lo menos eso era lo que la gente decía) y apenas tenía energía suficiente para permanecer en el trabajo y aguantar hasta llevar a los niños a la cama. Tener gemelos no iba a ser algo divertido. Desafortunadamente, el embarazo es una de esas fuerzas de la naturaleza con las que es imposible negociar. No habría alternativas:

en septiembre de 2003 íbamos a ser padres de seis niños. Decidí entonces que tenía que hacer algo con mi salud, en particular tenía que dejar de estar tan gordo.

No es que hubiera despertado una mañana y hubiera descubierto que de pronto colgaban cuarenta kilos extra en mi cintura. Había sido una acumulación paulatina e inevitable. Había trabajado en lograr esa llanta de refacción durante la mayor parte de mis tres décadas. De vez en vez había decidido que basta es basta. Había visto en la TV la dieta de la sopa de col o había leído acerca de *la dieta de* [escriba aquí el nombre de alguien famoso e inspirador]. Entonces me ponía a comer sopa de col tres veces al día, hacía la dieta de changuito: sólo plátanos; borraba los carbohidratos de mi dieta o 😊 iba al gimnasio. Tal vez todo eso pudo haber funcionado, bajaba medio kilo o un kilo por semana durante el tiempo que podía mantener activa mi fuerza de voluntad (normalmente, alrededor de dos semanas. ¿Qué puedo decir?, ¡soy débil!). Entonces me daba por vencido y todo el peso volvía, por lo general con intereses.

Pero esta vez estaba decidido. Tenía que entender cómo funciona mi cuerpo, por qué los humanos (no los animales con que se alimentan) son las únicas especies en el planeta que requieren fuerza de voluntad para controlar su peso. Tenía que saber por qué los tigres no se inscriben en Weight Watchers y por qué los changos no van al gimnasio.

Como era (y sigo siendo) abogado, asumí que no era más que mi falta de cercanía con la bioquímica el motivo por el cual estaba haciendo mal uso de mis técnicas para perder peso. Tenía que leer más acerca del tema, y no parar hasta tener las respuestas. Por fortuna, tengo buena relación con los médicos, por lo que contaba con muchas personas que podían decirme por dónde comenzar a leer (y dónde detenerme).

Una vez que me quedó claro ese lenguaje arcano y enredoso, descubrí que los científicos saben escalofriantemente mucho acerca de por qué estaba gordo: sabían que el azúcar era la causa. Tenían claro que la gordura era lo menos preocupante de consumir azúcar. Sabían que era la causa de diabetes tipo dos, de hígado graso e hipertensión, de enfermedades crónicas de los riñones e incluso del Alzheimer. Lo peor de todo es que ellos sabían que es altamente adictiva y que (por eso mismo) se añade libremente a los alimentos. No importaba de qué estuviera hecha el azúcar, si de maíz (HFCS), de forraje (caña de azúcar) o de remolacha (el azúcar que se vende en Europa): todo el azúcar contiene la molécula responsable del daño: la fructosa.

Yo no sabía nada de esto porque parecía que, al igual que con las compañías de tabaco, la gente que produce dinero de atiborrar nuestra comida de fructosa trabajan muy duro para asegurarse de que prestemos atención a cualquier otra cosa, menos al azúcar. Nos dijeron que era nuestra culpa que estuviéramos gordos. Somos barriles de manteca porque no podemos controlarnos a nosotros mismos, o porque no tenemos suficiente fuerza de voluntad para ir al gimnasio todos los días. Tenemos un defecto de carácter y bajo ninguna circunstancia tiene algo que ver con el azúcar.

Decidí que lo que tenía que hacer, si la ciencia estaba en lo correcto, era dejar de comer azúcar. Y lo hice. Entonces sucedió la magia. Después de unas semanas de espanto, que incluía intensos antojos, dolores de cabeza y permanecer alejado de los refrigeradores de refrescos en el supermercado, de repente ya no me sentía atraído por el azúcar. Las personas podían ofrecerme chocolate y era capaz de decir que no sin que me pesara. La fuerza de voluntad ya no parecía ser necesaria. Estaba aplicando una sola regla, una:

❧ *Si es dulce, no lo comas* ❧

Fuera de eso comía cualquier cosa que quisiera. Y el verdadero milagro era que estaba perdiendo peso. Cada semana la báscula dejaba de marcar otro kilo menos, con todo y que estuviera haciendo todo lo censurable: no estaba haciendo ejercicio, comía toda la comida grasosa que quería: ¡incluso queso! Era cosa de magia.

Para el siguiente año había bajado alrededor de cuarenta kilos. No puedo decir exactamente cuánto duró o cómo fue el proceso. No sé con mucha precisión cuándo fue que Lizzie decidió unirse a mi pequeña fiesta de la no-azúcar, o cuándo decidió que los niños se unieran también. No recuerdo con exactitud nada de esto, porque no lo escribía. En ese entonces todavía no era *blogger* (en 2003 quién lo era), tampoco escritor. Era un simple abogado que de día hacía su trabajo y de noche estaba obsesionado con los estudios médicos. Con toda seguridad no tenía tiempo de registrar nada de lo que hacía (como si a alguien le interesara, después de todo).

Entra en davidgillespie.org (en inglés), el blog del autor de este prólogo

Cinco años después escribí un libro acerca de los datos científicos que me habían motivado a actuar (*Sweet Poison*). Si lo hice, fue simplemente porque me quedaba muy claro que los datos científicos que había leído no podían pasar los filtros de la industria alimentaria y algo tenía que hacer al respecto. Pensé que un libro sería el único medio libre de la intervención de anunciantes o patrocinadores. Sin embargo, *Sweet Poison* no es un diario, sino una interpretación de datos científicos. No cuenta con los detalles que desea saber un candidato a ser disidente del azúcar. No puedo decir si es normal que los hijos se desesperen con la obsesión demente de sus padres por la comida; tampoco cómo lidiar con el sistema que atiborra a nuestros niños con azúcar como recompensa. No pude indicar cómo ser una persona libre de azúcar en una sociedad que está obsesionada con ella. Pero este libro sí puede. Y lo hace.

Descubrí el diario en línea de Eve, con sus aventuras libres de azúcar más o menos un mes después de que iniciara su travesía. Para entonces yo era exageradamente famoso en Australia (¡de verdad que sí lo era!), y el concepto de renunciar al azúcar se estaba volviendo costumbre ahí, por lo tanto era muy normal encontrar gran cantidad de blogs escritos por personas que estaban dejando el azúcar. Pero el blog de Eve era diferente. Los detalles eran exquisitos y amé su manera de aterrizar las ideas, su perspectiva simple y llana y sincera. Amé leer acerca de sus aventuras con su familia, las barreras que encontró en el camino y las dificultades reales de superar una obsesión nacional. Me recordó tantas situaciones por las que Lizzie y yo tuvimos que pasar y sobre las cuales yo jamás había escrito. Es el diario que a mí me hubiera gustado escribir.

Ahora que el blog se ha convertido en este estupendo libro, se han agregado muchos detalles y antecedentes. La historia tiene todavía más colores y matices, y Eve ha demostrado ser una estupenda escritora al encontrarse ahora libre de los grilletes que impone mantener un blog semanal. Estoy seguro de que te va a encantar la historia de Eve, pero más importante que eso es que estoy seguro de que te dará la motivación que necesitan tú y tu familia para optar por la vía libre de azúcar, hacia una vida mejor (y más larga). ¡Que la disfrutes!

CAPÍTULO 1

Amo el azúcar

E l azúcar y yo somos los mejoras amigos.

Amo el azúcar. ¡La aaaaaaamo! Amo absolutamente todo lo que tiene que ver con ella: la manera en que vuelve especiales los pequeños momentos; las ocasiones especiales las vuelve fabulosas. Me gusta caliente, burbujeante, sobre frutas aciditas como la zarzamora o las grosellas; para hacer las más suculentas y desquiciantes tartas y mermeladas. Amo cómo cruje con la granulación perfecta en las más deliciosas galletas y cómo un solo cubito puede hacer que un auténtico capuchino italiano logre una perfección de cuento de hadas.

Y ni siquiera he empezado a hablar del chocolate.

Conozco el poder del azúcar desde hace mucho. Cuando estaba en secundaria y nos dejaron de tarea hacer una presentación de "cómo se hace...". Aunque yo era espantosamente tímida, y me aterraba la idea de pararme frente al grupo, sabía exactamente lo que quería hacer: una demostración de los métodos para decorar pasteles, utilizando un modelo de dos pisos que hornearía para la clase. Pan comido.

El día de la presentación yo estaba muerta de miedo, pero emocionada. Después de todo, pensé "qué puede salir mal, si es un *pastel*". Llegó mi turno y yo, engalanada con mi mejor suéter y prendedores en el cabello, procedí a informar a mis compañeros de grupo cómo podían hacer los pasteles más bonitos e interesantes, y estoy segura de que mis compañeros les pareció fascinante el tema. Esto fue en 1982, antes de que Martha Steward hiciera por los quehaceres domésticos lo que Edward Cullen hizo por la palidez extrema. Cocinar pasteles y galletas no era ni remotamente divertido porque era lo que hacían las abuelitas cuando no estaban tejiendo mantitas de crochet de cuadros color mostaza y verde aguacate.

Sin embargo, todo parecía ir razonablemente bien hasta que llegué a la parte en que debía hacer los diseños con el betún usando los picos de un tenedor. Después de las ralladuras de chocolate, después de haber espolvoreado azúcar glas con ayuda de una servilleta, el betún debía ser el *grande finale*. Entonces me di cuenta, horrorizada, de que se me había olvidado el tenedor. ¡Oh, no!

Fue uno, de una larga lista, de momentos por los que pasé en secundaria, en los que deseaba tener un caparazón donde poder enroscarme y desaparecer. Pero a falta de caparazón, los cachetes se me pusieron color betabel e hice mi mejor esfuerzo para hacer de cuenta que la parte del tenedor no existía. Peores debacles han ocurrido en presentaciones públicas, traté de pensar, pero nada podía convencerme de ello en aquel momento.

Con todo y mis pésimas capacidades para hablar en público, y a pesar de la falta de tenedor, no todo estaba perdido. A mi maestra de inglés le gustó el discurso, sí, pero fue más allá: amó el pastel. Tengo el claro recuerdo de su cara radiante y rosada mientras todos nos atacábamos nuestra respectiva rebanada.[1] Ese día recibí lo que podemos llamar un perfectamente inmerecido diez. Para mí eso fue prueba suficiente del poder del azúcar.

Hasta donde soy capaz de recordar, siempre me gustó hornear postres y pasteles. Una vez, cuando tenía probablemente siete u ocho años, me dio por diseñar un menú escrito en letra manuscrita sobre tarjetas y toda la cosa, para invitar a la familia a "mi restaurante". Una mirada más analítica de aquel menú revelaría ahora que había dejado que mi mamá se ocupara de los pequeños detalles como la entrada, el plato fuerte y las guarniciones (sí, sí, lo que sea), mientras que yo me había concentrado en lo que era *realmente* importante, es decir: "Tarta de manzana para el postre". Hasta me había puesto a dibujar una bonita ilustración de la *pièce de rèsistance* en la portada del menú. Para mí aquella ocasión se fijó en mi memoria como que yo y sólo yo había preparado la cena.

Como la mayoría de los niños, sabía que el postre era algo especial, algo mágico. Cada tanto tiempo mi mamá hábilmente transformaba un montón de fruta en una deliciosa tarta y nos dejaba a mi hermano y a mí que jugáramos a hacer bolitas con los restos de masa cruda, la cual acabábamos comiendo trepados en el árbol del patio. Moría por tener un microhornito para poder hacer mis propias pócimas y experimentos mágicos, pero desgraciadamente Santa siempre ignoró mis aspiraciones culinarias (también ignoró mi petición de la cabeza de Barbie para peinar y maquillar, y lo mismo hizo con el conjunto de calzón y camiseta de la Mujer Maravilla). Entonces empecé a darle lata

---

[1] Momento, a ver, si no llevaba tenedor, entonces ¿con qué rayos nos comimos el pastel? Porque ese era el quid de la historia, ¿o no? La verdad es que no tengo la menor idea. Tal vez llevaba cucharas o comimos con los dedos o con palillos chinos, ve tú a saber.

y más lata a mi mamá para que me dejara usar el horno *de verdad*, hasta que finalmente cedió.

Hacía pasteles de cajita desde que pude alcanzar la barra de la cocina. Recuerdo el susto que pasé la primera vez que explotó una nube de harina en el aire al encender la batidora en una velocidad muy alta. No olvido mi profunda decepción la vez que olvidé ponerle a la receta algún ingrediente sin importancia (no sé, ¿tal vez polvo para hornear? ¿Qué tan importante podía ser? ¡Si sólo decía que había que ponerle media cucharadita!); el resultado fue un horrible pantano burbujeante.

Hubiera podido hornear bajo cualquier pretexto. Para la familia, para el vecino, para el perro del vecino, para quien fuera. Todo mundo amaba cuando hacía mis experimentos de repostería, con la posible excepción de mi mamá, quien pacientemente limpiaba el desorden que yo iba dejando. Después de todo, ¿a quién podría no gustarle el postre? Los postres para mí eran, y son, la máxima expresión de amor. Se encuentra más allá de la comida. Se encuentra mucho más allá del sustento. Es algo extra, algo especial, hecho porque alguien simplemente quiso dártelo. Mucho más que querer alimentarte, cuando te dan un postre es porque quieren que seas *feliz*. Hice la clara conexión, desde muy chica, de que el azúcar *es* el equivalente comestible del amor.

También aprendí que la privación del azúcar puede funcionar como castigo. Una vez que teníamos una niñera bastante descuidada, se me ocurrió la genial idea de llenarme los bolsillos con las joyas de mi mamá, bajar con ellas al patio y usarlas para decorar mis creaciones de plastilina. Por supuesto, cuando me distraje y me fui a jugar a otro lado las joyas desaparecieron. De pronto me di cuenta de que me había metido en un enoooooooorme problema.

Humillada, con la cara llena de llanto, esperé como un convicto mi sentencia. Al final, los poderes del castigo cayeron sobre mí: *no más postres*, por *un mes*.

Tal vez a ti esto no te suene tan grave, pero créeme: fue el castigo más efectivo que jamás hubieran podido imaginar. Yo estaba boquiabierta, horrorizada. ¿¡Un mes!? Eso era igual que decir "por toda la eternidad". Podía morir antes de cumplir mi condena. ¿No podían mejor darme veinte azotes en lugar de eso?

Pero no. Mirar a mi familia comerse un delicioso pastel Entenmann's —que sólo compraban ocasionalmente—, verlos disfrutar aquellas rebanadas de suave pan amarillo con betún que se desprende solito en una sola pieza, no fue la peor parte. La *peor* fue que ese, *ese* era el mes de un evento muy especial: la fiesta de la Princesa India, en la que tenía lugar nada más y nada menos que el concurso "Prepara tu propio *sundae*". ¡Santo Dios!

Nunca antes había estado en un concurso como ese, pero en ese momento sonaba como La-mejor-cosa-en-el-mundo-entero-para-siempre-jamás. Estaba más que horrorizada: estaba en *shock*. La Princesa India era una actividad auspiciada por la YMCA (y obvio que se trataba de algo políticamente correcto en aquel entonces). No era muy diferente de los *brownies* o de las chicas exploradoras, con quienes había muchos proyectos de destreza y marchábamos juntas en desfiles locales. Sin embargo, lo más importante de la Princesa India era que se trataba de una actividad para unir a padres e hijos, de modo que sabía que era mi papá quien debía llevarme. ¿Acaso rompería su promesa? ¿Tenía acaso la menor idea del potencial de felicidad que podía desatar en su pequeña Princesa India?

La respuesta a esa pregunta, de hecho, era "no". A pesar de que era bien conocida la debilidad de mi papá para conmigo y de que yo sabía que era un poquito más blandito, me imagino que mi mamá lo preparó con anticipación: "No más postres significa no-postres. Y punto". Me senté a mirar cómo todas mis amigas, junto con sus papás, apilaban montañas de helado en enormes *bowls*, cubiertos con lo que a mí me parecían las más deliciosas combinaciones de ingredientes que jamás había visto agruparse de aquel modo. No era sólo helado con chispas encima, ¡nooooo! Había M&M's, chocolate líquido y chiclosos de caramelo con mantequilla y hasta crema batida ¡de lata! ¡Uuuuuuuf! ¡Aquello fue el mismísimo Infierno!

Eso sí, déjame decirte cuándo volví a tocar las cosas de mi mamá: nunca.

Desde entonces ha pasado mucho tiempo. Durante mis años de adolescencia y los primeros años de mi adultez seguí cocinando repostería e incluso empecé a interesarme por cocinar comida de verdad (también). Nadie que yo conociera en la universidad parecía mínimamente interesado en esas cosas como yo. La mayoría se contentaban con comer cualquier cosa que pudieran llevarse a la boca en una cuchara, o con lo que sirvieran en los incontables comederos que había en el campus. Yo, mientras tanto, insistía en salirme del plan alimentario para preparar mis propios experimentos culinarios en la mini cocina que había del otro lado del pasillo de los dormitorios. Mientras que mis compañeras de piso descubrían los *shots* de gelatina o discutían acerca de sus poderes en Calabozos y Dragones, yo preparaba *hummus* en mi cuarto, quinoa a granel en la cooperativa del centro y trataba de averiguar cómo se pelaban los camarones encima de mi cubrecama. Cuando alguien se robó del refri comunal la tarta de manzana que había preparado con ingredientes caseros para el cumpleaños de una amiga, yo estaba que me llevaba el carajo. Simplemente no podía creerlo. Ro-ba-do. Con todo y molde. Robar dinero, casi podía entenderlo. ¿Pero comida? ¿Postre? ¡¡Una tarta *de cumpleaños*?! ¿Acaso estas bestias bárbaras no tenían la más mínima *humanidad*?

Por supuesto que no. Estamos hablando de que se trataba de jóvenes adultos cuya idea de cocina *gourmet* son los palitos de queso *mozzarella* que vendían en un carrito. Desde temprana edad yo me encontraba muy lejos de mis compañeros cuando se trataba de la pasión por la comida.

Al mismo tiempo me tocó ser una chica verdaderamente suertuda, ya que nunca me había visto en la necesidad de bajar de peso, de modo que las dietas de moda iban y venían sin que yo les hiciera el menor caso. Que si la dieta baja en carbohidratos, que si la de baja en grasas, que si la Atkins, que si la South Beach, que si la del tipo de sangre, que si la de come-todo-el-hígado-y-los-pistaches-que-quieras... A mí todas me valían sombrilla. La única que me llamó la atención a finales de los años noventa fue la famosa dieta de los Exterminadores del Azúcar, que dictaba que sus seguidores renunciaban por completo a los azúcares y la harina blanca.

"¡¿Por qué no mejor renunciaban a comer!?" Me burlaba para mis adentros cada que uno de mis conocidos declaraba haber perdido "una tonelada" con la dieta de los Exterminadores del Azúcar. Yo estaba indignada. Me sentía ofendida ante la sola sugerencia de que los pasteles y las tartas —*mis* pasteles, *mis* tartas—, hechos con ingredientes caseros, hechos con *amor*, podían ser dañinos. ¡Dañinos! "Esto ya fue demasiado lejos. ¿A caso se trata de que ya no podemos volver a divertirnos nuca más?"

CAPÍTULO 2

Salir del fumadero de opio

> *¿Cómo es que este objeto, esta especia, el azúcar,*
> *se convirtió en algo esencial?*
> *¿Cómo es que algo que debería ser como el azafrán, una cosa*
> *exótica, añadida, se convirtió en el ingrediente principal? ¿Cómo*
> *fue que toda una manera de cocinar ronda en torno al dulzor?*
>
> Bill Yosses
> Chef panadero de la Casa Blanca

La mañana que vi el video "Azúcar: la amarga verdad" en YouTube, mi cerebro explotó.

—Hey, Eve, ¡ven a ver esto! ¡Tienes que ver esto!

Mi esposo me llamaba desde el piso de arriba. Se trataba un video posteado en Facebook donde un aburrido doctor sermoneaba algo acerca del azúcar y la salud. "Ash, por favor, ¿qué tan convincente puede ser una cosa así?", pensé. Pero Steve ya había visto algunos minutos y estaba paralizado.

En goo.gl/Aopm69 puedes ver el video en inglés

En goo.gl/STOaaa hay una ponencia similar, en español

Para acortar lo ocurrido: lo vimos juntos alrededor de veinte minutos. Mi esposo se fue a trabajar, mientras que yo me quedé a ver el video hasta el final. Noventa minutos en total. Noventa minutos que cambiarían mi vida y la vida de mi familia para siempre.

El doctor Robert Lustig luce como un hombre sencillo, de complexión mediana, cabello gris y muy centrado. Es bueno con el PowerPoint y se ve que se siente cómodo diciendo frases como "análisis multivariacional de regresión lineal". Cuando inicia el video "Azúcar: la amarga verdad", se encuentra de pie ante un atril en un salón anónimo que se parece al de esos profesores de química que pueden hacer dormir a cualquiera. Jamás sospecharías que una conferencia de divulgación de noventa minutos impartida por ese hombre podría alcanzar los cinco millones y medio de visitas hasta ahora, pero eso era justo lo que había pasado.

"Voy a contarte una historia", decía Lustig al principio, "cuando termine de contar esta historia espero haber derribado los últimos treinta años de información nutricional que se difunde en los Estados Unidos".

En los primeros 17 minutos, Lustig deja caer pausadamente hechos contundentes que tienen la precisión de bombas:

- Como sociedad, pesamos aproximadamente diez kilos más de lo que pesaban nuestros colegas hace veinticinco años.
- El mundo experimenta una epidemia de obesidad entre los bebés de seis meses.
- Aun cuando nuestro consumo total de grasa ha disminuido, la obesidad ha aumentado de forma acelerada.
- La combinación de cafeína y sal en los refrescos está intencionalmente diseñada por las compañías refresqueras para hacerte beber más y más.
- Simplemente beber una lata de refresco al día equivale a siete kilos de gordura al año.
- Los estadounidenses actualmente están consumiendo 28 kilos de alta fructosa de jarabe de maíz por persona, al año.
- En México, el consumo promedio por persona, en 2014, fue de… ¡36 kilos!

Pero no es sino hasta el minuto veinte que Lustig deja caer las armas:

"Mi acometido, antes de que esta jornada termine, es demostrar que *la fructosa es un veneno*".

Muy bien, un *veneno*. Pero resulta que la fructosa se encuentra en el azúcar. En *todos* los tipos de azúcar.

Estaba enganchada, impresionada, sorprendida. ¿La alta fructosa de jarabe de maíz es mala? Bueno, está bien, todos sospechábamos eso. ¿El azúcar de mesa también? Hmmm, okey… Pero ¿la miel? ¿El jarabe de maple? ¿La miel de agave? ¿El jugo de fruta? Sip. Sip. Sip.

¡Pero qué rayos! ¿Por qué todos los esquemas y gráficas y teorías conspiratorias sobre las compañías refresqueras de este tipo parecían tener tanta razón? Y si era cierto que tenía razón, entonces ¿por qué nunca antes había escuchado de esto? ¿Que el jugo de fruta es veneno? ¿Y qué pasó con aquello de que "el jugo de fruta es un alimento saludable"? ¿Y qué pasó con aquello de que "la miel es buena porque es natural"? ¿Por qué no mejor nos dicen que todo lo que siempre nos dijeron acerca de nutrición está mal de fondo? Me recordó aquella parte de la película *El dormilón*, donde el personaje, que ha estado dormido durante doscientos años, empieza a pedir pan de trigo y miel orgánica, y los doctores le dicen que esas cosas no son tan saludables, que son "exactamente lo opuesto de lo que hoy sabemos que es verdad". ¿Será posible que toda nuestra cultura no sea sino un gran chiste de Woody Allen?

¿Será verdad, como dice Lustig en su conferencia, que nuestra cultura es el equivalente moderno de un fumadero de opio? Me doy cuenta de que, en todas partes hacia donde veo, la gente está enferma, tienen sobrepeso, padecen obesidad y son infelices. A todos lados donde volteo me doy cuenta de que el azúcar se encuentra en alguna de sus incontables presentaciones. ¿Será posible que nos hayamos convertido en unos adictos que sorben el popote de su refresco como si fuera la boquilla de una *hookah*, sin relacionar jamás de manera consciente la "droga" que elegimos consumir con el declive, cada vez más precipitado de nuestra salud?

Entonces se me ocurrió una idea. Una idea terrible. Justo en ese momento se me ocurrió una idea maravillosa y terrible.

Qué pasaría si… pensé.

Si…

Lo pensé. Lo pensé de nuevo. No podía dejar de pensarlo. Fue como si alguien hubiera desparramado agua mineral sobre el teclado de mi cerebro. Chisporroteaba y burbujeaba emitiendo un extraño zumbido que sólo yo podía escuchar. Olvídate de la imagen de un foco encendido sobre mi cabeza. Esto era como un lanzallamas de acetileno. Me di cuenta de que lo mejor sería hablar con Steve.

Mi marido pensó que estaba completamente chiflada, pero lo disimuló muy bien. En lugar de horrorizarse o de ponerse despectivo, me preguntó intrigado y un poquito aprensivo:

—¿Un año entero sin azúcar? Humm… —dudó.

Sí, bueno, pues esa era mi idea: toda la familia —mi esposo Steve, nuestras dos hijas de seis y once años y yo misma— se abstendría de comer azúcar añadida durante *un año completo*. Entre más lo pensaba, más razonable me parecía. ¿Por qué no *evitar el azúcar*, específicamente la fructosa? Imagínate qué tan difícil puede ser.

Después de todo, yo soy escritora y estaba buscando un nuevo proyecto en qué concentrarme. Había visto el documental de *Súper engórdame* y había leído *Animal, Vegetable, Miracle*, había visto *Julie & Julia*, proyectos de personas que no eran expertos *per se*, pero que tenían un gran deseo de superarse y de hacer algo insospechado, algo que rompiera con lo establecido y, quién sabe, tal vez en el proceso llegar a alguna conclusión imprevista acerca de sí mismos o acerca de la cultura en que vivimos.

Para ver *Súper engórdame*, entra en goo.gl/9S54AY

Todos ellos tenían qué ver con comida. Todos ellos tenían que ver con un periodo definido. Esa era la clave: sabía que nunca conseguiría tener a bordo a todo mundo, a menos de que el experimento tuviera un inicio y un final bien establecidos. Un lapso de un año era suficiente para hacer algo realmente significativo, representaba un verdadero compromiso y planteaba una manera completamente distinta de hacer las cosas. Tal vez era tiempo suficiente hasta para ver algunos cambios potenciales en nuestro propio desarrollo. ¿Cambiaría nuestro temperamento? ¿Disminuiría nuestra cintura, nuestra circulación, nuestro paladar? Y bueno, después de todo, no era *para siempre*.

Sabía que hasta ese momento no habíamos pasado un solo día sin consumir azúcar en una presentación o en otra. Tal vez ni siquiera en una sola comida. De modo que estaba garantizado que este experimento sería capaz de desencadenar toda clase de respuestas impredecibles. Y eso me encantaba.

Pensé en empezar a escribir un blog para llevar un registro de todo lo que pasara, el día a día y las peripecias que implicaba. Me pareció que podía ser interesante, o tal vez sorprendente, tal vez frustrante o incluso divertido. A la escritora que hay en mí le encantaba la idea de buscar respuestas, una por una, como una Sherlock Holmes de la cocina, y no sólo por nosotros sino por otras personas igual de curiosas como yo. ¿A alguien se le habrá ocurrido antes hacer esto? ¿Realmente podemos hacerlo? ¿Qué va a pasar si lo hacemos? ¿Seremos infelices y miserables durante doce largos meses? ¿Nos pondremos flacos, paliduchos y enclenques debido a la falta de alegre dulzura en nuestra dieta? O por el contrario, ¿desarrollaremos niveles sobrehumanos de salud y agilidad? ¿Guardaremos reservas secretas de dulces en los zapatos y de cupcakes en el cajón de los calcetines? Oh… ¡Dios! ¡¿Qué va a pasar cuando llegue Halloween? ¿Y Navidad?!

Bueno, pensé, sólo hay una manera de averiguarlo.

Casi puedo escucharte decir: "Espera, eso fue demasiado rápido. ¿Qué?, ¿ni siquiera fuiste para defender a tu amada azúcar? ¿No te dio por darte una zambullidita en el caudaloso río de la negación?"

Por eso tal vez sea bueno que me regrese un poquito.

Hasta antes del año en que hicimos el experimento, puedo decir que nosotros —mi esposo, yo y nuestras dos hijas, Greta e Ilsa— éramos una familia *bastante* normal en términos de comida. Tal vez un poco liberales, a la mitad entre lo orgánico y el lado oscuro de la chatarra, pero a pesar de todo permanecíamos a mitad del camino. Comíamos carne. Nos gustaban las chucherías. Nos encantaban los postres. Cuando el circo venía a la ciudad, echábamos por la borda toda precaución para zamparnos un enorme y abultado algodón de azúcar color rosa eléctrico, a pesar de todo sentido común. La vida es corta, pensaba, aunque por otro lado tomaba las precauciones de una típica mamá preocupona de Vermont (que si carne "libre de hormonas", que si el maíz GMO, que si evitar los peligrosos pesticidas que le echan a las papas) y procuraba mantenerlas a raya. No quería que mis niñas crecieran con miedo a la *vida*.

Habíamos llegado a ese punto particular y perfectamente equilibrado, luego de haber experimentado con una buena cantidad de dietas. Especialmente después de que las niñas nacieran, ya que pudimos tener algo de tiempo para semejantes disparates. Yo había sido estrictamente vegetariana con diferentes variantes de tono e intensidad durante más de dos décadas, y mi esposo también había incursionado en el arte de los vegetales, aunque me había llegado un rumor de que lo había hecho para impresionar a cierta novia… que resultó que era yo.

Una vez que estuvimos casados, Steve comenzó a revelar su lado carnívoro. Casi siempre yo cocinaba en casa, así que la comida vegetariana siguió siendo la regla de la casa, aunque no siempre fuera la de sus habitantes.

De lo que me di cuenta cuando Steve y yo nos casamos, fue de que también había heredado a un pariente experto en nutrición: Bill, el papá de Steve. Tal vez llamarlo "experto" no sea la palabra más adecuada para alguien que cambiaba tan frecuentemente de opinión, y a veces de manera tan radical. *Obsesivo* podría quedarle mejor. Era un hombre empeñado en la idea de una salud superior y del uso de los nutrientes para conseguirla.

Bill, quien falleció hace algunos años, era vegetariano antes de que la gente siquiera supiera lo que era eso. En el pasado, cuando las tiendas de salud eran negocios marginales, frecuentadas y operadas por personas que pensaban que vivir en comuna podía ser una idea viable. Pero Bill Schaub no era un hippy de pelo largo, ni mucho menos. Era un abogado pulcro, bien afeitado y peinado, que se postuló durante décadas para ser el director regional del Consejo Nacional de Relaciones Laborales, al grado de que le fue conferido el rango meritorio de Jefe Ejecutivo por el presidente Bill Clinton. Trato de imaginarlo caminando a la tienda de granola, vestido de traje y su loción para después de afeitar compitiendo con el olor a patchouli y a germen de trigo.

En una de sus historias favoritas, Bill Schaub contaba que le creció el bigote (¡por supuesto que sí!, ¡eran los años setenta!). Este crecimiento, no obstante, coincidió con una de las etapas de mayor interés en el valor nutricional de los mangos. Le dio por importar cajas de fruta por su propia cuenta, lo que resultó naturalmente en que su bigote castaño se volviera anaranjado brillante de la cantidad de mango que pasaba por sus labios.

Hay un montón de anécdotas de Bill Schaub parecidas a esta que ilustran no sólo su pasión y decisión cuando la nutrición y la comida eran el tema, sino también su naturaleza mercurial: un año eran mangos y al siguiente podía ser cualquier otra cosa. Cuando tuvimos a nuestra hija Greta, mientras otras personas nos regalaban los libros infantiles *El puerquito y el perrito* y *Huevos verdes con jamón*, el abuelo Bill nos mandaba *Niños a prueba de enfermedades: alimente a sus hijos de la manera correcta*. Bill tenía una suscripción a la *Revista de Higiene*, del doctor Shelton, y *The China Study* era su idea de lectura ligera para pasar la tarde. La primera vez que escuché sobre la dieta Atkins fue porque Bill la llevaba. Después de treinta años como vegetariano, se despertaba una mañana resuelto a no comer otra cosa que carne, en el desayuno, la comida y la cena.

Steve heredó de su padre no sólo una actitud disciplinada hacia la comida, sino también la habilidad de mantenerse firme ante dietas extrañas y restrictivas. Además de todo, es marino, lo que por lo general significa que puede ser un instructor exigente consigo mismo. Lo he visto hacer la lucha con dietas de agua, de huevo y carne, de vegetales, de vitaminas y todo lo que se puedan imaginar. Tanto, que me he visto obligada a convencerlo de que renuncie al ayuno. En una ocasión fue un preocupante periodo de dos semanas, aunque con supervisión médica.

La dieta que Steve y yo hicimos juntos fue la del Plan Mac Dougall, la cual, ahora que lo pienso, se trataba básicamente de comer arroz integral con arroz integral encima. Me la pasaba el día entero soñando con un sándwich de queso asadito y un yogurt. "¡Cómete una manzana!", sugería Steve alegre y despreocupado, cuando me quejaba de tener hambre entre comidas. No duré más de dos días.

Entonces, con la ayuda de Steve y su papá he llegado a saber más de lo que quisiera acerca de la comida y las manías alimentarias. Estaba cansada de las exageraciones que se suponía debían ser la respuesta para todo: para tener más energía, para curar el cáncer. Quería que mi familia comiera sano, pero de una manera que fuera psicológicamente sustentable.

MIEDO A LA COMIDA
STEPHEN SCHAUB

La comida y yo siempre hemos tenido una relación complicada, en parte por la obsesión de mi padre con una dieta
saludable. De manera que cuando Eve me dijo que quería
que nuestra familia llevara a cabo el programa piloto "Un
año sin azúcar", aparecieron en mi mente y emociones
algo así como un *flash-back* oscuro a mi propia infancia,
confusa y llena de precauciones hacia la comida.

Mi padre tenía grandes inquietudes intelectuales y
siempre estuvo en busca de la dieta perfecta que le pro-
veyera una vida de buena salud, libre de enfermedades;
sobre todo del cáncer. Algunos de mis primeros recuerdos de infancia tienen que ver con mi padre en ayuno
riguroso, comiendo MONTONES de lechuga y llevándonos a
mí y a mi hermano a la tienda de productos saludables a
comprar frutas y vegetales frescos. Cuando nos llevó a ver
Star Wars al cine, yo al principio no estaba emocionado
porque pensé que tal vez nos llevaba a una conferencia
sobre las virtudes del brócoli o algo así. Servía grandes
jarras de agua filtrada por ósmosis inversa y hablaba acerca de los beneficios del cartílago de tiburón. Sus *hobbies*
eran extraños, nadie en ese entonces había oído hablar
del yoga o de la jardinería orgánica. Con el paso de los
años, su dieta lentamente recorrió el mapa completo del
extremismo alimentario conforme leía nuevos libros y lite-
ratura sobre nutrición: un día podía comer sólo vegetales

y pararse de cabeza en la sala, y al día siguiente sólo comía carne y hablaba de lo rudo del entrenamiento ruso. Ese era mi papá.

Mi madre, por otro lado, amaba las golosinas y siempre se esforzó para amortiguar las obsesiones alimentarias de mi padre. Mientras que mi padre estaba en lo suyo, ella cocinaba comida normal para el resto de nosotros, comidas típicas del medio oeste: carne, vegetales y puré. Mi hermano y yo amábamos el pudín de chocolate que nos daba de botanita después de la escuela, pero teníamos que acabar con él sin dejar ni el más mínimo rastro antes de que mi padre llegara del trabajo. No me malinterpreten, mi padre no era un tirano controlador de la comida, era más como si tratara de salvarnos de todas esas cosas malas que hay por ahí, y de las consecuencias de una dieta pobre en nuestra vida. Era amor en forma de lechuga y zanahorias.

Cuando mi padre fue diagnosticado con cáncer a sus cincuenta y nueve años, no pude sino sentir que gran parte de su vida había sido construida en una creencia que lo había traicionado. La buena comida te hace saludable. El sacrificio de no comer una golosina en particular, o un tipo de comida, será recompensada con una mejor calidad de vida y longevidad. ¿Estaba equivocado? A pesar de todos sus esfuerzos, de todos sus estudios en nutrición y de toda la dedicación a un plan alimentario u otro, la enfermedad que más temía vino a apoderarse de él.

Incluso después del diagnóstico, mi padre se negó a renunciar a sus creencias en el poder de la nutrición y de llevar la alimentación a límites exagerados, lo que probablemente fuera muy importante, ya que su creencia en el poder sanador de la medicina moderna se tambaleaba. Escuchó a su doctor hasta cierto punto, pero su verdadera fe estaba puesta en lo que él había decidido que era la perfecta dieta anticáncer: un riguroso régimen de licuado de lechuga, grandes rebanadas de sandía y la ocasional papa horneada sin aderezo.

Tal vez todos sus esfuerzos realmente ayudaron a prolongar su vida —después del primer diagnóstico: etapa cuatro de un linfoma no hodgkiniano, pudo vivir otros cinco años—, pero de ser así, el costo fue tremendo. Esta nueva dieta requería un esfuerzo mucho mayor que todas las anteriores y afectó nuestra relación con él por el resto de su vida. Durante esos años, las visitas eran complicadas, la preparación de las comidas llevaba una parte significativa de cada día: había que comprar, lavar, secar y triturar campos enteros de lechuga fresca para convertirla en una bebida color verde kriptonita. Viajar se hacía prácticamente imposible. Respetamos el hecho de que quisiera tener algún sentido de control sobre su propia vida e hicimos lo mejor que pudimos para superar lo difícil de la situación. ¿Qué más podíamos hacer, si lo amábamos?

Al final, como tantos que sufren de cáncer, mi padre tuvo una muerte horrible. Siempre sentiré tristeza de pensar en la manera en que se fue distanciando de los miembros de su familia, de sus amigos y conocidos, como resultado de la relación con la comida a lo largo de su vida.

De manera que esta fue la historia enraizada en lo profundo de mí que se avivó cuando escuché la sugerencia de mi esposa, con un sentimiento de curiosidad entremezclada con miedo. Eve es una mujer muy inteligente. Sabía que el hecho de que sugiriera una idea tan radical, en especial con el conocimiento que ella tenía de la larga historia de mi padre y sus miedos con la comida, significaba por fuerza que se trataba de algo realmente importante para ella. Hemos tenido un matrimonio fuerte (hasta ahora, trece años y contando); por mucho más que ese tiempo, ella ha sido mi mejor amiga, mi compañera, la mejor defensora de mi trabajo como artista. ¿Cómo podría no apoyarla en esto?

Después de semanas de hablarlo, de consultar con profesionales, de asegurarnos de que no arruinaríamos la infancia de nuestras niñas o que no les crearíamos un temor por la comida —como el que hay en mí hasta cierto grado—, yo cautelosamente di mi voto para echar a andar el proyecto. A esas alturas, Eve ya iba muy adelante y a todo vapor.

Descubrimos que somos miembros de una comunidad con restricciones alimenticias cada vez mayor y en constante aumento. Algunos lo son de forma voluntaria, otros no. A diferencia de cuando era una adolescente (desde mi perspectiva de niña, parecía como si todo el mundo pudiera comer de todo), en estos tiempos tenemos muchos, pero muchos amigos "de etiqueta", cada uno con su nombre y sus restricciones: tenemos a los no-consumo-gluten, a los siempre-le-pongo-chía-*aloquesea*; tenemos a los sólo-compro-productos-orgánicos, esos que llevan la dieta de como-carne-sin-cocer, como lo hacían nuestros antepasados hace dos millones de años; tenemos a los amigos veganos (aseguran que pueden levitar), a los sólo-adquiero-productos-locales, los que son alérgicos a las nueces, los que son intolerantes a la lactosa; no faltan los amigos que no me puedo imaginar qué pueden comer además de cartón y engrudo. A veces las restricciones son voluntarias, otras veces son parte de una decisión terminante y, las más de las veces, la necesidad de tal o cual restricción depende de un argumento ambiguo, algo así como: "No, no me han diagnosticado que sea celiaco/lacto alérgico/ intolerante o digestivamente incompatible con el color morado, pero simplemente me *siento* mucho mejor cuando evito comer harinas, quesos, berenjenas y uvas". Podrás entender por qué todos los expertos en etiquetas son constantemente cuestionados por sus ansiosos anfitriones acerca de cómo lidiar con tantos posibles invitados que o bien:

1. No pueden comer…
2. No quieren comer…
3. Preferirían que los hirvieran vivos antes de que les sugirieran considerar la posibilidad de comer…

   … tantas cosas.

Por cierto, ¿mencioné que vivo en Vermont? Hogar de todos aquellos que quieren volver a lo natural, de la gente con estilo de vida experimental y donde hay más terapistas alternativos y masajistas de los que puedes señalar agitando una vara. Aquí he visto más cosas buenas-asquerosas puestas sobre un plato en el nombre de la salud de las que quisiera guardar en la memoria. Las suficientes como para decir que la ensalada de jícama con calabacita *nunca* será tan sabrosa como esperas que sea. Nunca voy a olvidar cuando Greta era chiquita y la mamá de una de sus compañeras describía, como no queriendo, la manera en que sus hijos estaban jugando con su desayuno de siempre, de "tofu y zanahorias", y ya no pude escuchar el resto de la historia porque quedé como en shock. "*¿En serio?* —pensé— *¿Tofu y zanahorias* para el desayuno? ¡Eso es como para tomar a nuestro querido paladar y hacerle hara-kiri en ese momento!

Luego tenemos que, como Vermont todavía es parte de los Estados Unidos, el *otro lado* del espectro también se encuentra por todas partes. Lo llamaremos *la peste* de la era moderna. Greta a la edad de once años solía llegar de la escuela con entretenidas historias de que sus compañeros iban diario a Pizza Hut y a McDonald's, y de que todos los días comían helado después de la cena. Yo misma me he sentido desmayar de ver a los niños que llevan carretonadas de golosinas para el lunch, y de los litros de Sprite que se reparten en los paseos escolares. Un día estaba en el súper y me quedé boquiabierta del horror ante el carrito de una mujer en frente de mí que no llevaba otra cosa que no fuera azúcar, en diferentes variedades y en coloridos paquetes: refresco, bebidas "deportivas", polvo de Kool-Aid, vasitos de pudín, cereal azucarado. Vivimos en la misma ciudad y llevaba a un niño en el asiento del carrito, igual que yo, pero me sorprendió muchísimo ver cuán grande era la diferencia entre nuestros carritos. Como si viniéramos de planetas diferentes o de especies diferentes.

Mucho antes del día fatal en que me puse a ver el documental del doctor Lustig, yo ya cuestionaba la manera en que consumimos una cantidad realmente desmesurada de ideas. ¿Cuál es el mejor camino entre comer todo y no comer nada? ¿Dónde se hallaba nuestra familia entre los que son de McDonald's y los que son de desayunar tofu y zanahorias? ¿Cuál es el punto medio entre estar preocupado todo el tiempo y no preocuparse nunca? Desde hace mucho he sentido que hay tantos y diferentes parámetros hacia los que me siento moral, ética o nutricionalmente impelida a obedecer o seguir, que seguirlos todos al mismo tiempo puede hacer que la dieta de nuestra familia se convierta en un trabajo de tiempo completo sin paga. ¿Orgánico? ¿Animales criados en libertad? ¿Animales criados sin hormonas? ¿Productos locales? ¿Productos de empaque ecológico? ¿Productos no-genéticamente modificados? ¿Animales que no nacieron en un laboratorio? ¿Ingredientes impronunciables? ¿Y qué hay de la leche pasteurizada contra la leche sin pasteurizar? ¿Acaso está permitido que nos preocupemos de si el sabor es rico o no? Se *supone* que entre más sepamos somos mejores detractores de tal o cual tendencia, pero la verdad era que yo entre más sabía, más frustrada me sentía en el supermercado.

Había estado buscando una solución tipo "navaja de Okham" (para más o menos parafrasearlo: "la respuesta más simple usualmente es la correcta") para el problema de la alimentación en la era moderna. Después de leer los consejos de Michael Pollan, que son de una simplicidad absolutamente zen: "Come comida. No demasiada. Sobre todo plantas", decidí que de todo lo que había oído esto era lo más cercano a algo sustentable y razonable. Desde ese momento en adelante me propuse ser una mamá responsable, que cuida lo que su familia come, dentro de límites sensatos. Si no podía encontrar en el súper carne de vacas criadas en libertad, a regañadientes compraba pollo común y corriente. Si no podía encontrar manzanas bonitas que fueran orgánicas, compraba las del mercado local aunque no lo fueran. Iba al mercadito de los granjeros y me esforzaba por comprar productos locales, pero con toda seguridad acabaría comparando jalapeños que venían de México si se me antojaba preparar mi receta de pavo enchilado. No puedes ser Mary Prácticamente Perfecta Poppins todo el tiempo, de modo que hacía mi mejor esfuerzo y después dejaba de darle demasiada importancia a lo que no estaba en mis posibilidades. *Lo que viene siendo "la feliz medianía de mierda".*

Una charla amenísima de Michael Pollan puedes verla en esta liga: goo.gl/EMBq1w

Y entonces, un día, me di cuenta de un disturbio en el orden natural de las cosas. Puedo recordar claramente la primera vez que surgió. Estábamos planeando la fiesta de Greta, su quinto cumpleaños, cuando una de las mamás me preguntó por los ingredientes de mis cupcakes. Yo los recité en un dos por tres, fácil y confiada de que no podía haber objeciones para mi repostería casera: harina, azúcar, polvo para hornear, vainilla.

—¡Uy, vainilla! —me detuvo—. Ariella no puede probar la vainilla. Contiene jarabe de maíz y se vuelve loca.

"¿Jarabe de maíz? ¿En serio? Qué cosa tan extraña preocuparse por algo como eso", pensé. Aunque la mamá me aseguró que se hallaba en *todo* y que su hija se ponía errática e hiperactiva siempre que consumía alguna cosa que tuviera ese ingrediente. Pero si no se trataba de un pastelillo impostor comprado en la panadería del supermercado. ¡Era horneado *en casa*! ¡Hecho con *amor*! Hasta donde yo me quedé, la comida hecha en casa era comida saludable, y punto. ¿Acaso no era eso lo que decía Michael Pollan?

Más tarde me di cuenta de que de lo que mi amiga hablaba era, de hecho, algo llamado jarabe de maíz de *alta fructosa*. Y como tres mili-segundos después hice la conexión y comencé a darme cuenta de que bueno, sí, el JMAF de hecho *estaba* en todo. Casi siempre que leía la lista de ingredientes de una caja estaba ahí, como un ex novio fastidioso al que todavía no le cae el veinte. "Mmh, bueno, esto como que suena raro", pensé.

Y de pronto, como salido de quién sabe donde, el jarabe de maíz de alta fructosa estaba en todas las conversaciones, la gente hablaba de él pelando los ojos y haciendo exclamaciones de "Oh, ¿pero no has oído?". Parecía que el JMAF se estaba convirtiendo en el Área 51 del mundo de la comida: propenso a las controversias, a las teorías conspiratorias y eventualmente rechazado por la mayoría. Lo cierto era que en ese momento los escépticos le hacían el fuchi y los creadores de teorías conspiratorias sobre el JMAF estaban a la alza. Los comerciales nocturnos y los anuncios de las revistas mostraban atractivas mamás discutiendo acerca de lo que contenía o no contenía JMAF, aunque no supieran ni de lo que estaban hablando.

De pronto los productos comenzaron a exhibir la ausencia del in-grediente en su empaque: "Hecho con verdadera caña de azúcar", lo que realmente significaba: "No le agregamos misteriosos productos químicos que suenan a que pueden ser cosa mala". Sitios web enteros abocados a promover la inocencia o malignidad del JMAF. Parecía que el motivo por el que las personas se alarmaron así fácil y así de rápido, se basaba en el hecho de que de un momento para otro todos se dieron cuenta al mis-mo tiempo de que esta cosa estaba *en todo*. Los estadounidenses pueden tolerar un montón, mientras tengan al menos la ilusión de que pueden elegir. Aquí la ilusión de que en el supermercado podemos elegir por fin había revelado que en realidad no hay de dónde elegir: no había escape del aullido tenebroso del monstruo del JMAF: ¡Boooooo! Era como si la industria de la comida hubiera tomado una decisión por todos nosotros mientras dormíamos. Habían conspirado en una covacha sospechosa, con las persianas abajo, y al día siguiente nos despertamos y nos dimos cuenta de lo que pasaba. Parecía que nos estuvieran diciendo: "¿Ah, sí?, ¿quieren comprar pan en el súper? ¿Quieren galletas? ¿Y aderezo para las ensaladas? Dicen que están muy ocupados para preparar todas estas cosas en casa, ¿no? Bueno, pues aquí están los hombres de negocios. Nosotros podemos ser bastante razonables. Escuchen: les vamos a hacer una oferta que no pueden rechazar…"

Yo me mantenía un poco escéptica, igual que con lo del jugo Noni que según esto curaba todo mal por arte de magia (no importa por qué), ¿ahora resulta que el JMAF es mágicamente malo (no importa por qué)? Sin embargo, como muchos consumidores responsables, simplemente no me gustaba cómo sonaba todo esto. ¿De qué demonios se trataba? ¿Por qué estaba por todas partes? ¿Por qué era tan difícil encontrar galletas o cereal o pan que no lo tuviera? ¿Qué tanta porquería de esa hemos estado comiendo sin ni siquiera darnos cuenta? ¿Por qué no usar azúcar o miel o algo… ya sabes, más natural? De modo que, basados en este análisis súper científico de los hechos, nuestra familia abruptamente dejó de consumir productos que contuvieran JMAF. Había muchas otras cosas qué comprar y representaba sólo un poco más de trabajo al leer las etiquetas. De cualquier forma, Michael Pollan advierte que es preferible comprar alimentos con menos de cinco ingredientes, así que tratamos de apegarnos a eso. Hacíamos nuestro pan en casa, con miel del mercado local, comprábamos piloncillo para las galletas y las tartas, y una vez más pudimos sentirnos como buenas personas que cuidamos lo que come nuestra familia.

Por un rato.

CAPÍTULO 3

Dulce veneno

A sí fue como la discípula del maestro llegó a ver el video de noventa minutos del doctor Robert Lustig, y la palabra del profeta iluminó sus ojos con la luz de la verdad. Ella no se quedó ciega, no; sin embargo, se hallaba perturbada. Ella vio con nuevos ojos que la maligna sustancia había traído la peste y había sembrado enfermedad a su paso, y vio que la sustancia maligna se hallaba por todas partes, y quedó por completo frikeada.

La cosa es así: jamás me embrollaría con lo que dijera un doctor o un nutriólogo o cualquiera que tuviera credenciales de cualquier tipo. En realidad no soy el tipo de persona a la que le puedes pedir que te explique alguna teoría médica. Está bien, sé que no soy la siguiente Sanjay Gupta y puedo vivir con eso.

Pero nuestra familia había decidido *no consumir azúcar añadida durante un año* (los parámetros del régimen que me prometí seguir se explican a detalle en los capítulos siguientes), y es importante entender que no era simplemente un capricho o un juego, no era una calentura del momento y mucho menos un reto masoquista. En verdad era el resultado de estar *plenamente convencida,* desde lo más honesto y profundo, de que el azúcar que se encuentra en todas partes nos está haciendo daño, nos enferma y nos hace engordar, y casi nadie se da cuenta de ello. Así, quise hacer algo al respecto, algo real, algo que nos demostrara a nosotros mismos y a los otros lo que implica alejarse del azúcar.

> Sanjay Gupta es un médico estadounidense de gran presencia mediática. Entra a su blog en goo.gl/aFmM9Y

¿Has visto el comercial donde una mamá de aspecto inteligente y responsable trata de hacer sentir estúpida a otra mamá por evitar el jarabe de maíz de alta fructosa? "No importa si es azúcar de maíz o azúcar de caña, tu cuerpo no sabe cuál es la diferencia"; ese es el eslogan de la campaña. Lo más chistoso es que están en lo correcto.

En "Azúcar: la amarga verdad", el doctor Robert Lustig explica que, al contrario de la opinión popular, el jarabe de maíz de alta fructosa *no es peor* para tu organismo que el azúcar de mesa común y corriente. Simplemente *los dos son igual de malos.* ¿Cuál es el motivo? La fructosa. Y es aquí donde el argumento se vuelve complicado. Cuando dejas de hablar de azúcar y empiezas a hablar de fructosa, y traes a cuento palabras como *grelina* y *leptina* y *antidesestandarizacionismo,* la gente se empieza a poner nerviosa y a querer irse. Diles que la grasa engorda o que los carbohidratos engordan o que la comida de color beige engorda, y las personas escuchan, se acuerdan y creen en lo que les dices. Ah, pero explícales que la fructosa impide la supresión de grelina y no es lo mismo.

Por consecuencia, lo que se muestra a continuación es mi mejor intento por resumir los argumentos —que no siempre son tan claros que digamos— de lo que el azúcar (la fructosa) le hace a tu cuerpo (cosas malas), y por qué es tan terrible todo esto (nos está matando). Conforme desarrollo este planteamiento, procuraré ir apoyándome en los argumentos de dos importantes defensores antiazúcar que saben mucho más de bioquímica que yo: el antes mencionado doctor Robert Lustig, endocrinólogo pediatra y profesor en la Universidad de California, en San Francisco; y David Gillespie, el autor de *Sweet poison* y prologuista de este libro. Citaré también algunas estadísticas de otras fuentes, como el Centers for Disease Control and Prevention (CDC) o del Journal of the American Medical Association (JAMA).

Entonces, sin ir más lejos, develemos nuestra deslumbrante Lámina Informativa Fácil de Usar (bueno, lo de "fácil" está por verse).

De cómo la fructosa engorda y hace daño

1. *Toda* el azúcar contiene fructosa.
2. La fructosa no te quita el hambre; te hace comer más de lo que tu cuerpo realmente necesita.
3. La fructosa no puede ser procesada por ningún órgano de tu cuerpo, a excepción del hígado.
4. Al procesar la fructosa, el hígado produce otras sustancias malas: ácido úrico y ácidos grasos.
5. El exceso de ácido úrico es causa de enfermedades como:
   Gota
   Hipertensión

6. Demasiados ácidos grasos causan:
   Esteatohepatitis no alcohólica, que en español también se llama enfermedad grasa hepática no alcohólica (EHNA)
   Enfermedades cardiovasculares
   Resistencia a la insulina y diabetes tipo 2
   Obesidad

7. A la combinación de dos o más de los padecimientos enumerados arriba se le llama **Síndrome metabólico**, del cual prácticamente no se había oído nada hasta hace unas cuantas décadas. *Uno de cada cinco norteamericanos lo padece hoy en día.*

8. Por si fuera poco, se ha comprobado que la circulación de ácidos grasos acelera el aumento de las células cancerosas.

9. El consumo de fructosa se ha elevado 341% en el último siglo y continúa incrementando.

10. ¿Cómo le llamamos a algo que nuestro cuerpo no necesita y que cuando lo consumimos genera sustancias tóxicas y da como resultado debilitamiento, enfermedades y a final de cuentas la muerte? Bueno, los doctores le llaman *veneno*.

Es demasiado para asimilarlo de un solo bocado, ¿no es cierto? Vayamos punto por punto:

1. *Toda el azúcar contiene fructosa:* Dime el nombre de un azúcar, cualquier azúcar: azúcar de mesa, jarabe de maíz de alta fructosa, jarabe de maple, melaza, jarabe de agave, jarabe de caña evaporada, miel de abeja, jugo de fruta, azúcar glas, azúcar morena, fructosa cristalina… En cada una, el dulzor fue extraído de una fuente original, llámese fruta, tubérculo, savia de árbol, panal o caña.

En la mayoría de los endulzantes, el dulzor viene de combinar glucosa con fructosa[2]. Los porcentajes de fructosa en cada endulzante varían: tanto el azúcar de mesa como el jarabe de maíz de alta fructosa son aproximadamente mitad fructosa, mitad glucosa. Considerado supuestamente saludable, el jarabe de agave contiene más de 90% de fructosa. Ahora, aquí viene algo importante: la glucosa es buena. La glucosa es lo que tu cuerpo y el de todos los seres vivos usan para transportar energía y es a lo que Lustig se refiere como "el combustible de la vida". La falta de capacidad del cuerpo para acceder a esa buena glucosa es lo que resulta en diabetes. Pero regresaremos a eso un poquito más adelante.

2. *Repito, repito: La fructosa no te quita el hambre, te hace comer más de lo que tu cuerpo realmente necesita.* Hace mucho, mucho tiempo, nuestro cuerpo sólo encontraba fructosa en porciones pequeñas, en las frutas de temporada. Y no sólo era la fruta, sino que con ella necesariamente venían grandes cantidades de fibra y micronutrientes que ayudaban a balancear cualquier efecto potencialmente nocivo de esa pequeña cantidad de fructosa.

Los problemas comenzaron hace siete mil años, cuando los humanos tuvieron una brillante idea. Un día, después de disfrutar mascando el tallo de una deliciosa caña de azúcar, como se había hecho durante siglos, a alguien se le ocurrió intentar extraer la mejor parte. El resultado fue que la savia dulce se volvió avasalladoramente popular, por supuesto. Tanto, que los fulanos que descubrieron semejante hallazgo decidieron experimentar con otras cosas y obtuvieron un resultado similar, como pasó con la extracción de jugo de algunos tubérculos, especialmente dulces. Sin embargo, este proceso era intenso y com-

---

[2] Con excepción de la fructosa cristalina, que se compone sólo de fructosa.

plicado, por lo que el dulce fue prohibitivamente caro durante mucho tiempo. No fue sino hasta la Revolución Industrial que el precio del azúcar, repentinamente y de manera irrevocable, comenzó a descender la espiral. De manera paralela, la gente empezó a añadir azúcar cada vez a más y más cosas. Finalmente, en 1975 el jarabe de maíz de alta fructosa arribó al escenario como lo último en ingredientes baratos; fabricado de maíz que había sido subsidiado por el gobierno y empleado como relleno prácticamente en todo, desde los embutidos y las sopas hasta la fórmula láctea para bebé.

Desafortunadamente, la fructosa hace algo muy chistoso, bioquímicamente hablando. Algo de lo que no nos habíamos dado cuenta hasta que un gran número de personas comenzaron a consumir cantidades industriales de esa sustancia durante largos periodos. La fructosa, conforme se presenta en el organismo, produce una fisura en el delicado y perfectamente bien orquestado ballet de hormonas: la fructosa no impide la producción de grelina (la hormona del hambre), tampoco estimula la producción de insulina o leptina (la hormona que produce la sensación de estómago lleno). De modo que obtienes *todas* las *calorías* de la fructosa, claro, pero te quedas tan hambriento como si no te las hubieras comido, así que sigues comiendo.

Lo más aterrador de todo esto en términos prácticos es que, según muestran los estudios, un adolescente que se toma un refresco antes de comer, *comerá más* durante esa comida, y no menos, como podría esperarse.[3] Y en nuestra cultura, por supuesto, eso significa que comerá *más azúcar*. Es un círculo vicioso.

Ahora imagínate que el sistema nutricional de tu país estuviera dominado por la costumbre de comer… digamos, cartón. Imagínate que

---

[3] Robert Lustig, en el video "Sugar: The Bitter Truth".

DULCE VENENO | 47

a todo el mundo le fascina comer cartón, que nos parece la cosa más deliciosa y *se lo agregamos a todo*. El problema es que el cartón no es un nutriente que nuestro cuerpo necesite o quiera, de modo que nuestras hormonas no pueden identificarlo. No nos hace sentir satisfechos por mucho que comamos, así que seguimos come y come cartón. Nuestro cuerpo tiene que hacer algo con todo ese cartón, así que empezamos a desarrollar una "panza cartonera" mientras que nos preguntamos ¿por qué siempre tenemos tanta hambre? ¿Por qué nos cuesta tanto trabajo bajar de peso? Bueno, lo mismo pasa con la fructosa.

Excepto que es peor, porque…

3. *La fructosa no puede ser procesada por ningún órgano de tu cuerpo a excepción del hígado (ya lo había dicho, pero más vale que quede claro).* Otra clave que indica que tu cuerpo no está hecho para consumir grandes cantidades de fructosa es que carecemos de receptores para ello: ninguna célula de nuestro cuerpo tiene un tapete en la entrada que diga: "¡Bienvenida, fructosa!", todo lo contrario, la mayoría tiene letreros de advertencia en los que se lee "La fructosa no es bienvenida aquí" o "Aquí no hablamos fructosa".

Por consecuencia, sólo 20% de las calorías de la glucosa acaban en el hígado, el resto se absorbe y es usado a lo largo del proceso digestivo, mientras que *toda* la fructosa, 100% de sus calorías, va directo al hígado y tiene que ser procesada por él, como si fuera una toxina. Y justo como pasa con las toxinas, una vez que llegan al hígado, muchas cosas pueden suceder, todas ellas malas, hasta donde sabemos.

Lustig compara los efectos de la fructosa con los de otra sustancia que conocemos y amamos: el etanol (alcohol). Si comparamos los síntomas del consumo a largo plazo de alcohol con aquellos que produce el consumo a largo plazo de fructosa, veremos que comparten ocho o doce desórdenes. Cosita de nada, como la pancreatitis y la dislipidemia. Él concluye que "la fructosa es alcohol sin diversión" y asegura que darle a tu hijo un refresco o *un jugo* es el equivalente metabólico a darle una cerveza. ¿Qué tan aterrador suena eso?

4. *Regresemos al punto de las sustancias malas:* el ácido úrico y los ácidos grasos. Igual que sucede con las toxinas, cuando el hígado tiene que procesar fructosa genera sustancias no-tan-buenas para el organismo. En grandes cantidades, esas sustancias no-tan-buenas causan problemas específicos e identificables que pueden agravarse con el paso del tiempo, por ejemplo, el exceso de ácido úrico es causa de enfermedades como:

Gota. Se caracteriza por ataques agudos de artritis inflamatoria. La gota era conocida por ser una "enfermedad de reyes" o "la enfermedad de los caballeros" porque quienes más la padecían eran las personas adineradas. Recuerda que el azúcar era muy cara hace sólo cien años.

Hipertensión. El ácido úrico bloquea una importante enzima del hígado, la encargada de controlar la presión sanguínea. De acuerdo con un reporte de 2010 de la CDC, 25% del total de la población estadounidense mayor de 18 años estaba diagnosticado con hipertensión.

¿Quieres comprobar los resultados (en inglés)?
Entra en goo.gl/8LxRgy

---

5. *Demasiados ácidos grasos causan:*
Enfermedad grasa hepática no alcohólica (EHNA). La cirrosis ya no es una enfermedad que sólo le da a los alcohólicos, ¡no, señor! La EHNA, al igual que la versión alcohólica, es resultado de la acumulación de tejido graso en el hígado, lo que genera inflamación y tejido de cicatrización. En el pasado ni siquiera se había oído hablar de la modalidad

no alcohólica de la enfermedad de hígado graso. Fue identificada y se le dio nombre apenas en la década de los 80, y David Gillespie, en su libro que ya mencionamos, cita estudios en los que se estima que más de 24% de la población estadounidense la padece hoy en día.

> La Clínica Mayo fue la que mostró las evidencias de la EHNA: goo.gl/IQyAOE (en inglés)

Enfermedades cardiovasculares. Hipertensión, angina de pecho, ataques cardiacos, infartos… ¿Te suena familiar alguna de estas enfermedades? Desafortunadamente, los padecimientos cardiovasculares están a la alza últimamente: uno de cada cuatro fallecimientos en los Estados Unidos en 2009. Las enfermedades cardiacas son el asesino número uno en Estados Unidos hoy en día.

> En México no es distinto. Las dolencias cardiacas también están en el primer lugar de muertes: goo.gl/ItBcTp

Pero he aquí un dato contradictorio: la grasa no causa enfermedades del corazón. Es… sí, adivinaste: el azúcar. En un momento particularmente revelador del video multimencionado, Lustig explica que no hay sólo una, sino dos formas de eso que llamamos "colesterol malo" o lipoproteínas de baja densidad (LBD): están las moléculas "grandes" y las moléculas pequeñas y densas. Cuando te hacen una medición de los niveles de lipoproteínas de baja densidad, se miden ambos tipos, pero de hecho son sólo las moléculas pequeñas y densas de LBD las que quedan atrapadas en las paredes de los vasos sanguíneos, que comienzan la formación de placa, con lo que se producen enfermedades cardiovasculares.

Lo que produce las moléculas "grandes" de LBD, que podemos llamar "LBD bueno" son las grasas.

Por otra parte, las moléculas pequeñas y densas de LBD, los chicos malos de la película, son producidos… Adivina… ¡por los carbohidratos! En los años 80, cuando llegó la fiebre de productos bajos en grasa y todos los fabricantes comenzaron a sacar versiones reducidas en grasa de sus productos, ¿cuál fue el ingrediente que usaron para reemplazar el delicioso sabor de la grasa? Azúcar, ooooobviamente. De modo que además de toda el azúcar que ya de por sí consumíamos en los refrescos, los dulces y el pan, también teníamos un universo de azúcar oculto en cosas que ni siquiera eran dulces y en lugares que jamás sospecharías. Azúcar en la salsa de *gravy*, en el aderezo para ensaladas, en la pasta con pechuga de pollo o en la comida de bebé. El supermercado entero es una amalgama de alimentos procesados en paquetes, cajas y bolsas… y la mayoría contiene alguna forma de azúcar. Esta es la razón por la que, a pesar de que el consumo de grasas en los Estados Unidos haya decrecido bastante, la tasa de enfermedades cardiovasculares continúa a la alza.

Resistencia a la insulina y diabetes tipo 2. Al igual que en todos los órganos del cuerpo, la fructosa tampoco tiene tapete de bienvenida en el páncreas; ahí no hay células receptoras de fructosa para producir insulina. Cuando consumes fructosa, el páncreas no lo sabe ni le importa, por lo tanto no se libera la cantidad de insulina que corresponde. En lugar de eso, las grasas generadas por carbohidratos empiezan a acumularse en el torrente sanguíneo, impidiendo que la glucosa llegue a las células. A diferencia de la fructosa o de las grasas circulantes en que la fructosa se transforma tarde o temprano, tu cuerpo necesita con desesperación esa glucosa para continuar con sus funciones normales. Es "el combustible de la vida", ¿recuerdas?

Piensa en la insulina como el chico que tiene las llaves del nuevo departamento de la Glucosa (es decir, la célula). Llamémosle Federico. Glucosa simplemente no puede entrar a su nuevo departamento sin la ayuda del señor Federico, pero todas esas grasas circulantes obstruyen el camino causando un tremendo embotellamiento en las principales vías de circulación, como tráfico del periférico a las siete de la noche. De modo que se vuelve cada vez más y más difícil para la importante glucosa atravesar ese caos para llegar a su destino, lo que resulta en lo que conocemos como *resistencia a la insulina*. En un intento desesperado por mantener el suministro de energía (que está ahí, sólo que no logra llegar), el páncreas, confundido, continúa fabricando más y más y *más* insulina. ¿Qué pasa con Federico? Pues que manda a su hermana con otra copia de la llave, y también a su primo, y a su sobrino por si las dudas. ¡Pero las vías siguen obstruidas! Nadie logra atravesar. Ni Federico, ni sus parientes, ni la Glucosa. Finalmente el páncreas se da por vencido o la glucosa no se aprovecha como energía, sin importar cuánta insulina se produzca, y *voilá!* Ahí tienes a la diabetes tipo 2.[4]

Este es el desdichado truco de magia que la fructosa ha estado ejecutando una y otra vez con el consumo de azúcar en el mundo. Mientras que en 1900 la diabetes era tan rara como un hipopótamo con hernia, hoy en día la Organización Mundial de la Salud ha tipificado oficialmente la diabetes tipo 2 como una *epidemia* mundial[5].

Obesidad. Oh, sí, la palabra que está en boca de todos. ¿Por qué todo mundo está tan gordo? Se pregunta la sociedad occidental.

---

[4] Gillespie, *Sweet Poison*, pág. 114.
[5] Ibídem. pág. 115.

Por fin tenemos la respuesta: sí, otra de las muchas cosas malas que hace la fructosa en el hígado es estimular algo llamado *novo lipogenesis*, en sentido literal: fabricación de grasa nueva. ¡Yihahaaaai! A ver, sólo para recapitular, no sólo tenemos la grasa circulante en las arterias, sino que como bono de regalo te llevas también grasa no circulante en la lonjita. Como quien dice, ¡dos gorduras por el precio de una!

No es ninguna coincidencia que hace un siglo, antes de que el azúcar se volviera un producto barato y su consumo se fuera a las nubes, sólo una de cada veinticinco personas era clínicamente obesa. Hoy en los Estados Unidos, *uno de cada tres* lo es[6]. Y no sólo es que estén llenitos, no. Un tercio de la población de los Estados unidos es *o-be-so*.

Entra en goo.gl/dGyo1C para que te des cuenta de que en México el problema también es de gravedad

6. *A la combinación de dos o más de los padecimientos enumerados arriba se le llama síndrome metabólico, del cual prácticamente no se había oído nada hasta hace unas cuantas décadas.*

Según la Clínica Cleveland, uno de cada cinco estadounidenses lo padece hoy en día: goo.gl/jpzAsQ

Si nunca antes habías oído hablar del síndrome metabólico, prepárate. Con toda seguridad será uno de los nuevos *trendig topics* de la década. Aunque los criterios específicos pueden variar dependiendo

---

[6] Ibídem, pág. 99.

de quién se trate, a fin de identificar si alguien tiene síndrome metabólico se parte del hecho de que tenga más de uno de los padecimientos
enumerados antes. Como si tener uno no fuera suficiente para estar
contentos.

De acuerdo con los datos del JAMA, en el año 2000 se estimaba
que existían 47 millones de estadounidenses con síndrome metabólico. Según el estimado más reciente de la Clínica Cleveland, dice que
son aproximadamente uno de cada cinco, lo que significa que son más
de sesenta y dos millones de norteamericanos[7] los que padecen esta
enfermedad, que apenas fue identificada y se le dio nombre en 1977.

Para ver a detalle los datos del JAMA,
entra en goo.gl/rpekuj

**7. *Por si fuera poco, se ha comprobado que la circulación de ácidos
grasos acelera el aumento de las células cancerosas.*** Como si todo lo
que hasta aquí hemos mencionado no fuera suficiente razón para salir
corriendo del departamento de productos con azúcar añadida de tu
supermercado de confianza, podemos agregar también cáncer a este
licuado, ¡por qué no! ¡Y no cualquier cáncer! Tres de los tipos de cáncer más comunes: colorrectal, de mama y de próstata; así como uno de
los más mortíferos: el pancreático. Se ha demostrado que estos tipos
de cáncer tienen relación con el incremento en el consumo de azúcar.[8]

Dicho con peras y manzanas, las células cancerosas consumen
más glucosa que las células normales. Por lo tanto, un nivel elevado
de glucosa en la sangre (a causa de todos esos hermosos ácidos grasos

---

[7] Aunque he visto otras estimaciones que se elevan hasta los setenta y cinco millones.
[8] Gillespie, *Op. Cit.,* pág. 120.

circulantes que impiden que la glucosa llegue a las células) provee un ambiente muy amigable para las células cancerosas.

David Gillespie señala algunas preocupantes relaciones entre el consumo de azúcar y las muertes por cáncer de próstata: cuando el consumo de azúcar ha disminuido (por ejemplo el desabasto que hubo en los años 40, durante la Segunda Guerra), los índices de cáncer de próstata también disminuyeron *sesenta años después*. ¿Y qué pasó cuando el azúcar volvió a abundar? Los índices de cáncer de próstata también volvieron a elevarse, sesenta años después. Un fantasma de seis décadas. Recuerda que el azúcar es una toxina *crónica*. Dale tiempo y hará cosas muy, pero muy malas.

8. *El consumo de fructosa se ha elevado 341% en el último siglo y continúa incrementando.* A inicios de la década de los 90 consumíamos alrededor de ciento cincuenta gramos de fructosa a la semana, por persona. Aproximadamente ocho kilos al año. Hoy consumimos alrededor de sesenta y tres kilos de azúcar, lo que es igual a más de treinta kilos de fructosa por persona al año. Esto representa un incremento de 341%. Mientras tanto, seguimos engordando y enfermándonos cada vez más, a una velocidad alarmante, de enfermedades que hace solo un siglo eran raras o prácticamente desconocidas, y cada enfermedad se relaciona directamente con los efectos biológicos del consumo de azúcar. ¿Coincidencia?

Por lo general, los efectos de una toxina como el alcohol son agobiantes por sus síntomas agudos, aquellos que aparecen en el momento. Pero igual de dañinos, si no es que más, son los efectos que esa toxina puede causar a largo plazo. Al menos con el alcohol tenemos una especie de "sistema de advertencia" en los síntomas agudos, que nos dicen cuando nos hemos excedido en el consumo. Pero no hay una señal así para la fructosa. A menos que consideremos la *micheli-*

nización como una señal. Simplemente nos va envenenando por años y años hasta que algo da la voz de alarma: el hígado, el páncreas, el corazón, el sistema cardiovascular. Elige un órgano vital, y la fructosa eventualmente lo envenenará hasta la muerte.

Ahora, si eres como mi mamá, en este momento debes estar pensando, con algo de incredulidad: "¿Me estás diciendo que todo lo que mi doctor me ha dicho —*todo* lo que los doctores nos han dicho— está equivocado? ¿Afirmas que las enfermedades del corazón *no son* causadas por las grasas animales? ¿Que comer menos y hacer ejercicio no es la clave para adelgazar? ¿Que el jugo de fruta natural no es un alimento saludable?"

Oh, sí, así es.

No será la primera vez que eso pase, ¿o sí? Después de todo, la Teoría de la Relatividad de Einstein acabó con doscientos años de ideas científicas. Prácticamente todo lo que la gente pensaba antes de eso sobre la naturaleza del universo pasó a estar simplemente… equivocado. ¡Ah! ¿Y no se suponía que la Tierra era plana? La historia está llena de buenas ideas, ideas lógicas y de sentido común que han pasado a estar completa, dramática y espectacularmente equivocadas.

Este fue el mensaje —que el azúcar era el eslabón perdido, la clave de la "maldición de la dieta occidental"— que comencé a comprender el día que vi el video del doctor Robert Lustig. A partir de entonces ya no pude dejar de pensar en ello. Pensaba en todo esto mientras lavaba los trastes, mientras iba por mis niñas a la escuela, mientras me bañaba. Especialmente pensaba en todo esto mientras hacía las compras en el súper o mientras cocinaba. Mi cerebro estaba en llamas con la idea de que nuestro suministro de comida había sido adulterado a plena vista de todos. No me había puesto a pensar que a final de cuentas el azúcar añadida ni siquiera es requerida para el adecuado funcionamiento de nuestro cuerpo; el hecho de que el número de personas obesas en Estados Unidos no se ha duplicado ni triplicado, sino que incrementó ¡siete veces! ¿Cómo se dice eso? ¿Septuplicado?

Los hechos, tal como Lustig los cita, pasan por mi mente una y otra vez. ¿Será que podría tratarse de un caso de evidencia circunstancial? Porque si así fuera, la evidencia circunstancial es demasiado convincente. Es como encontrar el collar del gato perdido en el asiento trasero del coche del perro: tal vez no lo incrimina más allá de la duda razonable, pero seguuuuuuro que no se ve para nada bien. ¿Será que realmente hemos estado consumiendo veneno todos los días, cada día, comprándolo en el supermercado, espolvoreándolo sobre el cereal y por carretonadas en las bebidas de los niños?

Es posible que sea esto lo que misteriosamente hace que tantos estadounidenses —y a los ciudadanos de cualquier país lo suficientemente estúpido para adoptar la dieta occidental— sean tan increíble, sorprendente e innegablemente gordos y enfermos. ¿Será esta la respuesta tipo "navaja de Okham", la solución más simple que habíamos estado buscando?

Y por ello dio inicio en nuestra familia *Un año sin azúcar*.

CAPÍTULO 4

¡Azúcar! ¡Azúcar por todas partes!

—Vámonos a la casa, es lo mejor —dijo Steve con ese tono de voz que utiliza cuando trata de no enojarse o hartarse.

—No podemos irnos así, tenemos que comer algo —objeté.

—Pero es que no hay nada que podamos comer.

Steve se sentía tan exasperado y derrotado como yo. Desde hacía ya mucho rato estábamos muriéndonos de hambre. Hacía frío, se había hecho de noche y estábamos dando vueltas y más vueltas en el coche sin saber qué hacer. La película que queríamos ver ya había empezado. Había restaurantes de comida rápida y de cadena por todas partes, pero como acordamos no comer azúcar, no había dónde pudiéramos comer. El asunto se estaba convirtiendo en una verdadera pesadilla, en lugar de ser la salida agradable que habíamos planeado para esa noche.

Steve estaba que le salía humo por las orejas, y yo por primera vez empecé a darme cuenta de los posibles efectos que podría tener en nuestro matrimonio *un año sin azúcar*. Por cierto, olvidaba mencionar que apenas estábamos en enero.

Originalmente, nuestro plan para pasar una linda noche parecía muy simple: el restaurante Panera quedaba justo frente al cine, y esa había sido nuestra opción de comida "no-tan-rápida" durante algún tiempo. Incluso cuando no pudiéramos comer la mayoría de los sándwiches del menú porque sospechábamos que el pan contenía azúcar, y que también las carnes deli tenían azúcar y por supuesto también los condimentos, con toda seguridad podríamos comer una ensalada.

Bueno, si algo aprendí de en el reto fue a no volver a asumir ese tipo de certezas nunca más. Por suerte éramos los únicos frente a la barra, no había cola, no tendríamos que esperar. Habíamos hecho esto varias veces: pedir dos órdenes de ensalada César con pollo.

—¿Van a querer acompañar su ensalada con una baguette o una manzana o unas papas fritas? —preguntó la chica de la caja registradora.

—¿La baguette contiene azúcar? —preguntó mi esposo.

La chica dijo que podía averiguar y procedió a sacar el enorme recopilador de tres anillos que ahora sé que existe en la mayoría de los restaurantes, en un compartimento, debajo de la caja registradora. Buscó entre las páginas plastificadas.

—Sí, sí tiene.

—¿Y la ensalada César? ¿Sería mucha molestia si pudieras revisar también?

—Claro, no hay problema —dijo ella y buscó un poco más entre las páginas—. El aderezo contiene… ¿dextrosa?

Parecía un poco confundida y dudosa. ¿Qué demonios es la dextrosa?

—Bueno… ¿y si fuera sólo la ensalada con pollo, sin el aderezo? —pregunté. Para entonces ya había gente esperando detrás de nosotros.

¡La lista de ingredientes de los aderezos ocupaba casi una página! Y la ensalada de pollo, cuando por fin la encontró, estaba todavía peor. Había *docenas* de ingredientes en ese pollo. ¿Acaso era mucho pedir que los ingredientes de la ensalada de pollo fueran solo ¡ensalada y pollo!?

Empezamos a adquirir conciencia de lo que habitualmente comíamos. La chica de la caja registradora no se impacientó con nosotros y hasta me sentí mal, como si fuéramos un par de viejos gruñones que detenían la fila durante horas, tratando de averiguar si había semillas de amapola en el panqué de semillas de amapola. Steve me dijo:

—Ya no vamos a llegar a la película.

Tan sólo pensar que le estábamos pagando a la niñera cincuenta dólares la hora, que habíamos manejado treinta minutos para leer la lista de ingredientes del Panera en nuestra noche de salir era absolutamente patético.

La chica nos había prestado el libro para buscar algo qué comer mientras atendía a los demás clientes. Cuando empecé a ver los cuatro millones de ingredientes que había en cada página me di cuenta de que era cierto, nos íbamos a quedar sin ver la película. Y por lo visto, también nos quedaríamos sin cenar. Le dimos las gracias a la chica de la caja y le regresamos su recopilador de páginas plastificadas. Nos sentimos derrotados.

A ver, vamos a detenernos un momento para pensar un poco en esto. Sabía muy bien que nosotros nos habíamos echado encima este problema. No poder encontrar comida, o mejor dicho, cierta comida que se ajustara a nuestros parámetros era, por donde se le viera, uno de esos "problemas de Primer Mundo". Si es que en realidad era un problema. No era que fuéramos a morir de inanición. Vale la pena señalar que en nuestra cultura nos hemos acostumbrado a tener todo lo que queremos, y en el momento, cosa que resulta algo alarmante. En nuestra calidad de norteamericanos contemporáneos somos capaces de acceder a provisiones suficientes, donde sea y prácticamente en cualquier momento. Puedes comprar una golosina en el Home Depot, en la tiendita de la esquina o en la máquina expendedora de la escuela. Sin embargo, ahora que había abierto los ojos me daba cuenta de cuánta de esa "abundante comida" quedaba descartada del menú para nosotros a causa del proyecto familiar. Me hizo ver que, comparado con la situación mundial, negarse a comer es un lujo, que en el Primer Mundo podemos disfrutar de ese lujo y hasta darlo por sentado. Íbamos a tener que redirigir nuestras expectativas acerca del mundo que nos rodeaba y de lo que podíamos esperar de él, para ser realistas. Ya no podíamos confiar en corporativos ni en las agencias de autos y ahora menos en los restaurantes de comida rápida. Tendríamos que hacernos responsables de nuestra propia alimentación de un modo mucho más fundamental.

Así que aquí estamos: hay comida por todas partes, pero no hay nada que podamos comer. McDonlad's, Burguer King, Subway... todos los sospechosos de la comida rápida estaban ahí, mientras que Steve y yo estábamos tan hambrientos que poco me faltaba para darle una mordida a mi propio brazo. Por suerte, después de dar muchas vueltas en el coche y de ir de un establecimiento a otro, renegando, llegamos finalmente a un pequeño restaurante alemán, donde esperaba con ansias poder comer unas buenas salchichas sin azúcar. Después de preguntar a la mesera si había alguna opción en el menú que no contuviera azúcar, ella nos hizo favor de consultar los ingredientes de los platillos y nos dijo que ni la chuleta de ternera ni la guarnición de pasta la tenían.

¡Aleluya! ¡Aleluya! ¡Dos órdenes de eso, por favor! Ah, y también queríamos sopa y ensalada. Pero... ¿de cuál sopa?, ¿y cuál de los aderezos podríamos comer? Preguntamos si la crema de mariscos tenía azúcar y Steve preguntó si el aderezo de queso azul contenía azúcar.

—¡¿Cómo?! ¿Entonces no pueden comer nada, nada de azúcar? —preguntó la mesera.

Había jugueteado con la idea de decirle a la gente que padecíamos una alergia contagiosa, o que la evitábamos por cuestiones religiosas. Hasta ese momento había procurado preguntar con amabilidad en lugar de dar explicaciones. Me imaginaba que, si las personas asumían que tenía una restricción alimentaria a causa de algún problema de salud, serían más comprensivas y honestas que si pensaban que se trataba de un simple capricho, o que lo hacía sólo por dar lata. Funcionó, claro, hasta que Steve habló también, y entonces mi pretexto valió sombrilla, comenzó a contarle a la mesera acerca de nuestro pequeño proyecto familiar.

—¡Oh, qué bien! —exclamó la mesera, lo cual fue muy amable de su parte, porque yo estaba segura de que no le parecía bien para nada.

Platicamos un ratito con ella acerca de la omnipresencia del azúcar y de lo difícil que era tratar de evitarla. Después ella preguntó, esta vez con toda honestidad:

—Bueno, pero ¿por qué?

—Pues… para… para ver si es posible —respondí, lo que tenía mucho de verdad. Definitivamente ese era uno de los aspectos a considerar, aunque sentía que estaba mintiendo por omisión, al no decir aquello de que "el azúcar es una toxina crónica que nos mata lentamente". Aunque iba bien armada con los argumentos del doctor Lustig, todavía no tenía la suficiente experiencia en cuestiones de bioquímica ni la confianza para dar una buena explicación. Además, supongo que la gente tiende a ponerse un poquito quisquillosa cuando les dices que lo que sirven en su restaurante es veneno.

Las tres sopas que había en el menú tenían azúcar, lo mismo que el aderezo de queso azul, por supuesto. A pesar de todo, de que no nos tocó ni sopa ni ensalada, pudimos disfrutar de nuestra cena, como sedientos viajeros a mitad del desierto que encuentran una manantial de Peñafiel. Cuando íbamos de regreso a casa, hablamos acerca de ir mejor preparados en lo sucesivo (y dejar mejores propinas).

Unos meses antes, en otoño, Steve y yo le habíamos dado la noticia a las niñas. Greta, tenía diez e Ilsa cinco. Iban en el asiento trasero del coche mientras regresábamos a casa después de haber visitado a mi mamá. La primavera anterior había nacido la idea y yo había estado dándole vueltas durante meses, deseosa de comenzar. Pero no tenía intenciones de hacerlo sola. El meollo del asunto era que toda la familia participara. Uno solo puede hacer las locuras que quiera, comer clavos, vivir en la copa de un árbol o atravesar las cataratas del Niágara en corsé y tacones… ¿Pero una familia completa? Eso representaba algo mucho más significativo. Esa era la idea que me había tenido despierta por las noches: ¿Vamos a poder?

Hasta entonces, Steve había optado por posponer las cosas hasta estar bien seguros de que estábamos listos. Yo entendía su punto, no era conveniente que nos zambulléramos demasiado rápido. Pero la paranoica que hay en mí empezó a pensar: "¿Se estará echando para atrás? ¿Estará esperando que se me pase la loquera, que tarde o temprano acabe por olvidarme del asunto?" Tal vez lo presioné demasiado y me arriesgué a perder su apoyo, que era fundamental para que las niñas también subieran abordo. Pero conforme nos acercábamos al final del calendario mi impaciencia crecía. Estaba ansiosa por comprometerme con el nuevo plan, y qué mejor momento que comenzar con el año nuevo. Steve y yo finalmente pudimos ponernos de acuerdo. Sería del primero de enero al primero de enero del año siguiente: un año sin azúcar, de principio a fin.

—Estuvimos pensando en hacer un proyecto especial, como familia —le dije a las niñas, tratando de mantener una voz calmada, voz de "madre cuerda y normal"—. Estamos pensando en dejar de comer azúcar durante un tiempo.

A ellas les tomó alrededor de seis segundos comprender el significado de "dejar de comer azúcar" y entender que eso era igual a decir no cupcakes, no pasteles, no galletas navideñas, no golosinas, no chocolate caliente, no jarabe de maple, no gomitas, no dulces, no cajitas de jugo ni malvaviscos. Y les tomó como tres segundos más conjeturar que "un tiempo" equivale a un año en lenguaje adulto, lo que en lenguaje niño significa *para toda la vida*. Inmediatamente después sobrevinieron el llanto y la histeria.

—Bueno, eso sí que estuvo bien —dijo Steve.

Pensé que la simplicidad sería la clave del éxito de un año sin azúcar. Ambos nos apoyaríamos para apegarnos al plan, en hacerle saber a los demás lo que nos habíamos propuesto. No nos costó mucho a Steve y a mí definir las reglas que seguiríamos durante ese año. Podríamos ir haciéndoles ajustes conforme avanzara el año y tuviéramos nueva información, nuevos ingredientes raros.

El concepto era muy simple: *No comer azúcar añadida*. Si un alimento contenía azúcar entre sus ingredientes, sin importar qué tan pequeña fuera la cantidad, quedaba fuera. Así evitaríamos zonas difusas, de incertidumbre. ¿Y a qué nos referíamos con lo de "azúcar añadida"? El azúcar contenida naturalmente en un alimento, como las frutas, estaba bien, de ese modo el mismo alimento contendría también la fibra y los micronutrientes necesarios, y en las cantidades adecuadas. Uno se llena antes de comer demasiada fructosa, así que no hay mucho de qué preocuparse.

Lo que significa para mí "sin azúcar"

No:
Azúcar blanca
Azúcar morena
Azúcar de caña
Azúcar glas
Jarabe de maíz de alta fructosa
Fructosa cristalina
Melaza
Jarabe de maple
Miel de abeja
Jarabe de caña evaporado
Jarabe de agave
Endulzantes artificiales de todos los tipos y marcas[9]
Y... sí... jugo de fruta.

Excepción núm. 1: Como familia, cada mes podremos elegir un postre que contenga azúcar. Si es tu cumpleaños ese mes, tú eliges el postre.
Excepción núm. 2. Cada miembro de la familia puede elegir un ingrediente que contenga una pequeña porción de azúcar para que sea su excepción.
Excepción núm. 3: La regla de las fiestas. Aplica sólo para los niños. Si estás en una fiesta rodeado de niños y todos están comiendo el mismo postre, es tu decisión si tú también comes o no. Depende de ti.

---

[9] Incluyo en esta categoría no sólo el aspartame (NutraSweet), la sacarina (Sweet'N Low) y la sacarosa (Splenda), sino también todas las azúcares alcohólicas (xilitol, Maltitol) y el Stevia (Truvia). Aunque estos son endulzantes que no contienen fructosa —y el Stevia incluso es derivado "natural" de la planta de Stevia— se sospecha que todos ellos son causa de efectos secundarios más o menos graves, desde cáncer y ataques, hasta dolores de cabeza y diarrea. Por eso decidí decir "No, gracias".

En afán de mantener la armonía familiar y de no ser objeto de futuros reclamos por lo inhumanos y malos padres que fuimos, decidimos incluir esas excepciones. Nos divertimos mucho con la primera excepción, y fue particularmente interesante observar cómo fue evolucionando con el tiempo nuestra actitud hacia el postre de cada mes… Pero más adelante hablaré de eso.

Después, inspirados por el libro de Barbara Kingsolver, *Animal Vegetable Miracle*, en el que su familia comió productos locales durante un año, recurrimos a la regla de "una excepción por persona". Esto aplicaba para un alimento en particular, no para un tipo de azúcar o para una categoría de alimentos. Por ejemplo, "azúcar glas" o "galletas" no podrían catalogar como excepciones; salsa cátsup o mayonesa, sí.

Cada quien eligió su propia excepción, después de dudarlo un poco. Por ejemplo, yo sabía que el vino contiene una pequeñísima porción de fructosa, pero para estar todos al nivel y no tener que olvidarme del vino durante un año entero, oficialmente lo hice mi excepción. Me interesaba estar lo más lejos del azúcar que me fuera posible, así que pensé que sería bueno no tener una excepción de sabor "dulce". También sospechaba que habría días en el año por venir en que una copa de vino sería absolutamente necesaria.

De acuerdo con el United States Department of Agriculture's Nation Nutrient Database for Standard Reference, disponible en goo.gl/nXHW2Q, en promedio, una copa de cinco onzas de vino tinto contiene 117 gramos de azúcares totales. Sin dividir entre glucosa y fructosa.

Por lo que a Steve respecta, hasta donde lo conozco, sé que es un poco adicto al café y al refresco —en un momento dado, si no estaba tomando uno, estaba tomando el otro—. Dr. Pepper de dieta era siempre su opción de bebida dulce y por lo tanto esta fue su excepción (aunque el Dr. Pepper de dieta en realidad no contiene azúcar, los endulzantes artificiales también quedaban fuera de la mesa en nuestro año, como habrás visto en la anterior nota al pie).

Le sugerí (con mucho énfasis) a las niñas que eligieran la mermelada como su excepción. Sorprendentemente ellas no se quejaron. Tal vez me compraron la idea de que iban a sacar mucha ventaja de esto: sándwiches de mermelada con mantequilla de cacahuate para el lunch de la escuela, desayuno de pan tostado, etcétera, o tal vez simplemente se resignaron al nuevo rol de su mamá como dictadora de la comida. En la casa, esto significaba que las niñas podían comer mermelada libre de azúcar añadida o endulzada con jugo de fruta. Comparadas con las otras mermeladas, no era algo tan terrible.

La tercera excepción tenía que ver específicamente con las niñas. Como ellas llevan su lunch a la escuela, dependía de mí un 90% de lo que consumían de forma regular. Sin embargo, era evidente que cuando las niñas estuvieran allá afuera se enfrentarían al mundo, más allá de los recreos en la escuela, tendrían fiestas de cumpleaños y pijamadas con amigas.

En esos momentos ellas tendrían que tomar sus propias decisiones acerca de lo que comieran o no. Más que darles una razón para andar ocultándose de papá y mamá, o de fortalecer una dinámica de desconfianza que me parecía aborrecible, decidimos incorporar este aspecto de individualidad al proyecto. Cada una tendría autonomía fuera de casa, en ausencia de sus padres, y podrían tomar sus propias decisiones acerca de qué comer y qué no. Me gustaba llamarle a esto la "Regla de las fiestas de cumpleaños": Si estaban en una fiesta de cumpleaños, ellas podían decidir si comían o no un pedazo de pastel. Si estaban en la escuela y servían chocolate caliente para todos, ellas decidirían si tomaban o no una taza. La única condición era que nos lo dijeran, sin culpa ni repercusiones.

En lugar de andar comiendo golosinas a escondidas, nuestras hijas se verían motivadas a compartir sus anécdotas con nosotros, como parte de nuestras extensas conversaciones familiares acerca del azúcar. Era casi un concurso para ver quién de los cuatro llegaba a casa con la historia azucarada más increíble. ¡Esto funcionó espectacularmente bien! Al punto en que empecé a darme cuenta cada vez más de cuántas tentaciones en forma de azúcar tienen los niños en un día normal, provenientes de una extensa variedad de fuentes: desde las tienditas locales y los otros padres, hasta los mismos maestros, la escuela y las actividades extramuros. También estaba sorprendida de que a veces las niñas se apegaban voluntariamente a nuestro programa de no azúcar, aún cuando la decisión dependía sólo de ellas. ¡Los milagros existen!

Animé a Greta, que ya tenía edad suficiente para hacerlo, a llevar un diario con sus experiencias. Le aseguré que dependería de ella si quería escribirlo o no, y ella elegiría si quería compartirlo con otros o no. Podía escribir en él lo que quisiera. Esperaba que esto no sólo pudiera darme una perspectiva diferente en su experiencia personal en el proyecto (si es que decidía compartirlo conmigo), sino que también fuera para ella una válvula de escape para desahogar sentimientos complicados que seguramente el proyecto le produciría: culpa, frustración, enojo, sentirse rara o relegada. Después de todo se encontraba en el umbral de la pubertad. Estos sentimientos de todas maneras saltarían en cualquier momento, con y sin el proyecto loco de su mamá.

೪

Hoy comenzamos oficialmente con el proyecto de "NO comer azúcar". No sé qué va a pasar. Ya sé que mis amigos piensan que soy un poquito rara, pero es que no me conocen, no saben que, para empezar, mis papás me cuidan muy bien. Y para seguir, tienen que saber que mi familia come sólo cosas saludables. Algunos de mis amigos piensan que eso es una locura. O sea, no comemos Doritos ni comemos en restaurantes de comida chatarra. Nunca he ido a un McDonald's, tampoco he probado los sándwiches del Subway.[10] Mi hermanita se le queda viendo a los juegos del McDonald's y tengo que admitir que he estado tentada, pero la verdad es que no se me antoja ir.

Del diario de Greta

Al principio, librarnos de la tentación incluía tres cosas: los paquetes cerrados que tenían azúcar y que podían irse al acopio de comida de nuestra localidad, los paquetes abiertos que no nos habíamos terminado (rápido, ¡cómete esto!) o que no habíamos tirado todavía, y las cosas que no queríamos soltar (por ejemplo, los dulces de Navidad de las niñas) y que metimos al congelador para que esperaran ahí todo un año.

¡Odio esto! ¡Lo odio! No es justo. Mamá se está llevando todos los dulces que hay en la casa y los está regalando. Se

---

[10] Aunque el Subway hace un gran trabajo con su campaña de marketing para venderse como "comida rápida saludable", desde mucho antes de nuestro Año sin azúcar, a mí nunca me convencieron. Esta sospecha se confirmó cuando me di cuenta de la cantidad de azúcar que pueden esconder sus sándwiches: en el pan, en los glaseados con que cocinan la carne, en los condimentos y aderezos.

llevó hasta los ingredientes de nuestro Microhornito. Regaló nuestras galletas Snickerdoodle y las mantecadas con chispas de chocolate. Incluso regaló las palomitas acarameladas que acababa de darnos el abuelo hace una semana. ¡NO ES JUSTO!

Del diario de Greta

Tomando en cuenta el ritmo al que me estaba deshaciendo de la comida de nuestra casa, necesitaba comenzar a reabastecer la despensa urgentemente. Hice planes para hacer un viaje al Costco, porque el más cercano que tengo queda a una hora de distancia, así que llegar allá, hacer las compras, regresar a casa y desempacar todo normalmente nos toma gran parte del día. Ir ahí es como hacer una expedición al Monte Everest, pero con cupones. En las primeras semanas del proyecto aprendí rápidamente a comprar cosas sin azúcar en cantidad, porque podía ser difícil volver a encontrarlas. Por lo tanto no compraba una caja de galletas sin azúcar, compraba cuatro. No compraba un frasco de mantequilla de cacahuate sin azúcar, o de salsa de tomate, sino seis. Así que un almacén especializado en mayoreo era a todas luces una buena opción. Pero el Costco sólo tenía lo que tenía. No iba a encontrar una versión sin azúcar de todo lo que necesitaba, ¿verdad?

Felizmente, pude arreglármelas para llenar el carrito, aunque no sin invertir exactamente el doble de tiempo que normalmente me tardo, porque la lectura de etiquetas tuvo que ser mucho más esmerada. Deberían de darme un título de especialidad por eso. Una vez tras otra tomaba un producto que enlistaba el azúcar como uno de los chorrocientos ingredientes, y vámonos, de regreso a la estantería para ir en busca de otra marca del mismo producto que (¡yujuuuu!) no contenía azúcar. Dos bolsas prácticamente idénticas de pistaches me revelaron su verdadera naturaleza cuando le di vuelta a la etiqueta para leer: una de ellas tenía azúcar (entre una docena de ingredientes), mientras que la otra decía "pistaches y sal de mar".

"¿¡Ven! Acaso era tan difícil?", pensé, "¡por qué tiene que ser tan complicado poner comida en la comida!"

Estaba cansada y de mal humor de tantas letras chiquitas, sin mencionar que esa mañana me di cuenta de que tendría que renunciar a mi cereal favorito para el desayuno porque contenía azúcar (¡oh, cuadritos Crispy, ¿cómo pudieron hacerme esto?!). Por supuesto, algunos productos dulces son bastante obvios (¡hola, Nutella!), pero incluso varias semanas después yo seguía cegada por tantos otros. Hay que ver la cantidad de productos "saludables" que ahora me veía obligada a mirar de manera honesta e inquebrantable. Empezaba a pensar en ellos como la Brigada del Jarabe de Caña Evaporado. ¡¿Qué? ¿O sea que tampoco puedo volver a comer barritas de cereal con cacahuate? Nadie me dijo eso!

Mientras tanto, a la hora de la cena, Ilsa comenzaba a describir el tipo de cosas que le hubiera gustado comer en el postre, y yo con toda la gentileza del mundo trataba de recordarle nuestro proyecto familiar. Ella se ponía triste, pero para mi sorpresa pronto se reanimaba. A pesar de nuestros prejuicios acerca del amor que le tienen los niños al azúcar, comencé a preguntarme si el proyecto familiar no sería más difícil para mamá y papá que para las niñas. Después de todo, nosotros habíamos estado enganchados al azúcar por mucho más tiempo.

Me di cuenta de que era momento de encontrar un postre que fuera posible en un mundo sin azúcar. Después de todo habíamos renunciado al azúcar, no a la dulzura. Señoritas, prepárense para hacer uso de sus artes culinarias, porque los experimentos están por comenzar.

CAPÍTULO 5

Todo me sabe
a plátano y a dátil

Muy pronto nos dimos cuenta de las miles de cosas que endulzan nuestro día a día y comenzamos a extrañarlas. Esa pequeña chispa en el cereal, la cucharada rebosante de algo rico en las tardes, a la hora del té, el pedacito de chocolate que me comía a veces después de la cena nomás por puro antojo. No podía librarme de ese sentimiento, al terminar de comer, de que algo… algo me estaba faltando. Era como si estuviera viendo una obra de teatro, y en el segundo acto de pronto aquí se rompió una taza y cada quién para su casa. Había estado tan arraigada en mí, por tanto tiempo, la expectativa de un final dulce no sólo después de cada comida, sino en las ocasiones especiales, al final de uno de esos platillos que llevan mucho esmero y trabajo, o luego de una cena en un restaurante, que me atacó el terrible síndrome del Fantasma Postre. "¿Qué? ¿No habrá juegos artificiales? ¿Nada de *crème brûlée* o de tiramisú? ¿Una pastilla de menta nomás?", se quejaba la química de mi cerebro.

Esta sensación de carencia, de esperar el siguiente zapatazo, me recordaba a mis embarazos. Las dos ocasiones en que descubrí que estaba embarazada, comencé con la bonita tradición de empezar a perder la cabeza. Por supuesto que inmediatamente dejé el alcohol y la cafeína. Me portaba bien, cruzaba las calles con cuidado, esperaba media hora antes de nadar si había comido algo y evitaba leer los chismes del *TV Notas*.

En las dos ocasiones el inicio fue la parte más difícil. Tratar de acostumbrarme a la idea de que algo que yo regularmente consumía y disfrutaba estaba... ups, fuera de mis posibilidades.

—Oh, sí, claaaaro, dame una copa de... ah, no. Siempre no, gracias.

Y como cualquier mujer embarazada podrá constatar, uno experimenta el hambre de manera inusitada, como si fuera una sensación totalmente nueva. Después de comerme mi quincuagésimo refrigerio del día, me iba a la cama y tenía vívidos sueños con comida en los cuales, estoy segura, salivaba y masticaba dormida. Nunca soñé que estaba comiendo bombones y despertar para ver que mi almohada había desaparecido, pero estaba cerca.

Se me antojaba todo lo dulce, en particular el chocolate. Lo chistoso era que siempre que le daba un bocado a algo chocolatoso pasaba la cosa más extraña: era como si se convirtiera en polvo cuando estaba en mi boca. Literalmente, el chocolate me sabía tan delicioso como el engrudo, así que los otros postres pasaron, por supuesto, a ser tan importantes como la quintaesencia.

Uno de los momentos más memorables de mi embarazo sucedió en casa de mi prima Gretchen. Era la fiesta de cumpleaños de su esposo, que cumplía cuarenta. Yo me sentía enorme e incómoda, y las dos horas y media que tuvimos que manejar para llegar ahí me parecieron mucho más largas de lo normal. Floté como un dirigible para llegar al baño por enésima vez, cuando un mesero que pasaba por ahí me ofreció una rebanada de hermoso y crujiente pastel mil hojas. Como seguramente sería cuestionable que me llevara la rebanada de pastel al baño para comérmelo mientras hacía pipí, decidí esperar. Me aguanté las ganas de pastel hasta que regresara a la mesa.

Gran error. Gran, gran, gran error. Para cuando pude llevar mi enorme humanidad de regreso a la mesa, ya no había pastel mil hojas. No quedaba ni una sola de aquellas hermosas y rebanaditas de láminas delgadas y crujientes. Todo se había ido. La única alternativa era comer pastel de chocolate, que para mí era lo mismo que decir pastel de tierra con betún de engrudo. Me senté en silencio, triste y llorosa, mirando con resentimiento a los invitados comiéndose su pastel. "¿Cómo pueden hacerme esto?", pensaba mi cerebro de mujer embarazada. Quería que mi esposo anunciara desde el balcón de las escaleras que había una emergencia, que una mujer embarazada necesitaba con urgencia una rebanada de pastel mil hojas, que por favor alguien donara el suyo para la causa.

No bromeo cuando digo que jamás me había importado tanto un pedazo de comida en toda mi vida como esa rebanada de pastel. Gran parte del embarazo, una se la pasa hambrienta y con antojo de algo que no sabes qué es, así que cuando de pronto descubres esa cosa capaz de satisfacer tu hambre es como si las nubes se abrieran y un rayo de luz te iluminara con coros celestiales. ¡¿Y que luego te digan que ya no hay?! Eso era más de lo que mi cerebro saturado de hormonas podía soportar. Fue ya que iba en el coche, de regreso a casa, al borde de las lágrimas, cuando pude detenerme a pensar en lo despojada que me había sentido. Debí haberme metido al baño con todo y aquella rebanada de pastel. Qué injusto fue que todos hubieran comido postre, menos yo. En ese momento era como si tuviera un agujero en medio de la barriga, un agujero de hambre e insatisfacción eternas. Todo lo que puedo decir es que los invitados de aquella fiesta tuvieron mucha suerte de que yo estuviera desarmada.

Por supuesto que cuando lo veo en retrospectiva, me parece totalmente ridículo. ¿Llorar por una rebanada de pastel? No tengo idea de cómo se siente el hambre de verdad, el tipo de hambre de los que no tienen nada para comer, y sé que debo sentirme muy agradecida por no padecer eso. Bajo riesgo de sonar repetitiva, sé que mi familia es suficientemente afortunada como para tener comida todos los días, y sólo por eso tenemos el privilegio de poder decidir llevar a cabo un experimento como el de un año sin azúcar. Nadie de mi familia espera una medalla por dejar de comer galletas con chispas de chocolate o dulces durante un año, pero en esta tierra de plenitud vale la pena notar una vez más el increíble poder que la relación comida-cerebro ejerce sobre nosotros, engañándonos de forma experta en creer que necesitamos esa barra de chocolate, esa lata de refresco o esa rebanada de pastel mil hojas.

Estoy aquí para decirte que, a pesar de todo lo que mi cerebro estuviera diciéndome ese día, yo —y el bebé dentro de mi barriga, que un día sería Greta— sobrevivieron muy bien sin ello. Así que podríamos sobrevivir también a este año. No, gracias... no es necesario que suene el violín más pequeño del mundo.

Habiendo dicho esto, nadie de la familia tenía intenciones de ser masoquista y torturarse durante un año. Si podíamos encontrar algún modo de llenar ese pequeño vacío en la panza, engañar la química de nuestro cerebro y hacerle pensar que habíamos comido golosinas, cuando en realidad no, bueno ¿por qué no hacerlo? Mejor todavía, era un asunto de principios familiares y de mi propia salud mental. Las niñas no querían escucharme recitar filosofía de personaje de cómic: "Con la gran variedad de alimentos viene también una gran responsabilidad".[11] Ellas lo que querían era lo que cualquier niño quiere: golosinas, galletas y helado.

Para nuestra suerte, habíamos heredado del padre de Steve un extractor de jugos súper profesional y la receta de "El helado más fácil del mundo", que no contiene azúcar añadida y lleva un solo ingrediente: plátano. Aquí va: pelas los plátanos, los congelas envueltos en papel aluminio y una vez congelados los metes al extractor y *voilà!* Ahí tienes un cremoso helado de plátano.

… comimos postre hace un par de días. Bueno, tal vez mejor explico eso de que tuvimos postre, porque en realidad lo que comimos fue "helado de plátano". Hecho en casa. Sin azúcar. Creo que más bien se debería llamar puré de plátano congelado. Pero podríamos decir que es helado… creo. No es otra cosa que plátano congelado y triturado en el machacador. Sin azúcar. De modo que no nos estamos portando mal. Supongo.

Del diario de Greta

Durante los primeros días de nuestro año sin azúcar, el helado de plátano fue nuestra receta salvavidas. La preparaba por lo menos una vez a la semana. Su único inconveniente —como tantas cosas que puedes preparar, cocinar y hornear sin azúcar— es que lleva tiempo. Estábamos tan orgullosos de haber conseguido nuestro primer postre

---

[11] Uncle Ben, el tío de Spiderman solía decir: "Con un gran poder viene una gran responsabilidad".

sin azúcar, que una vez nos nació espontáneamente compartir nuestra querida receta familiar con una amiga y sus niños. Lo malo fue que no pudimos darle suficiente tiempo en el congelador a los plátanos y el resultado fue decepcionante. Nuestro helado resultó ser algo más parecido a un pudín de plátano sin gracia. Aunque nosotros sí nos acabamos nuestra respectiva ración y hasta limpiamos el platito, mi amiga y sus niños, que por lo visto no estaban tan deseosos de dulzura como nosotros, lo probaron con bastante menos entusiasmo.

De cualquier modo, si íbamos a durar un año entero sin azúcar, para evitar que se nos volara el coco necesitábamos más de un postre. Era clarísimo que había llegado el momento de empezar a improvisar. Había un solo problema: nunca había sido buena en eso de las improvisaciones. No sé qué es lo que me pasa, me da un miedo terrible saltarme las reglas bajo el riesgo de que algo salga mal, en especial cuando se trata de comida.

Si no me creen, pregúntenle a Katrina, la amiga que hizo que me diera cuenta de que estaba siendo tal vez —sólo tal vez— un poquito estricta con el tiempo de cocción de los macarrones instantáneos, porque tenía que prepararlos al punto exacto. Era una caja de macarrones con queso (sí, en efecto, mi amiga se botó de la risa). Había hecho este numerito —un clásico de mamá— unas tres mil quinientas veces… ya lo sé, no importa. De todos modos fue para mí un esfuerzo sobrehumano sacar la pasta unos segundos antes. Y por supuesto que hubiera sido un sacrilegio echar la leche así nomás, sin antes medirla.

De hecho, hasta este particular año me había hecho fama de no preparar jamás una receta si me hacía falta uno solo de los ingredientes, aunque fuera tan insignificante como media cucharadita de estragón. Creía que, después de todo, ese pequeño ingrediente era lo que hacía el platillo ser lo que era. Y para qué molestarse en preparar algo que no quedara tan bueno como se supone que debe quedar. Reconozco que el hecho de ser tan estricta puede deberse a que hayan quedado secuelas del trauma aquel, de la vez que preparé el pastel de chocolate y quedó como pantano por no haber agregado esa media cucharada de polvo para hornear.

Pero en el proyecto de un año sin azúcar mis alas improvisadoras se verían obligadas a echarse a volar, para bien o para mal. Comencé quitando valientemente una cucharadita de azúcar por aquí, una cucharada de miel por allá, y sorprendentemente las recetas seguían saliendo bien. Pude hornear baguette sin los tres cuartos de cucharada de azúcar, sopa de queso cheddar sin salsa inglesa (no pude encontrar una versión sin azúcar) y bísquets de papa sin las dos cucharadas de azúcar que llevan. ¡Y quedaron bien! ¡Estaba de suerte!

Entonces traté de aventurarme con las barritas de chabacano —una receta que amábamos en casa—, pero omitiendo los tres cuartos de taza de azúcar morena que llevaba la base de mantequilla y harina. Momento. Tres cuartos de taza es un montón. Es mucho más que una cucharada. De modo que iba a necesitar algo que la reemplazara, para poder dar a la pasta de la base la textura y mantener la pegajosidad necesaria. Empecé por probar con tres cuartos de taza de puré de plátano. Creía que había ido demasiado lejos con la aventura y la confianza, que resultaría ser un masacote imposible de comer.

Sorprendentemente, las barritas de chabacano no solo quedaron bastante comestibles, ¡estaban realmente buenas!

Resultó que el puré de plátano le daba justo la pegajosidad adecuada para moldear la base, y además sabía rico. Hasta despedían ese delicioso olor a dulce mientras se estaban horneando. Por supuesto que no sabían, ni por asomo, tan dulces como antes. Pero sabían dulce, sobre todo gracias al relleno de chabacano. La pasta base no quedó tan doradita y con ese lindo color café que tanto me gusta, pero el problema se solucionó después, añadiendo un huevo a los ingredientes.

Hasta ese punto no había tenido que tirar a la basura ningún experimento fallido. No lo podía creer. Quizá después de todo, esto de improvisar sí valía la pena.

Encontré otras recetas en internet y seguí experimentando. Había unas galletas de manzana con pasas, pero la receta estaba un poquito rara, porque decía que había que saltear la fruta primero, y después añadirle los ingredientes secos, y luego refrigerarla toda la noche antes de hornear las galletas.

Después de semanas de estar añorando un postre, estaba totalmente extasiada de volver a comerme una simple galleta. Aunque aquí entre nos, me preocupaba el "efecto pudín de plátano", es decir, que solo nos supiera bien a nosotros porque estábamos —para decirlo de manera amable— desesperados.

No importa. Empezaba a darme cuenta de que, tratándose de golosinas, en gustos se rompen géneros. Envalentonada por mis primeros intentos exitosos, comencé a modificar recetas de galletas que en casa habían sido nuestros favoritos de siempre: galletas de mantequilla de cacahuate, de avena con pasas, de chispas de chocolate al estilo Nestlé Toll Hause. Traté de desarrollar un sistema de equivalencias, una especie de tabla de conversión sin azúcar: en lugar de azúcar blanca, podía usar una cantidad equivalente de puré de plátano; en lugar de azúcar morena, la misma cantidad de dátiles picados; en lugar de chispas de chocolate, chispas de algarrobo. (No sería sino hasta mucho después, ya bien avanzado el año, cuando me di cuenta de que las chispas de algarrobo también debían quedar fuera, porque están procesadas con edulcorantes. No sería mi primer error, y por supuesto tampoco el último.) Estos experimentos eran al mismo tiempo alentadores y decepcionantes. Por un lado, el resultado era siempre de sólidas, dulces y confiables galletas sin azúcar. Las llevé a la noche de crochet, a las fiestas *de traje*, se las ofrecí a los hijos de nuestros amigos, ¡y hasta los que no estaban hambrientos de azúcar las aceptaban! ¡Eran galletas ricas! Bastante ricas. Tal vez no sería la mejor galleta que te has comido en toda tu vida, lo acepto, pero sí eran lo suficientemente sabrosas como para que cada niño que las probaba dijera: ¡Ammmh!, y se terminara todo. (Me parece que los niños son los degustadores más honestos y confiables, porque ellos no tienen ningún reparo en escupir el bocado en el suelo si no les gustó, y les tiene sin cuidado si te rompen el corazón o no.)

El único problema con mi tabla de conversión sin azúcar era este: todo lo que cocinaba tenía *el mismo sabor*. Todo sabía a plátano y a dátil. Las galletas de mantequilla de cacahuate sabían a plátano y dátil. Las de pasas y avena igual, las de chispas de algarrobo también. Seguro que eran recetas efectivas, pero a causa de que los agentes de dulzor tuvieran tanto sabor propio (plátano y dátil), hacían que el resultado en realidad fuera una misma galleta.

De cualquier manera, era *realmente bueno* poder poner una galleta en el lunch de las niñas cada mañana, como hacía en los viejos tiempos, cuando les mandaba postres azucarados. Era como enviarles una notita de amor comestible. Me daba cuenta de que el azúcar no era lo único de lo que me sentía hambrienta, sino del concepto mismo de proveer a los demás algo dulce como muestra de afecto. Y si el azúcar es utilizado como símbolo de afecto (que con toda seguridad lo es, si no pregúntenle a la gente que vende cajas de bombones de chocolate con forma de corazón), ¿en qué convierte eso a la mujer que le impone a su familia vivir un año sin azúcar? ¿En una antimamá? ¿En el equivalente culinario de Catalina Creel? ¿En el mismísimo Grinch?

Como si esto no fuera suficientemente malo, al abstenernos de azúcar teníamos que dejar fuera uno de los productos más importantes de nuestra comunidad: el jarabe de maple. ¡Vivimos en Vermont! Su fama mundial recae en tres cosas básicamente: su follaje otoñal, sus candidatos a la presidencia —intachables pero corajudos— y el jarabe de maple. De modo que no sólo estábamos renunciando al *amor* en forma de azúcar, sino que abandonábamos también un importante componente del orgullo local y del patriotismo en forma de azúcar.

Para los que no son de aquí, sé que resulta difícil apreciar el verdadero impacto que tiene en nuestra cultura, en nuestra economía y hasta en el inconsciente colectivo de los habitantes de Vermont el jarabe de maple en todos sus derivados y presentaciones: azúcar indígena de maple, dulces de maple, crema de maple, helados de maquinita de maple, algodones de azúcar de maple, nueces tostadas con maple y tantas cosas más. Nomás fíjate en la moneda de 25 centavos de nuestro estado: un fulano con todo el estereotipo del hombre de Vermont del siglo pasado, que recolecta sabia de la corteza al estilo antiguo en unas cubetas de metal también antigüitas (aunque las cubetas de metal todavía se usan, el método moderno y mucho menos bucólico usa cubetas de plástico con una manguerita conectada a la corteza del árbol. Si vienes a Vermont en primavera podrás verlas).

Para corroborar la imagen de la moneda, en goo.gl/0luFwx podrás hacerlo

Ahora, ahí te va un consejo que, viniendo de mí, sonará como la cosa más disparatada: si nunca antes has probado el verdadero jarabe de maple, fresco, y con esto me refiero a recién salidito del proceso de condensación, es una experiencia que debes probar al menos una vez en la vida. No existe nada en el mundo que se compare a ese sabor. A menos que te encuentres a mitad de tu año sin azúcar, claro. De lo contrario, no veo por qué no puedas hacerlo. Vale la pena ahorrar para viajar a este lodazal que es Vermont en primavera. Hay una especie de magia que sucede en esa época del año, en las pequeñas fábricas de maple, conforme el agua se evapora para dejar el concentrado de la savia, lentamente, cerniéndose durante horas. Es entonces, y sólo entonces, cuando puedes probarlo. Tal vez se te pongan los cachetes colorados por lo helado del viento, y los zapatos se te hayan pegado al suelo, cuando alguien por fin te acerque un vasito desechable con una o tal vez dos cucharadas de ese oro puro, tibiecito. Advertencia: tus papilas gustativas se van a malacostumbrar y no volverán a querer otra cosa jamás. Nunca volverás a aceptar un jarabe de maple común y corriente. Viéndolo bien, una cucharada de ese maná delicioso debe ser una buena compensación para todos esos galones de metal.

Un breve documental, en goo.gl/YMFyrE, sobre el proceso de la fabricación del maple en Vermont

De hecho (y voy a hablar muy bajito para que mis amigos de Vermont no me oigan), después de que Steve diseñara una nueva y mejorada receta de hotcakes, empleando coco y… ¿qué más?, ah, claro: plátano, nos pareció que podíamos disfrutar bastante de comer hotcakes, sin la adicción al maple que regularmente nos daba media hora después.

Pensarás que soy una ñoña por apreciar la cultura, la tradición y la historia, y por insistir tanto en ello, pero de todas las azúcares de la lista, la de maple debe ser, de lejos, la más atractiva desde un punto de vista romántico e histórico. Es difícil ser nostálgico con el azúcar que se extrae con máquinas de una remolacha o del maíz. Sin embargo, el proceso de extracción de la savia de maple de esos frondosos árboles que pueblan nuestro estado es algo que casi cualquiera puede hacer, siempre que tenga un buen martillo y una cubeta. Por supuesto que todo esto suena muy bien no sólo para los aficionados a la historia, que ven esta tradición como la continuación de un legado de los nativos americanos, sino también para todos esos entusiastas con mentalidad de "hazlo tú mismo" que tenemos tan arraigada en Nueva Inglaterra.

Conocemos personas que hacen azúcar cada año, unos por pura diversión, otros como negocio. Conocemos gente que tiene modernos calentadores especiales para hervir la savia, y aquellos que de plano parece que están todavía en la Edad Media. Hemos estado en laaaargas discusiones acerca de qué es mejor, si usar fuego de leña o de propano, y cómo puedes cocinar el jarabe en tu cocina sin acabar con los muros convertidos en papel atrapamoscas, así como si puedes distinguir la diferencia cuando la savia viene de algunos de los árboles que crecen cerca de Nueva York. Conocemos personas que no usan otro endulzante además del maple: para endulzar el café, para hornear, para glasear zanahorias y papas.

De verdad créeme cuando te digo que el jarabe de maple es muuuuuuuucho más que sólo algo que le pones encima a los hotcakes. Prácticamente es una religión. Lo que me convierte de nuevo en... ¿el villano de la película? Si esto fuera *Star Wars*, quizá me correspondería el papel del fulano feo de la capucha negra al que le uuuurge un tratamiento facial y gotitas en los ojos.

No. Estaba decidida a no ser una azúcar-nazi. No iba a provocar una neurosis en mis hijas que las siguiera acechando durante décadas. Estaba convencida —tal vez con un entusiasmo un poco exagerado— de que podíamos comer *sin* azúcar y *sin* ser miserables.

Lo que *no significa* que iríamos por la vida sin molestar a nadie, ¿verdad?

CAPÍTULO 6

Las meseras nos odian

No tardé mucho en familiarizarme con "La Mirada". ¡Oh, sí!, "La Mirada" es una mezcla de consternación y desaliento que pone la mesera, la cajera o la chica (o chico) que atiende la cafetería, cuando le pregunto si la pasta con pimiento rojo y brócoli tiene azúcar.

—¿Cómo que si lleva azúcar? —preguntan siempre, como si hubieran escuchado mal.

El asunto es que yo realmente no estoy hecha para este tipo de cosas. Si así fuera, ahí me tendrías contándole nuestra historia a cada mesera en la primera oportunidad, iluminándola con *la verdad acerca de la fructosa*, como si me hubiera sido directamente revelada por una fuerza divina mientras merodeaba alrededor de una zarza ardiendo. Podría explicarla gustosa con un puñado de argumentos importantes y alarmantes estadísticas, cautivaría a cada mesera por el tiempo suficiente para atrapar su interés y darle mi tarjeta en el momento justo, acompañada de otra para el chef que está allá atrás, en la cocina.

El único problema es que me chocan ese tipo de cosas. Si el habla elocuente y los discursos fueran lo mismo que bailar, yo sería el Gordo Mantequilla en tutú bailando el Lago de los Cisnes en el escenario del Parque Chapultepec.

Por el contrario, mi esposo es increíblemente bueno para este tipo de cosas. ¿Has oído hablar del tipo que puede venderle nieve a los esquimales, agua a los peces y chistes de chilangos a Jojojorge Falcón? Ah, pues ese es mi esposo. A donde quiera que íbamos era él quien explicaba a las personas la cantidad justa de información acerca de nuestro año sin azúcar. Los extraños se detenían cautivados a escucharlo. Pero yo… pues nada más no. Y no es sólo con el personal de servicio de los restaurantes, lo mismo me pasa con amigos, parientes y conocidos. Puedo señalar el momento exacto en que su gesto cambia. Es como si tuvieran un letrero en la frente, con foquitos rojos que ponen en los aparadores de las tiendas, que dice "Oh, no, aquí viene…" El momento justo cuando empiezo a hablarles acerca de nuestro proyecto de un año sin azúcar.

De modo que, cuando estoy por decir algo en una parrillada con amigos, y mi hija llega a quejarse conmigo porque no hay nada para tomar además de agua fresca, y a preguntarme que qué vamos a hacer, luego volteo a ver a la persona con la que estaba platicando, que me mira llena de curiosidad, y entonces tengo que ponerme en Modo Explicador. En tono de disculpa relato la versión tipo *Revista Selecciones* de nuestro proyecto familiar, monitoreando cuidadosamente la cara de mi interlocutor, la manera en que sus gestos van cambiando de la curiosidad al aburrimiento y luego a la repulsión, y por último se ponen a la defensiva.

Por supuesto, la mayoría de nuestros amigos son lo bastante gentiles como para tratar de ocultar estas reacciones negativas, por lo que el letrero de foquitos rojos se me pone a mí en la frente. Algo muy sutil cambia en la postura de mi interlocutor. Asumen una expresión como de alguien que se interesa sólo por educación, pero que no tienen la menor intención de cambiar ningún aspecto de su vida. ¡No, gracias! Se mantienen tan sutilmente firmes en su postura, como si por casualidad la conversación hubiera cambiado al hecho de que los alienígenas hablan conmigo a través de la tostadora.

En conversaciones así no puedo sino ponerme ansiosa de que la otra persona sienta que le estoy predicando, como si tratara de decirle Lo Que Tiene Que Hacer, como si dijera que soy taaaaan lista que tengo todas las respuestas. Y no es así. Nunca he tenido las respuestas de nada. Nunca sería capaz de dar un discurso motivacional.

Esa es probablemente la razón de que sea escritora y no actriz de infomerciales. Y por eso me pasé todo nuestro año sin azúcar haciendo que las meseras nos odiaran. No era raro, por ejemplo, hacer que la pobre mesera fuera a la cocina tres o cuatro veces a preguntar que si esto, que si aquello, que si lo demás contenía azúcar, antes de que pudiéramos ordenar algo de comer. Si fueras tú la mesera ¿a poco no acabarías odiándonos?

A pesar de todo, puedo decir con toda honestidad, y no sin sorpresa, que nunca recibimos ningún tipo de maltrato a causa de nuestro proyecto. Nadie nunca nos dijo que fuera una cosa estúpida, por ejemplo. Nadie nos motivó a dejarlo. En lugar de eso, era más una cuestión de acumular los inconvenientes encima de la montaña de inconveniencias. Por ejemplo, cuando fuimos a comer a un nuevo restaurante Thai en una noche muy agitada, la respuesta del mesero cuando le preguntamos si las empanaditas thai tenían azúcar fue abandonarnos durante los siguientes veinte minutos. Para cuando regresó ya teníamos tanta hambre que hubiéramos podido comernos el menú con todo y plastificado. Cuando por fin volvió para decirnos que sí, las empanaditas thai tenían azúcar, preguntamos por otro platillo y volvió a desaparecer. Mientras tanto, en las otras mesas las personas recibían bebidas y platos de comida de verdad. Incluso los que habían llegado mucho después de nosotros ya estaban comiendo, y nosotros todavía no podíamos ni siquiera ordenar. Finalmente Steve me arrojó una de esas miradas que sin palabras gritaba: ¡NO TE ATREVAS, BAJO NINGUNA CIRCUNSTANCIA, A VOLVER A PREGUNTAR NADA! Entonces, en mi desesperación pedí el platillo que me pareció más inocuo de todos: un plato de noodles; después me enteré de que llevaba algo de miel. ¿Ven lo que les digo?

Por otra parte, en algunos lugares eran tremendamente complacientes. Que no es cosa fácil de decir. Por ejemplo, en marzo acompañé a mi papá durante dos semanas a la Clínica Mayo, un renombrado hospital en Rochester Minnesota. Habíamos estado investigando algunos problemas médicos crónicos que mi padre padecía y que estaban empeorando, para confusión de sus médicos. Era momento de que los verdaderos expertos reemplazaran a los "expertos".

La Clínica Mayo es, por definición, un lugar nada modesto, aunque con toda seguridad eso no aplica para todos. Muchas de las personas internadas ahí gozan de los beneficios y comodidades de un verdadero resort. Por supuesto, nunca se sabe por qué alguien se encuentra ahí, incluso quién de las personas de un grupo es el paciente, pero andando por ahí uno tiende a observar a los demás e imaginarse "¿por qué estará *ella* aquí? ¿O será él?". Todas esas personas sufren de alguna manera, unas de modo más obvio que otras.

Ocasionalmente veía que alguien tenía los ojos enrojecidos por el llanto, o que se limpiaba la nariz con un kleenex mientras esperábamos sentados en alguna de las salas. ¿Qué se puede hacer o decir en esas circunstancias? ¿Quién sabe las noticias que habrá recibido? Y luego ves a niños con sus padres que acuden a cita y tú simplemente rezas para que se encuentren aquí por algo tan ridículamente benigno como una uña enterrada.

Un día conocí a una mujer en la lavandería del hotel, quien me contó, así de buenas a primeras, que su esposo estaba tan enfermo —creo que de pancreatitits— que no podía dejarlo solo por mucho tiempo. Mientras estábamos platicando, recibió una llamada en su celular. Le dijeron que su sobrino acababa de ser diagnosticado con cáncer.

Basta decir que estar ahí es una gran prueba de realidad, como baldazo de agua fría. A lo que hay que sumarle el hecho de que yo estaba muy preocupada por el estado de salud de mi papá. De cara al sufrimiento, de frente a enfermedades de todo tipo, era realmente tentador sentir que nuestro pequeño proyecto familiar era tan… tan… centrado en nosotros mismos. Tan irrelevante, por no decir que egoísta. ¿Por qué estaba torturando a mi familia de esa manera? ¿A quién le importaba, a final de cuentas, lo que comiéramos o no?

Hasta que un día fui a sentarme a la cafetería del hospital, mientras esperaba a mi papá. Al principio estaba distraída, pero gradualmente empecé a observar, alarmada, cuántas personas venían a tomar refresco. Pepsi, Pepsi, Coca-cola light, Sprite, Coca-cola… No pasaba ni un solo minuto sin que alguien caminara frente a mí con un refresco en la mano. Me di cuenta de que *nadie* tomaba agua. Una vez más tuve esa extraña sensación de ser la única persona en el lugar que veía la clara relación entre lo descontrolado del azúcar y lo descontrolado del sufrimiento.

Más tarde pasé junto al Centro para Consumo Libre de Tabaco de la Clínica Mayo y me imaginé si un día habrá un Centro para Consumo Libre de Azúcar. Quién sabe cuánta gente en aquel momento en el hospital padecía de síndrome metabólico. Quién sabe a cuántos hubiera podido ayudar el contenido de aquel video de YouTube que había visto, y que ahora me parecía tan lejano. No iba yo a dar ninguna respuesta —no iba a predicar verdades médicas, no iba a hacer pruebas de doble ciego ni diría una verdad tan grande como un templo—, pero de verdad creía que era tiempo de empezar a dar *esa conversación*. Que era, de hecho, lo que estaba tratando de hacer, a mi propio modo, un poquito raro.

Para mi suerte, probablemente no existía mejor lugar en todo el mundo que aquel para pronunciar mis interrogantes sobre los ingredientes de la comida. En la Clínica Mayo están acostumbrados a responder prácticamente cualquier pregunta que tenga que ver con alimentación. Emplean a 33 000 personas, aparte de los 350 000 pacientes que reciben cada año, lo que básicamente es el pueblo entero de Rochester. Tantas personas tienen restricciones médicas, que el personal de servicio es experto en cosas que la mayoría de los dependientes de otros restaurantes no tienen ni la menor idea.

El problema era que ni siquiera las personas con diabetes llegaban a preguntar lo que preguntaba yo. Normalmente anticipaba mi pregunta diciendo "Sé que te va a sonar un poquito raro, pero…"

También fue de gran ayuda la caja de granola sin azúcar que llevaba en la maleta. Una de las cosas más sorprendentes que pude aprender de un año sin azúcar fue que la comida más difícil del día es el desayuno, sin lugar a dudas. Nada más fíjate, y verás a lo que me refiero: tenemos cereal de caja (tiene azúcar añadida), pan tostado o bagels (tienen azúcar y con mayor razón si le pones mermelada), jugo (básicamente *es* pura azúcar), waffles (azúcar y más azúcar, incluso antes de ponerles jarabe o miel), muffins y toda clase de pan dulce (ni qué decir). Prácticamente sólo queda tomar café negro y comer huevos sin pan ni tocino. Guácala.

〜❀〜

Cada día me siento más indecisa con esto del proyecto. Es tan confuso. Me refiero a que mi familia y yo ahora sólo podemos comer cuatro tipos de cereal. Bueno, no es que sea para tanto, pero la verdad es que sí me pesa. O sea, ni siquiera era que comiéramos Corn Pops, Zucaritas o Foot Loops. Comíamos cosas como All Bran o Fitness. Ahora sólo podemos comer cereal de siete granos enteros. Aburrido. Una ventaja es que ahora mamá nos prepara avena, aunque no podemos ponerle jarabe. Y como ya no le ponemos azúcar a los hotcakes, ahora les pone blueberries para endulzarlos. Hoy comimos hotcakes y ¡qué cosa! ¡Estaban tan buenos! Incluso así, sin jarabe de maple.

Y bueno, como pueden ver, aquí me tienen, escribiendo cómo estuvo el desayuno.

¡Adiós! *Greta*
Del diario de Greta

〜❀〜

Metía a escondidas mi propio cereal a la barra de desayuno del hotel cada mañana, usando desvergonzadamente sus platos, sus cucharas y servilletas, así como un montón de pasitas que, junto con avena azucarada, era lo que me hubiera tocado comer, de no haber introducido mi propio cereal de siete granos enteros en el último minuto. Parecía una buena solución, tomando en cuenta que íbamos a estar ahí durante una semana. Pero al paso de los días empecé a sentir que si comía más cereal de siete granos enteros iba a querer aventarme de la cornisa de la azotea.

¡Y los fines de semana eran todavía más complicados! ¿Por qué? Bueno, los sábados y domingos la Clínica Mayo permanece cerrada, al igual que la mayoría de los restaurantes. Los que sí permanecen abiertos son todos esos restaurantes de cadena o establecimientos de comida rápida o cafeterías en los que no había absolutamente nada que pudiera comer. Las carnes normalmente están cocinadas con glaseados y otros aditivos que contienen azúcar, y el pan por lo general también tiene. Las cafeterías básicamente son un gran postre en sí mismas.

De modo que a falta de una mejor opción, el sábado por la noche llevé a mi papá al restaurante del hotel. Mientras él ordenaba un sándwich, noté que en el menú había una opción de wrap "bajo en carbohidratos", o sea, los ingredientes envueltos en una gran hoja de lechuga en lugar de pan (que ya había revisado y sí contenía azúcar).

En lugar de enfrascarme en una discusión de veinte horas acerca de los ingredientes de cada opción, preferí ordenar la opción vegetariana, o sea, básicamente una bonanza de vegetales, con una rebanadita de queso, nomás por no dejar. No podía agregarle ni siquiera mayonesa porque la mayonesa tiene azúcar (oh, sí, aunque te parezca raro), así que le embadurné un poquito de mostaza a mi crujiente cena y me la zampé. ¿Comida? Sí, era comida. ¿Que si quedé satisfecha? Por supuesto que no.

El día siguiente fue igual de complicado. Después de un buen desayuno de avena sin azúcar y frutos rojos que pude comerme en el restaurante de uno de los hoteles cercanos, pensé que había quedado suficientemente satisfecha para aguantar hasta la cena, pero no fue así. ¡A esas alturas ya debía conocer cómo es mi metabolismo! De alguna manera todavía trataba de convencerme a mí misma de que realmente no necesitaba hacer mis tres comidas, a menos de que fuera completamente necesario. De hecho, ahora ya lo sé: soy como un rehilete que deja de funcionar tan pronto como se le acaba el vuelo.

Así que ahí estaba yo, en mi cuarto de hotel decorado en beige, domingo a medio día, todavía a muchas horas de distancia de la cena y sin una sola cosa para comer. Como siempre que me salto una comida, empecé a sentirme mal, luego comenzó a darme la desesperación. Las barras que llevaba en la maleta (ingredientes: nueces y frutos secos), habían ayudado, pero no era suficiente. No podía enfrentarme a otro de esos *wraps* de vegetales. Entonces se me ocurrió una idea: fui al puesto de sándwiches y pedí que me dieran una orden de queso.

—¿Sólo queso? —preguntó el malhumorado tipo de veintitantos detrás de la caja al que le había hecho la petición, con mi mejor sonrisa.

Él fue a preguntar a los que preparaban los sándwiches:

—¿Podemos hacer uno sólo de queso? —y nadie encontró un motivo para no venderme un poco de queso.

—Pues, ¿por qué no? —dijo al fin, y salió la orden.

Un queso de setenta y cinco centavos. Luego de revisar los ingredientes, pedí también una bolsita de papas. Recibí mi envoltorio de queso y me fui muy contenta. De regreso en mi cuarto vi con tristeza que sólo me habían dado dos piezas pequeñas de queso. Debí haber pedido el doble o el triple para que valiera la pena. Pero bueno, junto con el plátano que me había robado de la enorme y poco comestible (para mí) barra de desayuno del hotel, más la bolsita de papas, medio pude comer un almuerzo razonable. Tenía de todo: un poco de carbohidratos, algo de sal, algo de grasa y un poco de fructosa incorporada —como debe ser— en su dosis correspondiente de fibra y micronutrientes. Estaba contenta con mi pequeño almuerzo improvisado, y todavía más contenta de haber calmado los gruñidos de mi barriga. A decir verdad, había estado mucho mejor que el wrap de lechuga con vegetales y mostaza.

De hecho, en el transcurso de todo nuestro año sin azúcar, una sola vez me sentí intimidada de preguntar por el contenido de azúcar de los ingredientes del menú. Fue durante las vacaciones de Semana Santa; decidimos viajar a Filadelfia con las niñas para conocer algunos sitios históricos divertidos: el Salón de la Independencia, la Campana de la Libertad, la casa de Benjamin Franklin.

Evidentemente en nuestro hotel no conocían el concepto *desayuno de cortesía*, fenómeno que arrasa en todo el resto del mundo occidental. Así que teníamos que ir a desayunar a un restaurancito tipo *dinner*, a la vuelta del hotel. Uno de esos lugares tan retro, que ni siquiera saben que son retro. Yo estaba fascinada con los mostradores de formica en forma de U y los taburetes giratorios cromados.

No estoy segura de si fue por la mesera rusa que tenía tres estrellas tatuadas detrás de la oreja derecha, o por los dos chicos, muy de ahí, que iban cada mañana y ordenaban Coca-cola con pan francés, o tal vez por el hecho de que no había nada que pudiéramos comer además de huevo con huevo, acompañado de huevo... el caso es que simplemente me resultó imposible preguntar cualquier cosa. ¡No pude!

Así que primero nos limitamos a pedir cosas que sabíamos que eran seguras: avena insípida sin azúcar, uvas y, por supuesto, huevos. Pero nos quedábamos con hambre. En mi desesperación me atreví a promulgar el "Desayuno Excepcional Solo Para Filadelfia", que decía así: no preguntes por el pan. Por favor no lo hagas.

Después de que todos aprobaron la moción democráticamente, y que pasamos la medida de emergencia por un claro margen de tolerancia, pudimos disfrutar de un buen pan tostado de granos enteros y bagels durante nuestra estancia. ¿Que si había probabilidades de que hubiera algo de azúcar en esos panes? ¿Como un treintaidosavo de cucharada? Eso seguro. Sin embargo, no dejaré que esa situación de emergencia vuelva a presentarse.

Por consiguiente, ahora te presento, querido lector, el *Manual básico oficial para interrogar al mesero o cómo asegurarte de que tu comida esté libre de fructosa sin que el mesero escupa en ella.*

1. Procura comer a la hora en que los restaurantes estén más vacíos, y no en hora pico. Así podrás tener oportunidad de preguntar sin dar molestias al restaurante entero. Temprano es mejor que tarde, por supuesto. A las cuatro de la tarde el mesero ya no tendrá la paciencia que tenía a la una.

2. Yo siempre prefiero dejar que la persona que va a atendernos primero nos instale en la mesa con toda calma y que nos haga el pedido de bebidas ("Niñas, ¿van a querer agua o leche?"), antes de atacar con nuestras preocupaciones sobre el menú. Cuando no hay leche y la persona amablemente le ofrece a las niñas una botellita de Júmex (azúcar con azúcar) o un tetrabrik de chocolate (aceite hidrogenado y más azúcar), amablemente les sugiero pedir agua y listo.

3. Una vez que llegan las bebidas, saco a cuento el tema, quiero decir, el "Disculpa, pero no podemos comer ningún tipo de azúcar porque nos hace muchísimo daño. ¿Podrías recomendarnos algo que no nos haga convulsionar aquí mismo y que vayamos a asustar a tus demás clientes?", o "Nos ha sido revelado que el azúcar es un alimento del Diablo y preferimos abstenernos de él en cualquiera de sus formas. ¿Te gustaría saber más? Puedo darte un folleto con información al respecto".

No, ya en serio, lo que siempre digo es esto, al pie de la letra: "Oye, tengo una pregunta que va a sonar un poquito rara. Lo que pasa es que no comemos (aquí una pausa sutil para indicar con delicado énfasis) *nada de azúcar*. (Pausa discreta) Estaba viendo en el menú el filete salteado, pero me preocupa que la salsa pueda contener azúcar. ¿Crees que podrías preguntar en la cocina, por favor?" E inmediatamente *antes* —esa es la clave— de que se dé la media vuelta para ir a preguntar a la cocina y no regresar jamás, pregunto por los otros platillos que los demás hayan considerado ordenar. Aunque al principio la mesera o mesero se sentirá abrumada por tener que lidiar con un cliente que pide cosas poco ordinarias, créeme que agradecerá no tener que dar cinco o seis viajes a la cocina para preguntar cosas distintas al chef. Y no tendrás que esperar a que te lleven de cenar a la una de la mañana, mientras te pasan la aspiradora por debajo de los pies.

4. Siempre hay que ser excesivamente agradecidos por el tiempo que la persona de servicio le dedique a nuestras excéntricas peticiones. Decir: "Gracias de nuevo por tu ayuda", es indispensable si algún día quieres regresar a ese restaurante, como también lo es dejar una generosa propina, lo que recomiendo mucho, a menos de que te apliquen el truco de desaparecer y no regresar jamás.

En nuestro año sin azúcar vimos que era de gran utilidad, y un verdadero alivio, conocer bien los menús de los restaurantes de nuestra zona, y las opciones del menú que podíamos comer sin temor a que tuvieran algo de azúcar escondida. Fuimos realmente afortunados de encontrar cerca de casa un *bistro* maravilloso, de precios razonables, donde preparan prácticamente todo de forma casera, y donde la mesera estaba tan acostumbrada a nuestras preguntas y peticiones, que incluso ya sabía lo que íbamos a pedir antes de que ordenáramos. Se interesaba por nosotros y seguido nos preguntaba cómo nos iba con nuestro proyecto. Era de ese tipo de lugares donde escriben los especiales del día con gises de colores sobre un pizarrón negro. El tipo de lugar donde pusieron el pan de pizza hecho en casa en el menú infantil, sólo porque Ilsa lo pedía todo el tiempo. Ese tipo de establecimientos prácticamente me sacaban lágrimas de gratitud, después de haber estado toda la semana preparando salsas, panes, carnes en casa, todo desde cero, con ingredientes frescos. Todo lo que puedo decir es: gracias a Dios que existe The Trolley Stop, en la avenida Poultney de Vermont. Si un día vas, por favor diles que vas de mi parte.

Por supuesto, debes tener en cuenta que no podrás comer en ninguno de los restaurantes de comida rápida, y que no podrás comer nada en los que dicen "Todo lo que puedas comer por sólo $99.00". En general, los restaurantes tendrán que ser del tipo donde puedes sentarte y donde la variedad del menú permite que por lo menos una parte sea comida preparada en el momento. Una vez que empiezas a preguntar, te sorprenderá la cantidad de restaurantes en los que los ingredientes son un absoluto misterio para todo mundo, incluyendo al chef (y usamos aquí el sentido amplio del término). ¿Cómo puede ser? Bueno, pues porque la comida normalmente llega ya preparada: las salsas, las pastas, las carnes… Y lo único que hace el establecimiento es recalentarla. Hasta la cocina "típica", de hecho.

Después de un tiempo, aprenderás que siempre, *siempre*, le ponen azúcar a los aderezos y a la mayoría de las salsas. También al pan, y con toda seguridad también a la sopa. Recuerda: *hasta los ingredientes llevan ingredientes*. ¿Consomé de pollo? Suena bien, ¿no? Pues a menos que sea casero, te puedo apostar a mi dulce tía Matilda a que lleva azúcar añadida.

Cuando cenamos en restaurantes, las opciones más seguras son las más simples: carne asada con papas, pescado con vegetales, espaguetis con aceite de oliva y ajo. Mientras viajaba por Minnesota con mi papá, comí una cantidad impresionante de filete de perca con vegetales al vapor. ¡Delicioso! Y eso que nunca había oído hablar antes del pez perca. ¡Para que veas nomás los nuevos horizontes que puede abrir ante ti *Un año sin azúcar*!

Después de un tiempo, también llegarás a saber por adelantado cuáles son las opciones seguras. Irónicamente, a veces nos vemos obligados a pedir una orden de papas a la francesa o de papas fritas en lugar de canasta de pan. Es parte de nuestro reto. Si no lo imaginábamos antes, con toda seguridad tendríamos que entenderlo ahora: No comer azúcar añadida, como familia, representaba un esfuerzo sobrehumano. Nadie dijo que comer saludable fuera fácil.

CAPÍTULO 7

Ay, las cosas
que vas a comer...

Seguramente piensas que es sencillo excluir el azúcar de tu dieta, ¿no? Bueno, tal vez no sea facilísimo, pero sí por lo menos razonablemente sencillo. No tienes que ser Einstein ni nada por el estilo. Solo te fijas bien en los ingredientes, y cuando te das cuenta de que algo contiene azúcar, pues no te lo comes, y listo, ¿no? Es sencillo. Pero luego empecé a darme cuenta de que había ingredientes misteriosos que querían a hacerme desistir, que trataban de hacer fallar mi plan a prueba de tontos.

"¿Pero qué hay de (pon aquí el nombre de cualquier producto)?", sería la frase más común de "Un año sin azúcar". Como en el jueguito de Dale al Topo, cuando acabas de resolver con mucho esfuerzo y dedicación una de tus muchas dudas, acerca de que si puedes comer esto o aquello, otro ingrediente llega y asoma la cabecita. En nuestro reto nos hubiera venido bien un azucarómetro milagroso.

Esto nos lleva a la parte que suele sacar de quicio a muchas personas. Sería millonaria si me hubieran dado una moneda cada que alguien me decía: "Pero… si sólo estás evitando la fructosa, entonces sí puedes comer fruta / sí puedes comer pasta / sí puedes *comer azúcar*, ¿verdad?" (¡¿Qué!?) Bueno, eso depende de a qué cosa se refieran con "azúcar". Acuérdate de que el azúcar de mesa consta de partes casi iguales de glucosa y de fructosa; lo que tu cuerpo quiere es glucosa, es la gasolina que lo hace funcionar, como si se tratara de un coche. Algunos alimentos se convierten casi de inmediato en glucosa (panes, pastas y otros carbohidratos simples), mientras que otros requieren más trabajo y tiempo para convertirse (las carnes y otras proteínas). Por eso las personas que padecen diabetes no sólo tienen que cuidar lo que comen, sino también las proporciones de lo que se comen. Muchas rebanadas de pan pueden mandar a las nubes sus niveles de azúcar en la sangre.

Pero a ver… ¿estamos hablando aquí de un año sin azúcar en la sangre? ¿Sería igual a decir un año sin glucosa? ¡Claro que no! No, a menos de que quisiéramos morir de inanición.

Cuando hablamos de un año sin azúcar, nos estamos refiriendo en realidad a un año *sin fructosa añadida*. Pero ¿por qué son equivalentes estos dos términos? Porque puedes comer azúcar sin glucosa y glucosa sin azúcar, *pero no puedes comer azúcar sin fructosa* ni tampoco puedes comer fructosa sin azúcar. Dicho de otro modo, la fructosa es lo que hace azúcar al azúcar. Para no hacer el cuento largo, apréndete bien esto: la fructosa es el archivillano. Si tu dieta fuera una película de vaqueros, la fructosa llevaría un sombrero negro, masticaría tabaco y le escupiría a los niños y a los animalitos. La fructosa, como recordarás, es veneno. Es el ingrediente del que tu cuerpo puede prescindir sin ningún problema. No te necesitamos, fructosa, gracias por participar, adiós. Tu cuerpo está mucho mejor sin ella.

Pero como la fructosa sabe deliciosa y tal vez hasta es *adictiva*, noso-tros, los brillantes genios de la especie humana, tuvimos que cultivarla, extraerla e inyectarla a cuanta condenada cosa comestible podamos po-nerle las manos encima —desde tocino hasta fórmula para bebé—. La fruta, que es de donde la fructosa proviene, la contiene en cantidades muy inferiores, si se le compara con los alimentos procesados; por eso la fruta es la menor de nuestras preocupaciones. No, el problema no es la fruta, cuya fibra y micronutrientes ayudan a que esa pequeña dosis de fructosa venenosa sea correctamente eliminada. ¡El problema es todo lo demás! El problema, dicho en tres palabras, es: la fructosa *añadida*. El problema es que la naturaleza sabe hacer las cosas bien, y los humanos sabelotodo continúan estando espantosamente equivocados.[12]

Y si te detienes a considerarlo con más cuidado, te darás cuenta de que la fructosa añadida, bajo todas sus modalidades, presentaciones y sobrenombres se encuentra virtualmente en cada uno de los paquetes de comida que puedes comprar en el súper.

Así que si alguien me pregunta (como inevitablemente sucede): "Ah, ¿o sea que sólo estás evitando la fructosa?", como si nuestra fami-lia estuviera dejando de comer aguacate o habas durante un año, ¡¡en lugar de todo el maldito supermercado!!, van a tener que disculpar que me exaspere un poquito.

De regreso a lo del azucarómetro, tomando en cuenta la inspiradora línea de razonamiento del doctor Lustig acerca de que la fructosa es pura maldad nutricional, siempre que tengo que evaluar algún ingrediente dudoso o cuestionable, pongo atención a estas tres sencillas preguntas:

---

[12] Cuántas veces, estando en algún restaurante, he visto que los niños gozan de lo lindo comiéndose sus hotcakes acompañados de jugo de naranja, y me pregunto si sus papás estarían tan quitados de la pena si ordenaran un equivalente nutricional de pastel con refresco para desayunar.

¿Es comida?

¿Contiene fructosa?

¿Esa fructosa fue extraída de alguna otra fuente?

EL TEST LIMUS

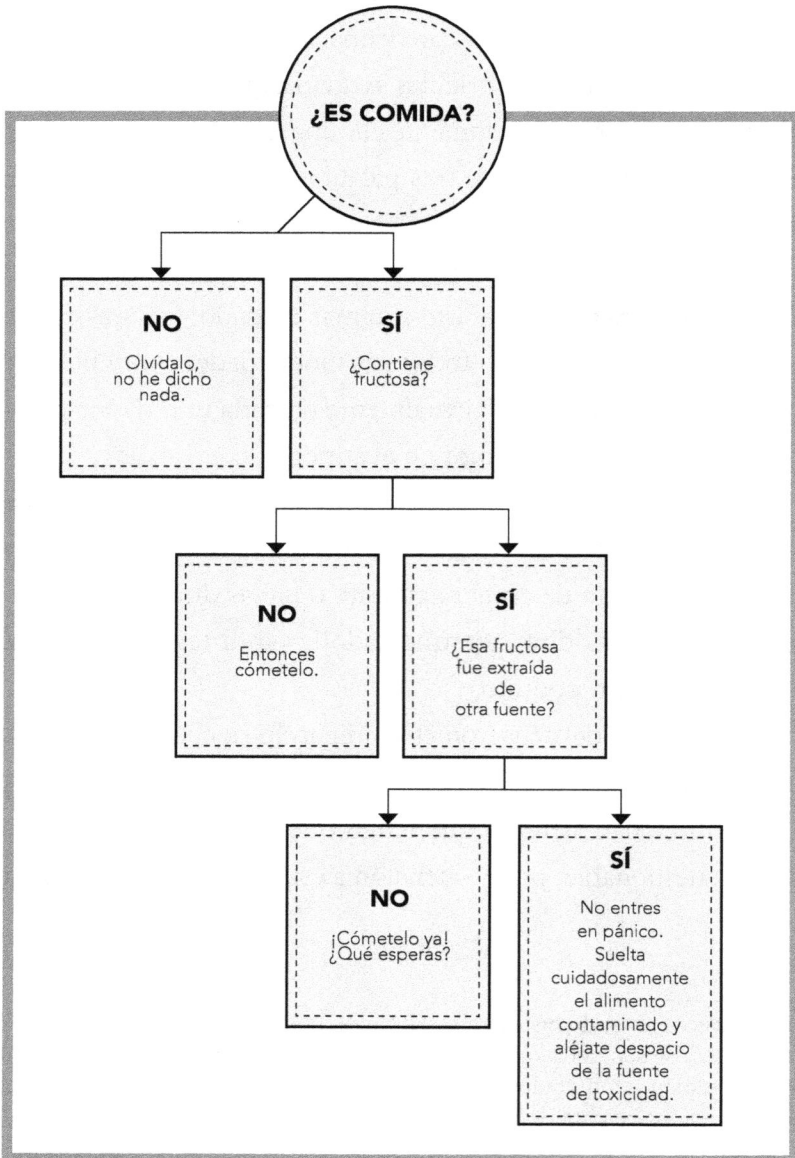

Algunas cuestiones son más sencillas de resolver que otras. Por ejemplo, tomar medicamentos. Como dice el refrán: "una cucharada de azúcar ayuda a pasar la medicina". Aunque para ser más exactos, en lugar de eso deberíamos decir "una cucharada de jarabe de maíz de alta fructosa, sacarosa y rojo núm. 40 ayuda a pasar la medicina".

A ver. Como la mamá preocupona y obsesiva que soy, la medicina queda fuera de la mesa, al menos hasta donde resulta razonable. Lejos. Ni siquiera están en la misma zona de la casa. Con o sin proyecto de un año sin azúcar, si una de mis niñas se siente mal, no voy a cuestionarme ni medio segundo en encontraré Tylenol infantil libre de azúcar, o alguna receta para el dolor de barriga en lugar de una cucharada de almíbar de fruta enlatada (¿Te sabías esa? ¡Funciona!). No, no y no. La medicina *no es comida*, se encuentra en otra categoría completamente distinta.

Habiendo dicho esto, y usando mis nuevos súper poderes de ultrasensibilidad para percibir las cosas que contienen azúcar, me horrorizó no darme cuenta de que la industria farmacéutica claramente se había subido al tren de "más es más" en lo que respecta a azúcar añadida en sus productos. Esto definitivamente es muy reciente. ¿Te acuerdas de aquellos tiempos en que tomar medicina —cualquier tipo de medicina— era la cosa más horripilante del mundo? Horripilante como para querer vomitar. No digo que debamos volver a esos malos tiempos en que, además de sentirte como trapo, tenías que tomar remedios que sabían a rayos y centellas. No obstante, es alarmante darse cuenta de que los botiquines de casa comunes y corrientes (medicina para la fiebre y gotas para la tos) ¡se han convertido en verdaderas dulcerías! Pregúntale a cualquier mamá. Los niños llegan al punto de pedir dosis extra que no necesitan. Eso sí que asusta.

La cuestión de la medicina, mal que bien, queda fácilmente resuelta. Ah, pero ahí está otra vez el juego de Dale al Topo. ¿Y qué hay de las vitaminas? Una amiga alegaba que las vitaminas masticables que el pediatra le había recetado a sus hijos debían tener azúcar para que sus hijos las pudieran pasar. Esta cuestión es más complicada. Las vitaminas no son un medicamento exactamente. Pero tampoco son comida. Después de pensarlo un poco, llegué a la conclusión de que si se trata de una prescripción médica (y no Panditas) deben quedar del lado de los medicamentos y por lo tanto deben permitirse.[13]

Otra cuestión dudosa con la que me topé fue darme cuenta de que aun cuando no tomábamos jugo de fruta ni nada que estuviera endulzado con jugo de fruta, había una fruta cuyo jugo seguíamos consumiendo: el limón. Como la cocina casera tuvo que evolucionar para llenar el vacío que había dejado en nuestra vida la comida empaquetada, me di cuenta de que estaba dependiendo bastante de la acidez del limón: en el aderezo para las ensaladas, en el hummus casero y para varias recetas de pasta con vegetales. Como no lo estaba usando para "endulzar", no me daba cuenta y no lo registré como si fuera jugo de fruta. ¿Se puede justificar de alguna manera el uso del limón en el proyecto de un año sin azúcar?

Me puse a investigar un poco. De acuerdo con la súper práctica tabla de cálculos y equivalencias que encontré en la USDA National Nutritien Database, hay 2.68 gramos de fructosa en 244 gramos de jugo de un limón promedio. Entonces, comparando manzanas con manzanas, por decir algo, ¿cómo podríamos medir la relación? Si estaba usando bien la tabla de cálculos —lo cual no es cien por ciento garantizado— 48 gramos de jugo de manzana no endulzado tiene 2.75

---

[13] Gracias a una nueva marca que descubrí recientemente, las vitaminas que le prescribieron a nuestras niñas no contienen azúcar añadida, de hecho. ¡Yihahai!

gramos de fructosa, lo que significa cinco veces más fructosa que el limón, y 48 gramos, más o menos es un cuarto de taza de jugo de manzana, eh, no un vaso entero.

> En goo.gl/pHyiup puedes encontrar la cantidad de fructosa que hay en casi todo, incluyendo jugo de limón y manzana.

Después de darle muchas vueltas, decidí que una cucharada de jugo de limón, que no era para endulzar y llevaba una fracción de fructosa mucho menor a la de otras frutas, podía permitirse. Ya... bueno, si quieren mátenme, lo sé.

Y luego están las bebidas. ¿Sabes cuántas bebidas están prohibidas en un régimen de *no* azúcar añadida? *Todas.* Okei, exagero: la mayoría. Virtualmente todo el menú, el refrigerador o la máquina expendedora del lugar a donde vayas contiene un amplio surtido de fructosa: obviamente el refresco y el jugo, pero también cualquier otra cosa que se vea remotamente interesante, desde la limonada y los tés helados hasta el chocolate de cajita, la sidra, las leches de sabor y las aguas vitaminadas. Por supuesto que nuestro cuerpo no necesita nada además de agua, ¿verdad? ¿Verdaaaaaad?

Para nuestros propósitos, teníamos un rango *tremendamente reducido* de opciones. Además del agua buena y normalita, tenemos el agua mineral (¡qué elegancia la de Francia!), la leche, y el café y el té sin azúcar para los mayores.

Tal vez resulta significativo que tanto mi excepción como la de Steve (en su caso Coca-cola de dieta, y en el mío vino) ambas eran bebidas. Nuestra sociedad simplemente aaaaaaaaama agregarle cosas al agua para mejorarla. Sin embargo, como estamos acostumbrados a tener opciones ilimitadas (si se puede llamar "opción" al azúcar en diferentes variedades, texturas, colores y sabores artificiales), en aras de los intereses familiares, constantemente buscaba nuevas alternativas.

Entonces un día me encontré con una bebida con la que me fui de espaldas: Ovaltine [un chocolate en polvo]. Y antes de que digas "¡Aaaah! ¡Ovaltine!", tengo que aclarar que no se trata de aquel polvo para preparar chocolate por el que muchos adultos estadounidenses sienten nostalgia, y que hasta podrían tatuarse el logo de la etiqueta. En aquel Ovaltine, el azúcar era el ingrediente principal. No, se trata del Ovaltine europeo. Lo encontré de casualidad en una tienda que se enorgullece de proveer artículos difíciles de encontrar, y a los que, no obstante, algunas personas todavía le guardan cariño, como los jaboncitos Maja o el perfume Estéfano ("para hombres que dejan huella"), ¡y mi favorito! ¡El original aceite de hígado de bacalao! Como si alguien pudiera sentir nostalgia de esa cosa.

Por lo visto, los europeos son bastante más quisquillosos que los estadounidenses respecto a cómo les gustan sus bebidas, si le ponen más o menos azúcar según su gusto. Encontrar este producto me hizo tremendamente feliz. Se lo añadimos a la leche para crear una experiencia chocolatosa.[14] Sin azúcar, claro. Todos comenzamos a disfrutarlo en el desayuno o como *snack*. No mucho después de eso, encontré otro candidato para nuestro selecto club de bebidas. Tomé una botellita del refrigerador de la tienda de productos saludables porque me dio curiosidad. Hummm… ¿Qué será esto de "agua de coco"?, me pregunté. ¿Cuenta como jugo de fruta o es otra cosa? De nuevo la detective que hay en mí se puso alerta.

---

[14] Los ingredientes del Ovaltine europeo son cosas como extracto de malta, leche, cocoa en polvo, suero de leche y un montón de vitaminas de nombre que sonaba muy elaborado como "ortofosfato férrico" y "mononitrato de tiamina".

Por muy elegante que fuera la presentación, el agua de coco no era como el Ovaltine europeo, y ni siquiera como el jugo de limón. De acuerdo con fatsecret.com.mx, una medida de agua de coco tiene 6.26 gramos de azúcares simples combinadas: glucosa y fructosa. No importa cómo las dividas, tiene que haber algo de fructosa siempre, una cantidad similar a la que había encontrado en el jugo de manzana; así que lo siento: el agua de coco quedaba fuera.

Si no me crees lo del agua de coco, acá tienes los datos: goo.gl/SS59i5

Por supuesto que disfrutábamos de comer toda clase de fruta, de todos los tamaños, sabores y formas. Además ya me podía ganar un diploma con mis creaciones endulzadas con plátano, dátiles o coco rayado. Pero quería más. Mi barriga lloraba por una cosa dulce, satisfactoria y que no supiera a algo salido del tocado de Carmen Miranda.

En su mayoría, las alternativas de endulzante que se pueden encontrar empleados como ingrediente en los productos que venden en las tiendas de comida saludable o en las estanterías del súper, resultan bastante decepcionantes. "Jarabe de caña evaporado" y "jugo de manzana orgánico" suenan muy sano y muy bonito, pero en realidad no son mejores —cuando de fructosa se trata— que sus contrincantes elaborados con jarabe de maíz de alta fructosa (y en algunos casos incluso son peores).

࿇

Lo que pasa es que algunas personas piensan que el azúcar nomás es azúcar. Eso desafortunadamente no es verdad. Para engañar a los clientes y hacerles pensar que no es azúcar, los fabricantes le ponen otras cosas. Pero a final de cuentas también es azúcar en una presentación diferente. Como el jarabe de caña evaporado. Es azúcar, la única diferencia es que está cruda y evaporada. También el jarabe de maíz de alta fructosa. A final de cuentas los dos son melaza y también jugo de fruta.

Del diario de Greta

࿇

El "jarabe de malta de cebada", eliminado muchas veces de la lista de ingredientes, es algo que sí *podríamos* usar como endulzante, si no fuera porque casi siempre se usa en combinación con otros endulzantes que sí contienen fructosa. Es recomendable para disminuir los niveles totales de fructosa, aunque para nosotros de todos modos quedaba fuera.

Revisé la estantería de los endulzantes alternativos de nuestra tienda de productos saludables del barrio y me topé con dos posibilidades prometedoras: agave y jarabe de arroz integral.

El agave era el que estaba formado primero. Un endulzante derivado de una planta suculenta originaria de México. Algunos de mis amigos mueren por el agave. Además últimamente se ha ganado mucha promoción en la prensa como endulzante saludable. Me daba curiosidad, pero también tenía mis reservas. ¿Podría ser la nueva maravilla del dulzor? El hecho de que el agave se encontrara normalmente en el mercado en forma de "jarabe" o "néctar" me sonaba sospechoso. Pero la verdad es que para nosotros no había mucha vuelta de hoja, todo se reducía a una pregunta muy simple: ¿Contiene o no fructosa?

La respuesta corta es que *sí*, el agave contiene fructosa, y mucha. Como recordarás, el azúcar de mesa y el jarabe de maíz de alta fructosa contienen alrededor de 50% de fructosa y 50% de glucosa. Bueno, pues el jarabe de agave contiene por ahí de 90% de fructosa. ¿Recuerdas que decía que los endulzantes supuestamente saludables pueden llegar a ser peores que el azúcar blanca? Damas y caballeros, ¡les presento el agave! Sorprendentemente el agave es muy recomendado para las personas que padecen diabetes, por ser glicémicamente neutral. Lo que quiere decir que no eleva los niveles de azúcar en la sangre. ¡Pregunta sorpresa!: ¿Y por qué no eleva los niveles de azúcar en la sangre? Porque la fructosa, como ahora sabemos, es una sustancia sigilosa. Como seguro recuerdas, el problema consiste en que la fructosa no dispara la liberación de insulina (¡eso es bueno!) porque está muy ocupada yendo directamente al hígado (¡eso es muy malo!). Entonces, a falta de algo mejor qué hacer con ella, el hígado se ocupa del asunto creando montones de ácidos grasos que nadarán en el torrente sanguíneo y bloquearán el paso de la insulina a la glucosa (la sustancia buena, la gasolina de la vida) para que las células puedan aprovecharla. Recordarás mi brillante analogía del embotellamiento a la hora pico en el Periférico, y a nuestro querido amigo Federico Insulina. La razón por la que los diabéticos tienen elevados índices de insulina, señoras y señores, es porque los ácidos grasos (léase: fructosa) están bloqueando la llegada de la insulina a donde tiene que llegar. Consumir *más* fructosa tal vez no eleve los niveles de insulina inmediatamente, pero creará los ácidos grasos que harán más difícil que la insulina llegue a donde la necesitan. ¿El resultado? Claro: altos niveles de insulina.[15]

Para resumir: consumir jarabe de agave en lugar de azúcar parece ser el equivalente a quemar tu casa antes de que llegue el tornado.[16] El jarabe de agave tal vez sea "natural" y "crudo", pero ya sabes, también lo es el arsénico.[17]

A un lado del jarabe de agave en la estantería de la tienda, estaba el jarabe de arroz integral. Hummm… ¿Podremos comer eso? "Un endulzante derivado de procesar arroz cocinado con enzimas", de acuerdo con la Wikipedia (que por supuesto, nunca se equivoca). Está hecho de "maltosa, glucosa y maltotriosa" ¡Yihahaiiii! ¡No hay fructosa a la vista!

Mi amiga Katrina lo puso en consideración y dijo: "Guácala, ¡sabe a popó de perro!" Pero bueno, hay que tener en cuenta que también nuestras adoradas barritas de granola cruda le supieron a alimento para pájaros (como si el alimento para pájaros fuera algo malo). Compré un frasco del pegajoso y ambarino endulzante, y durante los meses que siguieron estuve cocinando y horneando con él. Se convirtió en un recurso invaluable para mi arsenal de repostería, y un sustituto muy adaptable por su semejanza con la textura de otros endulzantes como la miel, la melaza y el jarabe de maple. Aunque no me pareció

---

[15] En su libo *Sweet Poison*, David Gillespie describe el giro repentino que dio la Asociación Americana de Diabetes en 2002, cuando se dieron cuenta de que recomendar a los diabéticos endulzar con fructosa pura no sólo no era bueno, sino de hecho era peligroso por esta misma razón. Gillespie, *Sweet Poison*, pág. 60.

[16] La única razón buena que he escuchado a favor de endulzar las cosas con agave es que puede ser más fácil de digerir que otros endulzantes, para quienes padecen de problemas digestivos.

[17] A pesar de todo, me preguntaba si habría alguna forma de agave que incluyera la fibra de la planta, o sea, que se pudiera endulzar con la fibra original, como comerse una manzana. Pero resulta que no, a menos de que consideres el estropajo para la regadera como fibra (uno de los usos que se le da a las fibras no comestibles de la planta).

que se me antojara comerlo a cucharadas, tampoco, en definitiva, sabe a popó de perro. No que yo sepa.

Pues íbamos bastante bien, bebiendo nuestra agüita burbujeante, comiendo barritas de granola con avena y horneando con jarabe de arroz integral, cuando empecé a sentirme decaída. Durante varios días estuve bastante mal, y como resultado de eso descuidé la cocina, me retrasé con las compras y con mi plan de comidas. De alguna manera lográbamos salir del paso, pero una noche que me sentía particularmente desesperada, entre enferma y hambrienta, saqué de la parte de atrás del congelador una bolsa tamaño industrial de pollo Bertolli congelado, con salsa cremosa y pasta de moñito. Sí, la lista de ingredientes era más larga que mi brazo, y parecía escrita en alguna lengua extranjera poco conocida, pero se trataba una verdadera emergencia. Por lo menos no contenía azúcar, pensé cuando la compré en nuestra primera incursión al súper varias semanas antes.

Pero por supuesto, tonta de mí, tenía que volver a revisar, lo cual, si estás en un año sin azúcar, puede ser el peor error que puedas cometer si lo que quieres es comer algo rápido, en un futuro próximo. Lo que encontré en la bolsa, impreso con letras chiquititas y entre paréntesis, debajo de la lista de subingredientes para el "aderezo", fue de nuevo esa palabrita: *dextrosa*. ¿Dextrosa? ¿&$#%··"$··"@º*?

¿Te acuerdas de aquella ensalada del Panera de la primera vez? Me había encontrado desde entonces la dextrosa en otros lugares como en las diferentes marcas de papas a la francesa que venden en las pistas de patinaje sobre hielo, pero me había rehusado a averiguar más sobre el asunto. Todavía no sabía qué rayos era eso… ¿azúcar? ¿No era azúcar?

¿Contenía o no contenía fructosa? ¡Estas interminables palabrejas científicas no se acababan nunca! ¡Aaaaaggh!

Pero en ese momento me sentía tan mal y tenía tanta hambre que podía comerme una cabra entera, y no había mucho más en la cocina para comer que fuera remotamente antojable. Así que corté la bolsa, boté el contenido dentro de un sartén, lo cociné por los diez minutos que requería y nos lo comimos con todo y la mentada dextrosa.

Luego de que terminamos de cenar, mi primera impresión era de que algo estaba… mal, como fuera de lugar. ¿Pero qué? Parecía realmente raro lo rápido que había preparado toda una cena. O sea, una comida con pollo, un bowl de pasta de moñito con espinacas y salsa cremosa ¡no sale así de la nada! ¿Cuánto me hubiera llevado normalmente a mí preparar todo eso? Por lo menos una hora o más. Sin mencionar el montón de trastes sucios que quedarían luego de lavar las espinacas, cocer el pollo por separado, sazonar la salsa cremosa en una olla, mientras en otra se cocinaba la pasta…

Se me ocurrió que esta cena simplemente había sido auspiciada: "Patrocinado por Dextrosa" (así como por sus amigos, la proteína de soya aislada y el fosfato de sodio). La relación era muy clara: entre menos productos químicos y aditivos contenga, mayor tiempo de preparación y de limpieza implica. Y viceversa.

Pero tenía todavía algo de tarea pendiente. Cuando busqué "dextrosa" en internet me encontré con un montón de respuestas ambiguas y confusas: "mejor conocida hoy como glucosa, esta azúcar es la principal fuente de energía para el cuerpo". Okeeeeei. En algunos sitios se definía como "azúcar de maíz" y decía "30% menos dulce que el azúcar refinada". Okeeeeei. Esto se estaba poniendo bastante denso. ¿Qué era? ¿Es la dextrosa algo generado por nuestro cuerpo para proveer energía o es azúcar añadida?

Hora de las confesiones: la bioquímica no es mi fuerte. Seguro sabía un par de cosas sobre el sufijo —osa, gracias al video "Sugar: The Bitter Truth", conocía las diferencias entre términos como *sacar* -osa, *gluc* -osa, y *fruct* -osa: que la glucosa era la energía que usan las células para funcionar, que la sacarosa es el azúcar blanca de mesa, una combinación a partes iguales de glucosa y fructosa, y que la fructosa, por supuesto, era la raíz de todo mal en el universo conocido, el *spawn* del Imperio del Mal, proveniente del planeta Naboo. ¿¡Pero la dextrosa qué pitos toca en todo esto!?

Afortunadamente tenía alguien a quien le podía preguntar, alguien a quien yo consideraba la máxima autoridad para todo lo que tuviera que ver con fructosa: el mismísimo doctor Robert Lustig, el hombre que inspiró nuestras locuras gastronómicas, para comenzar.

Tomando en cuenta que nunca había conocido en persona al doctor Lustig —era y seguía siendo una *grupy* más, que buscaba su dirección de correo en internet, para preguntarle toda clase de cosas extrañas y enfadosas—, lo sorprendente fue que me contestara. La primera vez que me puse en contacto con él fue antes de comenzar el proyecto de un año sin azúcar. Le escribí para contarle acerca de nuestro plan y para preguntarle un par de cosas que ahora me parecen de lo más estúpidas (¿El vino contiene fructosa? ¿Y qué hay de la miel de abeja? ¡Pfff!) El hombre, con la paciencia del santo, me contestó. Después de eso, lo dejé en paz. Me sentí totalmente intimidada. O sea, el señor tenía ¡más de cinco millones de visitas en su video de YouTube hasta ahora! Seguro debía tener como veinte mil cosas más importantes qué hacer antes de andar respondiendo preguntas estúpidas, no sé, probablemente estaba dando asesoría a la NASA o de jurado en *Bailando por un sueño* o algo así. Tal vez tenía que ir a ver a la Primera Dama para hablar con ella acerca de cómo reducir la cantidad de fructosa de las pastillas de menta que se consumen en la Casa Blanca, ¡qué sé yo!

Pero para esta pregunta de la dextrosa simplemente no encontraba una respuesta clara y estaba segura de que no la iba a encontrar yo sola. Después de todo, sólo recurrí una sola vez a mi cena de diez minutos. Lustig me escribió —seguro desde las bambalinas de los estudios de CNN—, y con toda la amabilidad del mundo contestó que la dextrosa está hecha a partir de maíz y que esencialmente "la dextrosa *es* glucosa", por lo tanto, era libre de fructosa y para nuestro propósito concreto estaba bien.

¡¡¡☻!!!

¡Qué bien! ¡Era realmente bueno! De hecho, incluso después de haber llegado tan lejos, era real, real, realmente bueno tener por fin resuelto un "¿y qué hay de…?", con un claro y definitivo "Sí, ¡puedes comer eso!", aun y cuando se trataba de dextrosa y no de… ya sabes, un helado con chocolate derretido encima.

Más tarde entendería que todo este asunto de la dextrosa era mucho más importante que sólo decidir si podía o no comer pollo congelado con salsa de crema y pasta de moño con espinacas, cuando se agotaran los recursos de la despensa. Poco después de recibir la respuesta del doctor Lustig leí un libro que también cambiaría mi vida —y nuestro año sin azúcar—, llamado *Sweet Poison*, escrito por un australiano llamado David Gillespie.

En él, Gillespie cuenta una historia con la que yo ya estaba familiarizada: la historia de la fructosa. Si ya leíste el prólogo de este libro, entonces ya te sabes la historia. Era una vez un abogado, papá de cuatro niños, al que su esposa le dijo que iban a tener gemelos. Gillespie en ese momento tenía sobrepeso, no tenía energías y con la noticia de que su progenie iba a sumar la media docena quedó completamente petrificado. ¡¡Cómo voy a hacerle para cuidar a mis hijos!?", pensó. Aunque había tratado con toda clase de dietas, nunca había tenido buenos resultados, no había podido encontrar un plan que le funcionara a largo plazo para mantener un peso saludable. Se preguntaba: ¿por qué parece que el ejercicio y las dietas no funcionan?, ¿por qué nuestros ancestros nunca tuvieron este tipo de problema? ¿Cuál es la diferencia clave entre la manera en que la gente comía y el modo en que comemos ahora? ¿Qué es lo que hace la diferencia?

Gillespie estaba resuelto a averiguarlo, y eso fue lo que hizo. Después de poner en orden montañas de información que investigó por su propia cuenta, tomó la decisión de cambiar una sola cosa. Sólo una: eliminar la fructosa añadida de su dieta. Al hacerlo, perdió 40 kilos. Hoy no sólo toda su familia se abstiene de consumir azúcar, sino muchos de sus amigos, parientes, personas cercanas y miembros de su comunidad que se convencieron de seguir sus pasos simplemente de ver la dramática transformación de Gillespie.

Si haber visto "Sugar: The Bitter Truth" encendió un foco en mi cerebro, leer *Sweet Poison* encendió un segundo foco. Uno que iluminaba detalles que antes habían quedado en la sombra. Gillespie, alguien que no era médico, tenía una gran habilidad para traducir todos los hallazgos médicos y la información científica a un lenguaje comprensible, preciso, como que era abogado. Además, sucede que también es bastante divertido, algo que resulta de gran ayuda cuando se trata de hablar de cosas como fosfofructoquinasa y de los islotes pancreáticos de Langerhans.

Disfruté muchísimo del libro y fue muy bonito sentir la confirmación de lo que estábamos haciendo. Tal vez —sólo tal vez— no estábamos completamente chalados. Pero fue todavía más importante para mí descubrir a Gillespie, cuando supe que se le había ocurrido la gran idea de usar *dextrosa en polvo para cocinar*. ¿Dextrosa en polvo? Nunca había oído algo así. Diablos, pero si ni siquiera era uno de los endulzantes alternativos de la estantería de la tienda de productos saludables. Era un territorio realmente desconocido para mí, y comencé a imaginar lo raro que podía llegar a ser.

Siguiendo las instrucciones que Gillespie da en su libro, ordené un bote de 20 libras de endulzante, un polvo blanco, muy fino. ¿Podrá ser? Me preguntaba: ¿Podré preparar un verdadero postre que no contenga azúcar y que no sepa a plátano? ¿Sabrá rico? Salivaba de sólo pensarlo. Cuando finalmente llegó, ¡la caja era enorme! Como del tamaño de una pelota de playa. El recipiente de plástico naranja era como uno de esos polvos que toman los fisicoculturistas, que venden en las tiendas de vitaminas. ¿En serio, a esto hemos llegado?

Entusiasmada con lo poco que quedaba de mi pobre y negada golosidad, me propuse hacer la receta de David Gillespie de pay de queso ricotta con fresas. Estaba preparada para lo peor. Le recordé a las niñas que era sólo un experimento y que probablemente no sería tan sabroso como sugería el nombre. Sin embargo, se veía bastante bien en el horno, levantó parejito, se doró sólo un poco en la superficie y olía a tibia y sutil dulzura de fresas, ese inconfundible olor a repostería.

Lo dejé que se enfriara dentro del horno y se hundió un poquito mientras cenábamos. Después de cenar, revisé el pay de queso con emoción trepidante antes de cortarlo y distribuirlo en los platos. Se veía bastante bien, y…

Una sola mordida hizo que todo mi escepticismo se evaporara. En su lugar apareció la sorpresa y el gusto. Sonreí. Puse una sonrisota de oreja a oreja y vi a los demás. Las niñas también sonreían de oreja a oreja entre grandes mordidas de pay esponjosito, que no contenía fructosa, que no contenía azúcar ¡y que estaba rico! ¡Realmente rico!

Si esto fuera un guion para una película, sería el momento en que se oiría como *soundtrack* los coros del Aleluya, acompañando en cámara lenta el júbilo dibujado en nuestros rostros. ¡No podría dejar de exclamar lo bueno que realmente era! O sea, no era exactamente D-U-L-C-E, sino ligeramente dulce, lo que por lo visto a estas alturas preferíamos, de cualquier modo. Todos limpiamos el plato. Las niñas de inmediato empezaron a aportar ideas: "¿Podemos preparar helado con dextrosa? ¿Y galletas de azúcar?"

Un nuevo mundo se abría ante nosotros.

Habíamos encontrado algo con qué hornear, sin los efectos tóxicos de la fructosa y sin poner en riesgo las reservas mundiales de plátano. ¿Qué más podíamos pedir? Te diré una sola palabra: chocolate.

Sí, sí, teníamos el Ovaltine, que era una opción bastante decente para tomar chocolate caliente y ahora hasta podía cocinar deliciosos *brownies* con una mezcla de polvo de cacao y dextrosa, pero un verdadero chocolate era algo que no iba a conseguir jamás. O al menos eso pensaba.

Entonces un buen día llegó Steve con una barra envuelta en brillante papel aluminio. Se parecía muchísimo a mi viejo amigo chocolate, que había perdido hacía tanto, y me sentí pecaminosa nada más de mirarlo. Me aclaré la garganta y aparté discretamente la mirada.

—No, no, mira —dijo Steve—, ¡podemos comerlo!

Sabrás que cuando tu nombre es Eve tiendes a ser un poquito precavida con las tentaciones, así que miré intensamente a mi esposo. En mi desesperación por encontrar sustitutos de endulzante que se acoplaran a las exigencias de nuestro año sin azúcar, pensé que ya lo había visto todo. ¿Acaso era posible que se me hubiera escapado algo?

ChocoPerfection era el nombre de aquello, y llevaba un eslogan: "¡Sin azúcar, naturalmente!". Si sabía bien —algo que dudaba—, ¿cómo podía estar bien? Al oír sobre nuestro proyecto, nuestra amiga Ellen le había dado la barra de chocolate a Steve para que lo probáramos.

—Estoy por cambiar sus vidas —dijo con tono sentencioso.

Observamos el papel dorado. Leímos los ingredientes. Había dos con los que no estaba familiarizada: oligofructosa y eritritol. Hummm... Sonaban sospechosos. Me puse a investigar. Resulta que la oligofructosa es extraída de frutas y vegetales, en este caso, de raíz de achicoria. Tiene fama no sólo de *no ser malo*, sino que de hecho es saludable por contener un índice bastante alto de fibra dietética (una sola barra de ChocoPerfection contiene un sorprendente 52% de la fibra dietética diaria recomendada), así como efectos "prebióticos", lo que quiere decir que se cree que estimula la reproducción de bacterias buenas en el colon.

Y luego tenemos el eritritol. Encontré que es "azúcar de alcohol", que por lo general no se puede decir que sea una cosa así tan buena, puesto que los azúcares alcohólicos como el xilitol y el maltitol están asociados a propiedades laxantes y padecimientos gástricos. Fuchi. Sin embargo, de acuerdo con la infalible sabiduría de internet, el eritritol es único: a diferencia de otros azúcares alcohólicos, se absorbe en el intestino delgado y se excreta. Traducción para eso: no causa dolor de barriga.

El resultado era que, juntos, la oligofructosa y el eritritol, podían llevarse de maravilla. Se complementaban el uno al otro. La dulzura de uno contrarrestaba el saborcillo feo del otro. Había solo dos inconvenientes, y por lo visto no eran cosas que fueran contra las reglas: primero, que luego de probar la barra de chocolate que Ellen nos regaló, descubrí que semejante carretonada de fibra hacía que me regurgureara un poco la panza. Pero a ver, veamos: ¿podía vivir con eso si representaba poder comer verdadero chocolate? Sí, señor, cómo no, ¡denme cuatro bolsas llenas! Mi segunda queja era que costaba demasiado caro. ¿Una barra pequeñita de 50 gramos por 60 pesos? ¡Casi a 15 pesos la mordida! Pero de nuevo, si eso significaba que iba a poder comer auténtico chocolate de barra, muy de vez en cuando, en nuestro laaaaargo año sin azúcar… Con su permiso, señores, perdónenme si tengo que hipotecar la casa, pero tengo chocolate qué comprar.

Igual que con el bote de dextrosa, tuvimos que ordenar los chocolates por internet (habíamos entrado en la Tierra de las Golosinas Extremas, por lo visto). Entonces nos dimos cuenta de que la misma compañía fabricaba también "azúcar granulada para uso en repostería", a seiscientos pesos… ¡medio kilo! A ese precio, no es que fuera a poner a temblar a los empresarios de la industria azucarera en sus botas de hule cubiertas de azúcar ordinaria, pero para nosotros sonaba como si nos hubiéramos ganado el Melate. Ordenamos un lote de barras de chocolate y una muy costosa bolsita de "azúcar".

Cuando nuestro paquete finalmente llegó, no nos tomó mucho darnos cuenta de que el azúcar de mentiritas era una verdadera decepción. Hicimos algunas pruebas con un par de tandas de galletas de mantequilla de cacahuate y vi que la textura era demasiado seca, crujientosa y granulosa, además de que el sabor era un poco diferente. Las barras de chocolate, no obstante, eran tan buenas como la primera vez que las habíamos probado. Nada sorprendente para los-que-comen-azúcar-todo-el-año, pero buenas. De hecho eran tal cual como un chocolate, lo suficientemente parecidas para sentir como si estuviera haciendo trampa.

Ese era un buen punto. ¿Estábamos haciendo trampa? Entre más lo pensaba, menos podía evitar sentirme… rara. No podía dejar de sentir que de algún modo algo no estaba completamente bien con todo esto.

Traté de poner en orden las ideas: de todo, lo que pude discernir fue que la oligofructosa y el eritritol no se convierten en grasa en el torrente sanguíneo, no elevan los niveles de azúcar en la sangre, no causan ni juanetes… para acabar pronto. Me preguntaba si era un endulzante artificial por no ser ni sacarosa ni fructosa, ¿o era un endulzante natural porque venía de la raíz de achicoria? Si el punto era evitar la fructosa, así como los endulzantes artificiales, que es bien sabido que tienen efectos perjudiciales en el organismo, entonces ¡lo estábamos haciendo! Si el propósito era evitar no sólo la fructosa aña-dida, sino cualquier cosa que simulara ser fructosa, entonces no lo estábamos logrando. ¡Auxilio!

Me sentía tan confundida que una vez más tuve que escribirle al doctor Lustig y esperar con el aliento contenido que me diera una respuesta —ahora sí— definitiva. Curiosamente, lo que me mandó fue esto: "Como endulzantes no-nutritivos, existen las sustancias farmacocinéti-cas (lo que el cuerpo hace con un medicamento) y las farmacodinámicas (lo que el medicamento hace al cuerpo). Tenemos el primero (y es así como consiguieron la aprobación de la FDA), pero no lo segundo. Así que no puedo recomendar ninguno de ellos. Pero sigue al tanto, por-que este tipo de información seguro aparece en el futuro.

¡Hummm! Bueno, eso esencialmente me dejaba en el mismo pun-to. No sabía. Me di cuenta de que, como el doctor Lustig es médico y yo soy escritora, él me estaba dando una respuesta de médico, cuando lo que yo buscaba era una respuesta de escritor.

Así que seguí buscando y regresé a mi otra gran inspiración. David Gillespie tenía algo qué decir sobre todo esto en su libro *Sweet Poison*:

> *Por muchos estudios de laboratorio y por muchas pruebas en ratones que se practique, no podría sentirme tranquilo con las sustancias químicas industriales que han estado presentes en nuestros alimentos a lo largo de unas cuantas décadas. Pasaron casi cien años de consumo masivo de azúcar antes de que los investigadores comenzaran a preguntarse si el azúcar era peligrosa. ¿Podemos estar seguros de que la sucralosa o el aspartame son completamente seguros luego de tan poco tiempo?*

De nuevo, ¡hummm! Estaba acercándome a una respuesta. Gillespie no hablaba de la oligofructosa, es cierto, pero al igual que Lustig había señalado que *todos* estos nuevos endulzantes por el momento son grandes signos de interrogación. Y los signos de interrogación, como Gillespie nos recuerda, no tienen un historial muy bueno en lo que tiene que ver con cuestiones de salud.

Pero de regreso a las cuestiones éticas: seguía sintiendo como si me estuviera engañando a mí misma. Steve era súper fan del Choco-Perfection y no le causaba tanto conflicto como a mí todo este asunto. Su argumento era que aun con nuestras barras de chocolate súper especiales y evitando toda clase de azúcar añadida, era muy, pero muy, pero *muy* difícil. Lo cual es cierto. Sin embargo, creo que después de todo, lo mejor es confiar en lo que uno siente.

Así que nos fuimos terminando muy poco a poquito la caja de chocolates especiales y decidimos no volver a ordenar más. La bolsa de "azúcar" quedó arrumbada en un rincón oscuro de la alacena. ¿Alguien quiere helado de plátano?

CAPÍTULO 8

La popó no miente

No quiero sonar poco delicada, amigos, pero creo que ha llegado el momento de hablar de una de las "otras" consecuencias de comer. Como dice uno de nuestros libros infantiles: "todos los animales hacen popó".

Para ser honesta, no acostumbro dedicar mucho tiempo a pensar en la popó. Cuando era adolescente asistí a un campamento de verano donde había caballos y pasé la mayor parte de aquellos días lidiando con la materia innombrable, paleando y acarreando *aquello* por todas partes, trepando pequeñas montañas hasta llegar a la carretilla designada para el tiradero, tratando de llegar a salvo sin antes dejar algo de la carga en la canaleta o en las plantas al lado del camino. Pero no fue sino hasta que vi a un quiropráctico local que se dedicaba a atender a mujeres embarazadas con dolor de espalda, cuando comencé a pensar en el tema de la popó como un asunto de salud, más que como una mera inconveniencia, necesidad o algo propio del cuidado de los caballos.

—¿Qué tan seguido tiene usted un movimiento intestinal? —me pregunto Ray.

Ray Foster no sólo es un excelente quiropráctico, sino también un amable vecino y amigo de mis parientes, así que me sentí poco más que abochornada de que me preguntara tan innombrable asunto. Sin mencionar el hecho de que no tenía idea de cómo responder. Debía admitirlo, en realidad no lo sabía. Con certeza no sucedía todos los días. *Tal vez* cada dos días o... ¡Diablos, quién sabe! Para lo que me importaba el tema, podía haber sido una vez al mes. ¿Acaso se supone que debemos llevar un recuento de esas cosas? ¿Acaso me perdí la clase de salud donde vieron eso? Por supuesto, recuerdo haber aprendido los cuatro grupos de alimentos (siempre agradecí el hecho de que hubiera un quinto grupo, esa "otra categoría" donde entraban todas las cosas realmente importantes, como las Tama-roca y la crema batida). Pero, ¿acaso en algún momento se habló de lo que pasaba con la comida después de que entraba en el gran crisol del sistema digestivo?

Definitivamente no. Me imagino que la sola idea de tener que enfrentar otro tema bochornoso, entre risitas penosas, simplemente era demasiado para los atribulados profesores de salud de la preparatoria. Me pregunto si, de haber tenido una mejor idea de lo que representa la inteligencia nutricional, eso me hubiera persuadido de seguir por el camino del vegetarianismo durante las dos décadas que lo seguí. Reconozco que esta es una enorme desviación, pero espera... prometo que todo esto tiene que ver con el tema de la popó.

Cuando recién cumplí los catorce años, allá en los tiempos en que el tema del vegetarianismo era prácticamente desconocido para las personas cercanas a mí, oficialmente me convertí en algo así como vegetariana. En parte quería, de modo ingenuo, expresar mi amor por los animales. A lo largo de los años pasé por todo el amplio arcoíris de variedades del vegetarianismo: que si no comía carne roja, que si no comía tampoco pollo ni pescado... Nunca logré llegar al veganismo total (la sola idea de dejar el amado queso me horrorizaba. ¡¿Cómo?! ¿No nachos? Eso nunca.)

El hecho de que mis padres, ambos, pensaran que lo mío era un capricho pasajero de adolescencia hizo que mi compromiso con el vegetarianismo fuera todavía más fuerte. Así afirmaba mi independencia en el área de la comida (esto de algún modo me suena familiar...), sólo que había un pequeño problema. Comía pésimamente mal.

Por supuesto que, siendo tan joven, eso no me molestaba en absoluto. Amaba los animales y aborrecía la idea de que los sacrificaran de una forma masiva en grandes fábricas de comida. En ese entonces, términos como "crianza en libertad" y "orgánico" ni siquiera habían llegado a la conciencia nacional, de modo que comer animales —hasta donde se sabía— por definición implicaba crueldad animal. Estaba más preocupada por no ser una hipócrita en sentido nutricional, que por comer de manera saludable —lo que sea que eso significara en ese entonces—. A final de cuentas la sociedad entera seguía cambiando radicalmente en cuanto a la idea de lo que se consideraba "comer sano" ¿o no? Me parecía que podía comer lo que se me antojara, y mi cuerpo se las arreglaría con eso. Pensaba que estaba comiendo de acuerdo con una idea moral elevada: lo que no matas, te hace más fuerte. O sea, ¡pero si estaba salvando animalitos!

El problema era que me había convertido en lo que se conoce como "vegetariana de papas fritas". No permitas que nadie te diga que los vegetarianos son, por definición, más saludables que los comedores de carne. Esta es una idea equivocada que se ha generalizado mucho. Sólo porque alguien no coma carne no significa que subsista comiendo *kale* orgánico y tostaditas de alga cultivada de manera sustentable. Digamos que podríamos etiquetar este periodo de mi vida como "La era de la pizza y el queso fundido" (¿ahora ves por qué hubiera sido una vegana muy miserable?).

Durante aquellos años, simplemente iba por el mundo comiendo todo lo que no fuera carne, todo lo que hubiera en el menú que no estuviera en el apartado de "carnes, aves y pescado", es decir: queso, pan, pasta, más queso. Mamá se hubiera infartado de saber la frecuencia con que mi cena consistía en un baguel de queso crema. Una vez, por allá, cada cuando, comía un vegetal nomás por el gusto de saber a qué sabían.

A ese ritmo es un verdadero milagro que no hubiera dejado de "emitir" en su totalidad (sí, popó). Probablemente pude haber llegado a mi fiesta de quince años y explotar en plena celebración. Pero de alguna manera el cuerpo humano hace lo propio —o sea, del dos— con lo que se le da. Por suerte, mi esposo me convenció de que comer carne ayudaría a resolver el problema de baja energía que había padecido durante años, ¿y saben qué? ¡Tenía razón! Gradualmente descubrí que entre más carne comía, mejor me sentía. A largo plazo, luego de veinte años, mis "ideales de moral superior" dieron paso a una nueva idea: sentirse más sano.

Lo que no quiere decir que fuera realmente más sana. Sólo significaba que *me sentía* más sana, que por lo menos ya era un buen inicio. Estaba más contenta, más llena de energía y menos propensa a esos ataques de debilitamiento en que me sentía como trapo.

Después de veinte años de ser mediovegetariana, y luego de mi regreso al universo carnívoro, me sentía bastante bien. Todavía me hubiera gustado tener más energía. Me hubiera gustado tener tiempo para hacer algo de ejercicio, dormir más y todas esas cosas buenas que todos decimos que queremos, pero que raramente hacemos algo al respecto. Cocinaba mucho, más que la mayoría de mis amigos y que la gente que conocía, así que pensaba que era lo que podía hacer en el departamento de salud de mi vida. Entonces llegó el doctor Lustig y su maldito argumento extremadamente convincente. Así que la pregunta obvia iba a ser, después de embarcarnos en una aventura encaminada a llevar una vida más saludable. ¿Realmente estábamos más sanos?

Todo mundo me preguntaba. Siempre que hablaba sobre el proyecto de un año sin azúcar, aun cuando fueran las primeras semanas, las personas querían saber: ¿Has perdido peso? ¿Te sientes mejor? ¿Tus niñas son más felices / saludables / tranquilas? Me preguntaba cómo hacer para calcular algo tan ambiguo como lo saludable. Durante los primeros tres meses de nuestro año no perdí peso, las niñas no se veían notablemente más tranquilas, mi cabello no se había vuelto dorado ni veía ningún otro efecto importante. *Pensaba* que me sentía más sana, eso sí, y *parecía* que no nos enfermábamos tan seguido como antes. Por supuesto que todos estos eran aspectos subjetivos, cuyo efecto podía fácilmente ser una coincidencia o efecto placebo. Si íbamos a notar algún cambio, no sería en los primeros días ni en las primeras semanas. Incluso me preguntaba si con los meses iríamos a notar algo.

Ese es el asunto con el azúcar: estamos hablando de plazos muy, muy largos. El azúcar no es un golpe súbito. No provoca que tengas un accidente de tránsito o que de pronto te dé un ataque de algo y quieras saltar de la azotea ni nada dramático. Como hemos podido ver, los efectos dañinos del azúcar son insidiosos y a muy largo plazo. Recuerda cuántas décadas luchamos como sociedad solo para admitir lo que todos ya sabíamos sobre el tabaco y los cigarros, que son perjudiciales. Bueno, pues resulta muy adecuada la analogía entre los cigarros y el azúcar: la mayor parte del daño que causan ambos no es por consumirlos una sola vez o unas cuantas veces, sino por el uso continuado y constante a lo largo de los años, las décadas. Esa es la razón por la que resulta difícil probar que tienen una relación directa con las enfermedades.

Por consecuencia, una "mejor salud" en nuestro caso no sería algo que se observara de un día para otro, y tampoco después de un apestoso año de no comer nada de azúcar. No podíamos decir que nos hubiéramos curado de diabetes o que hubiéramos prevenido un inminente ataque cardiaco, o que hubiéramos impedido un incipiente caso de obesidad. Un año podía parecer una eternidad para nosotros, pero en el gran esquema del promedio de vida de nuestro país, un año no significa nada. Lo malo era que mucha de nuestra "evidencia" sería altamente subjetiva y mayormente anecdótica.

Sin embargo, había una cosa que no era para nada subjetiva: la popó (¿ves?, te dije que llegaríamos al tema). Me sentía un poco más que abochornada de reconocer que —por lo visto— estaba llena de ella. Al principio traté de ignorar el cambio tan obvio, pero los hechos eran irrefutables conforme iban asombrándome cada vez más. Bajo el plan de un año sin azúcar "emitía" como relojito. Hacía *del dos* con la regularidad de un condenado reloj suizo. Por lo menos una vez al día, si no es que más. Comparado con mis días de vegetariana, que sólo Dios sabe cada cuándo iba al baño, este nuevo estado de las cosas era algo que simplemente no podía ignorar.

"¡Pero qué es lo que me pasa!", me preguntaba sorprendida. ¿Sería la falta de azúcar por sí sola?, o podría ser el hecho de que estábamos comiendo mucha más fruta para compensar lo dulce en nuestra dieta. También podría ser el simple hecho de que estaba preparando muchas más cosas de forma casera, y al hacerlo estábamos librándonos de muchos de los aditivos y conservadores que lleva la comida procesada.

La verdad es que no sabía. Lo que sí sabía era que de pronto mi cuerpo estaba... bueno, *trabajando* mejor que nunca, lo cual era ¡uuuff! Mucho pero mucho muy bueno. Y tal vez, por qué no, era buen síntoma de que mi salud había mejorado. Sin afán de sonar desagradable, insisto.

Aunque el asunto de la popó fue una consecuencia casi inmediata, conforme avanzaba el año hubo otro cambio, mucho más sutil, pero que se volvía cada vez más claro: nuestro paladar estaba cambiando.

Conforme avanzaba el año, nuestro postre del mes, el que sí podía contener azúcar, sirvió para otro propósito además de evitar un motín familiar. También sirvió como una especie de punto de verificación para nuestro paladar. Luego de una tan larga relación con el azúcar y de amarla por tanto tiempo, nunca se me ocurrió que al abstenernos de postres por largos periodos, cuando al fin volvíamos a comerla ya no la disfrutábamos.

Sí, sí, oíste bien. O al menos ya no la disfrutábamos tanto como antes, o como esperábamos que sería. Peo "aunque usted no lo crea", había momentos en que comer nuestra ocasional golosina con azúcar se convirtió en algo totalmente desagradable. Llegamos al punto en que me ponía a pensar en el postre de ese mes y me aterraba la disrupción que podría causar un golpe de azúcar en nuestra nueva rutina familiar.

Por ejemplo, mientras nos saboreábamos con entusiasmo expectante el postre de enero y febrero, para abril empecé a notar que cuando comía esas golosinas me daba dolor de cabeza y se me aceleraba el pulso, sin mencionar el extraño y meloso sabor que me quedaba en la boca y que me hacía querer lavarme los dientes de inmediato. En agosto, por primera vez nadie pudo acabarse el postre; por ahí de septiembre la elaborada receta que preparé para el cumpleaños de Steve le produjo un fuerte malestar. Mientras estaba tirada en el sofá con un punzante dolor de cabeza y sintiéndome horrible, se me ocurrió que tal vez debía preocuparme por haber llegado tan lejos. Quería hacer un experimento, claro, quería que estuviéramos más sanos, sí, pero de ahí a querer extirpar la dulzura a mi familia con cirugía definitiva, ¡eso nunca!

Había leído sobre esto en el libro de David Gillespie. Él dice que toma tiempo, pero luego de algunas semanas de dejar de consumir azúcar uno empieza a perderle el gusto. Simplemente deja de antojarse. Tenía razón, por supuesto, pero lo que yo estaba descubriendo en mi caso era un poquito más complicado que eso. Aunque mi paladar ya no quería esa cucharada de tarta de plátano con crema chantilly o ese cono de helado, mi cerebro todavía los quería.

En el peor de los casos, lo que sucedía era que planeaba con mucha expectativa nuestro postre semanal, y cuando llegaba la oportunidad de disfrutarlo finalmente, me sabía a rayos. Me recordaba la situación aquella de cuando estaba embarazada y el chocolate se convertía en polvo de aserrín en mi boca: era frustrante. Decepcionante. Exasperante. Pero también era fascinante. A todas luces estábamos en la ruta correcta. Estaban sucediendo cosas en nuestro cuerpo. Nuestros sentidos estaban cambiando. Sólo que si esa ruta representaba que nunca más iba a volver a disfrutar una rebanada de tarta de ruibarbo... bueno, pues no estaba tan segura de que mi cerebro pudiera perdonármelo.

৩৲৶

El único otro indicador que encontré para medir de alguna manera los resultados al final de nuestro año, fue comparar las tarjetas de inasistencia de las niñas, para calcular sus faltas por enfermedad en el trimestre. Luego de quitar los días que sabía que habían faltado por causas que no tenían que ver con enfermedad, como los viajes,[18] los resultados que encontré fueron deslumbrantes. Mira:

---

[18] Por ejemplo, en tercer grado sé que Greta faltó la primera semana, cuando estaban enseñando las fracciones, porque decidimos llevar esa semana a las niñas a la Toscana, donde aprendimos a preparar pasta fresca y a cocinar conejo en casa de un amigo, con su mamá, que es una auténtica *Mama* italiana. Greta no pierde la oportunidad de recordármelo siempre que aparece el tema de las fracciones en alguna de sus tareas (¿hubiera estado mal de mi parte sugerir que me parecía más importante aprender a preparar *gnocchi*?)

INASISTENCIAS POR TRIMESTRE					
	Primer trimestre (otoño)		Segundo trimestre (invierno)	Tercer trimestre (primavera)	Total del año
	1er cuarto	2° cuarto	3er cuarto	4° cuarto	
Inasistencias de Greta					
Guardería[19]	—	—	—	—	??
Kínder	2	5	5	5	17
Primer grado[20]	3	4	1	3	11
Segundo grado	0		5	1	6
Tercer grado	9		2	0	11
Cuarto grado	0		3	7	10
Quinto grado	5		**1**	**0**	6
Sexto grado	**1**		0	2	3
Inasistencias de Ilsa					
Guardería	—		—	—	15
Kínder	5		**1**	**2**	8
Primer grado	**0**		6	4	10

[19] Para la inasistencias de la guardería no tengo manera de hacer el recuento porque no llevan tarjetas de asistencia en ese nivel. Luego de hacerle al detective con las inasistencias oficiales del colegio, pude obtener las inasistencias de Ilsa, pero sólo el total, sin los desgloses por periodo.

[20] Cuando Greta estaba en el kínder, el sistema cambió de tres a cuatro periodos por año.

Indiqué con negritas el trimestre durante el cual estuvimos haciendo nuestro año sin azúcar. Como podrás ver, durante este año Greta faltó a clases sólo dos días e Ilsa tres. "Bueno, eso está muy bien", pensé. Luego vi el último tercio de nuestro año sin azúcar, durante el cual supuse que disfrutaríamos del máximo acumulado de beneficios a al salud. Comparé las faltas del año previo (2010) con las del otoño de 2011, nuestro año sin azúcar (puedes verlo en negritas) y me di cuenta de que de un otoño para el otro habían ido de 5 faltas a sólo una, en el caso de Greta, y a cero en el caso de Ilsa.

¿Cero? ¡Cero!

Decidí que era necesario revisar las fechas anteriores, es una cuestión de matemáticas elementales, señores. ¡Vacaciones todo incluido para los gérmenes! Cada año nosotros, como todas las familias que conocemos, sabemos bien que llegan como castigo divino los catarros, los resfriados, las gripas y los virus estomacales. Por lo general nos alegramos si conseguimos evitar una porción razonable de la avalancha de enfermedades. Me preguntaba si habríamos tenido algún trimestre sin faltas por enfermedad. ¡Y resulta que sí! Más de uno. De modo que ese grande y redondo cero en la tabla de inasistencias no era, después de todo, una evidencia tan contundente como yo esperaba.

Sin embargo encontré otras estadísticas aún más interesantes. El año escolar, por supuesto, no coincide con el calendario anual, y por ende, tampoco con nuestro año sin azúcar. Qué pasa si comparo las inasistencias a la escuela durante los periodos del calendario anual.

Hummm… Como me gustan las tablas, me puse a hacer esta otra:

CALENDARIO ANUAL DE INASISTENCIAS A LA ESCUELA		
	Ilsa	Greta
2007	n/a	8 aprox.
2008	n/a	15
2009	n/a	2
2010	entre 5 y 20	15
2011	3	2

Como se puede ver, durante todo 2011 —que corresponde a nuestro tan importante año sin azúcar— Greta faltó sólo dos días a la escuela e Ilsa tres. ¿Y qué hay de los otros años? En 2009, Greta tuvo el mismo número de faltas por haber estado enferma (2), igual que durante nuestro año sin azúcar. No es tan significativo. Sin embargo, tanto en 2008 como en 2010, Greta faltó 15 días a la escuela. Un incremento con respecto a nuestro año de... hummm... 650%

Como Ilsa es más pequeña, por supuesto tengo menos información con qué trabajar, por no tener las inasistencias del kínder y las faltas por enfermedad durante el trimestre, así que no puedo decir cuántas inasistencias tuvo en 2010 contra 2009. Pero puedo saber cuántas tuvo en 2010, por lo menos 5 y máximo 20, lo que me indica un incremento con respecto a nuestro año de entre 67 y 567%. Si quisiera encontrar el punto medio (lo cual hago por ser tan terriblemente cientificista) podemos decir que Ilsa tiene alrededor de 250% de incremento de inasistencias en el año anterior a nuestro año sin azúcar.

Ahora… ¿nos dio catarro ocasionalmente o un poco de tos o resfriado durante nuestro año? Seguro. Entonces no puedo decir que dejar de comer azúcar añadida nos convirtiera en una súper familia que pudiera pasar por encima de todos esos desagradables virus de un solo salto.

Lo que sí puedo decir es que si ves los números, con toooda seguridad queda claro que comparativamente las niñas estuvieron bastante más sanas durante nuestro año sin Azúcar. Su salud fue definitivamente mejor durante el 2011 que durante los años anteriores.

Así que ahí lo tienes. La evidencia física de un año sin azúcar se reduce a tres hechos: la popó, el paladar y las inasistencias a clase. ¿Serán hechos casuales? ¿Circunstanciales? ¿Anecdóticos? Tal vez. Pero no son poca cosa.

A pesar de eso, le prometí a las niñas que nunca me pondría a hacer una tabla de sus popós.

CAPÍTULO 9

¿Y qué hay de los niños?

Con todo esto de equiparar el azúcar con el amor, o confundirla con el amor, era inevitable que muchas personas consideraran que negarle a las niñas su porción de azúcar caída del cielo, de la mano de Dios, destinada para cada ser humano, era básicamente maltrato infantil.

Inevitablemente, el aspecto de nuestro proyecto que le parecía más preocupante a los que oían sobre él era el hecho de que las niñas *también participaran*. Y las preguntas que siempre hacían tenían que ver por lo general con ellas:

¿Cómo se lo toman?

¿Se sienten bien?

¿Te parece que son más tranquilas desde que no consumen azúcar?

¿Cómo le hacen?

Las respuestas casi siempre eran complicadas: Algunos días las niñas adoraban el proyecto, actuaban como si fuera algo significativo y maravilloso, algo que nos mantenía unidos y nos hacía únicos como familia. Otras veces la agarraban en mi contra y en contra del proyecto por estar arruinando su vida, o ponían cara de desconsuelo ante la ilusión de estar cerca de un postre que sabían que no íbamos a probar.

Pero cuando hablo de "niñas" en realidad me refiero a Greta. Ilsa, a los seis años, era mucho más llevadera cuando se trataba de… bueno, de todo.

Por otro lado, Greta, como la buena adolescente en ciernes que era, tendía al drama y hacía un excelente trabajo, realmente le hacía honor a su nombre (como la Garbo). Pronto se anotó puntos con nuestros amigos, a donde quiera que íbamos, anunciando a los cuatro vientos y parloteando para todo el que le prestara atención acerca de los detalles de nuestro proyecto, a lo cual la respuesta habitual era una actitud compasiva, acompañada de una mirada de condolencia que parecía decir: "Oh, pobre criatura, tienes unos padres hippies controladores que te obligan a desayunar semillas de limón, ¿verdad? Pobre de ti".

A pesar de todo, estaba bastante segura de que las niñas sobrevivirían el año relativamente libres de traumas. Aunque, como la mayoría de los padres, sentía que agonizaba. ¿Podrían perdonarme? ¿Crecerían sintiéndose relegadas y en desventaja? ¿Llegaría el día en que esconderían reservas de dulces en el clóset, entre los calcetines?

Pero decidí seguir adelante. Rápidamente aprendí que era mejor no llevarlas conmigo al súper, de ese modo no andarían por ahí, jugueteando entre preciados productos en sus brillantes paquetes que de ningún modo compraríamos. Me especialicé en botanas para después de las clases, como palomitas, hummus y mi más reciente intento de galleta sin azúcar. Aprendí a pagar un dólar cincuenta por una manzana en el puesto de chucherías de la pista de patinaje sobre hielo, aun cuando las manzanas y las otras cosas que podíamos llevar de casa eran mil veces más sabrosas y *económicas*.

—Pero es que así no tiene chiste, es más *divertido* comprar allá, mami.

Ilsa me iluminó. Okeeeei, pensé. No compraríamos pretzels o chocolate caliente o papas fritas o el Gatorade que todo mundo compraba, pero por lo menos podíamos comprar *algo* en la tiendita. Me di cuenta de que si mis niñas se sentían relegadas, una manzana de un dólar cincuenta podía hacer la diferencia.

Ahora déjame decir algo así como va. Amo la escuela a la que asisten las niñas. La adoro con toda mi alma. Me casaría con ella. Desde que Greta estaba en la guardería he llevado a las niñas ahí, y ya van seis años hasta ahora de disfrutar cada minuto del trato cálido y amable que la comunidad del aprendizaje nos provee.

Es en serio, no lo digo de chiste. Hubiera querido que de niña me llevaran a una escuela así de buena. Han hecho cosas grandiosas en lo que tiene que ver con el tema de la alimentación, tales como plantar un huerto en el jardín de la escuela e invitar a los padres a que compartan su receta favorita de sopa para que todos la coman a la hora del lunch. Actualmente incluso concretaron un programa de bocadillos saludables para los niños, que incluye frutas y vegetales para comer entre comidas.

Mi mamá dice que en la casa no podemos comer azúcar y punto. Pero en la escuela y en otros lugares es nuestra decisión. Como hoy en la escuela, que tuvimos una lectura y nos dieron chocolate caliente con bombones, y era además el cumpleaños *de mi mejor amiga y ella también llevó bombones cubiertos de chocolate. Por supuesto, lo pensé y decidí tomar uno. Pero, ¡ándale!, que otra amiga, Sara, había llevado buñuelos ¡uuuf!, y nos compartió a todos. Yo no me quise quedar atrás y tomé uno de la charola antes de que la pasaran a la siguiente mesa. Sabía que no estaba rompiendo ninguna regla, porque mamá dice que fuera de la casa es mi decisión. Muchas veces me he sentido culpable, y muchas veces mamá me ha repetido "es tu decisión, no hiciste nada malo". Pero hoy creo que logré algo importante, porque luego de comer todos esos dulces no me sentí mal ni nada, y creo que es porque en una situación sí pude decidir por mí misma. Entonces, el punto aquí es que cada quien debe tomar sus propias decisiones, y sólo porque no siga una regla en un momento específico no significa que no quiera seguir cumpliendo después. Tampoco significa que estoy siguiendo una regla distinta.*

Del diario de Greta

Desafortunadamente, nada de esto cambia el hecho de que la comida de la escuela, el menú de todos los días, esté retacado de azúcar añadida. Hasta yo, que había estado concentrada en el asunto del azúcar desde que comenzó el año, quedé impactada el día que por casualidad me senté a analizar, a realmente analizar, el menú de desayuno que suelen mandar a casa en la mochila de las niñas, junto con un montón de otros papeles codificados por colores.

De nuevo, pensé, hay que andar decodificando. Donde decía "Variedad de cereales de grano entero", yo leía hojuelas escarchadas.

"Barra de fruta Nutri-Grain", yo leía jarabe de maíz de alta fructosa. "Galletas Graham integrales" era igual a fructosa cristalina (o de laboratorio: el ingrediente más dulce que los científicos de los alimentos han llegado a crear hasta nuestros días. Imagínate, eso es como heroína de azúcar). Así que tomé el marcador amarillo y comencé a contar. En total encontré treinta opciones para el desayuno en el menú, incluidos los condimentos y el jarabe. De esas treinta opciones, dieciocho contenían azúcar añadida. ¡Más de la mitad! Pero espera, se pone peor.

Visto más de cerca, el menú advierte: "Con cada comida se sirve una variedad de leches". ¿Y qué significa eso de "variedad de leches"? Por supuesto, leche azucarada y saborizada. Okey, si asumimos que los niños eligen tomar chocolate con el desayuno cada mañana, contamos ahora 24 cosas fuera de las treinta opciones de desayuno, lo que es igual a decir que 80% de las opciones para desayunar contienen azúcar añadida.

Además de todo, tenemos que diariamente le dan a cada niño una pieza de fruta en el desayuno. Claro que la fruta tiene fructosa —aunque, como ya sabemos, con su correspondiente contenido de fibra y micronutrientes que ayudan a balancear el contenido de fructosa— aunque no es azúcar añadida *per se*, de todas maneras sigue siendo *más azúcar.*

Por lo tanto, si contamos el número de cosas que contienen fructosa (léase: veneno) en nuestro menú de desayuno para marzo de 2011, asumiendo que cada niño eligiera tomar leche con chocolate, podemos contar que el total de las cosas que tienen azúcar/fructosa son 29 de las 30, o sea 97%. Y, ¿cuál es la única cosa que falta, que no contiene fructosa? El queso crema para los bagels de los jueves.

Esto no es raro, en general pasa con todos los desayunos que, hasta donde sabemos, se llevan el primer premio a la "comida con mayor contenido de azúcar donde menos te lo esperas". De hecho, una de las cinco reglas cardinales de David Gillespie para evitar la frutosa es: "Ten cuidado con lo que desayunas". Uuuuuuy, eso suena de miedo. Como película de terror para diabéticos.

Luego de haber dicho todo esto, ya sé los argumentos que vienen a continuación: "Cualquier desayuno es mejor que no desayunar nada" y "Mi hijo no se toma la leche si no tiene chocolate". Personalmente, a mí esto no me convence. Parte del problema es que los papás, la sociedad en general, ofrecen demasiadas opciones.[21] ¿Me van a decir que se negarían a tomar su vaso de leche si no tiene chocolate? ¿O que no se comerán el cereal si no lleva bombones de figuritas? Tengo que pensar que, si los niños tienen hambre, por fuerza van a comer. Si tienen sed, verdadera sed, seguro van a tomar agua. ¿En serio crees que las hojuelas escarchadas y los Chococrispis es lo mejor que podemos darles como papás?

Sé que la escuela valientemente escucha nuestras peticiones, y que cada quien espera algo diferente. Sé que si la escuela se pusiera a atender cada una de las prohibiciones y demandas de los papás tendrían que cerrar hasta encontrar la manera de envolver a cada niño en una hermosa burbuja, hermética e irrompible. De todas maneras, me preocupo cuando leo las envolturas que escarbo en el fondo de la mochila de las niñas y veo "jarabe de maíz de alta fructosa" en los Chococrispis, "manteca vegetal parcialmente hidrogenada" en las cajitas de leche con chocolate, y cosas que suenan tan hermoso como "metilcelulosa" y "diglicéridos" y algo llamado "ésteres de propilenglicol de ácidos grasos" en el empaque de Nutri-Grain. Ahmmm, ¡Qué rico!

Y sí, esas envolturas siguieron llegando a casa, al menos en una de las mochilas. Y es que aun cuando les diera de desayunar en casa y les empacara su lunch, Ilsa descubrió que podía volver a desayunar en la

---

[21] O como mencioné antes, *la ilusión* de que son opciones.

escuela. Aunque a veces eso significaba que comía manzana y tomaba leche (lo cual estaba bien) otras veces significaba que encontraba al final de clases las temibles envolturas.

Entonces decidí redoblar mis esfuerzos. Hubo un tiempo en el que podía, en plena modorra, poner en la mesa tres o cuatro cajas de cereal y los bowls correspondientes. Ahora debía planear una flexible rotación de opciones para desayunar: huevo y pan tostado,[22] yogurt natural con fresas, avena con plátano, pan tostado con queso y melón, baguels[23] con queso crema y rebanadas de naranja. A veces preparaba una infusión de hierbabuena para las niñas, o leche batida que Steve les preparaba y que antes nos encantaba tomar con jarabe de maple. O una taza de Ovaltine calientito.

De hecho, Ilsa se esforzaba. En una ocasión me dijo que estuvo preguntando a las señoras que sirven el desayuno si los Chococrispis tenían azúcar y ellas dijeron que "no" o que "no tanta" o algo así. Ilsa sabía mucho más acerca de la fructosa que el promedio de sus compañeros de primer año. Sin embargo, los productos específicos con confusas listas de ingredientes resultaban difíciles de leer. De hecho, ¡para quién no son difíciles y confusas! Ella hacía lo que nosotros: preguntar. Y tal como nosotros, algunas respuestas eran más… bueno, digamos, útiles que otras.

¿Le prohibí entonces a Ilsa tomar las botanas de desayuno que le ofrecían en el comedor? No. Hablamos mucho con ella acerca de las opciones para las comidas que hacía fuera de casa. Ella entendía. Trataba de comprender el proyecto con su lógica de estudiante de primer año. Estaba haciendo su mejor esfuerzo. No podía exigirle más.

---

[22] Hecho en casa, sin azúcar.
[23] No los del súper, que tienen azúcar añadida; encontré una panadería donde los preparan sin azúcar.

Íbamos como a mitad de nuestro año-reto, cuando Greta y yo hicimos una pequeña presentación para sus compañeros de quinto grado, que decidimos titular "A ver, explícame otra vez: ¿qué rayos está haciendo la familia de Greta?". Yo estaba nerviosísima. Me di cuenta de ello por todo lo que hablaba y leía y pensaba y agonizaba al respecto, y todo lo que había hecho para desarrollar adecuadamente el tema. Nunca antes había hablado de esto ante un grupo. Por supuesto que eran estudiantes de quinto grado y no una consulta para el congreso, pero de todas maneras acudían a mí posibles escenarios en que me preguntaban cosas de bioquímica, expuestas por niños que no estaban dispuestos a renunciar a comer Gansito sin dar pelea.

Peor todavía. Conforme tomaba notas para la plática, luchaba para dar con el tono adecuado. Algo que no fuera ni la maestra de salud más aburrida del mundo ("Puede decirme alguien cuáles son las diferencias entre la lactosa y la galactosa? ¿Eh?"), pero tampoco asustarlos hasta que se hicieran pipí en los pantalones ("De acuerdo con lo que hemos visto, niños, el azúcar causa obesidad, enfermedades del corazón, afectaciones del hígado, diabetes, cáncer de próstata y de pecho, sin mencionar la elefantitis de los poros y desarrollo de hongos en los pies. El fin del mundo, pues, incluido que nadie te invite al baile de graduación. ¡Agggggh!)

Más que todo, me preocupaba por lo mismo que todas las mamás con niñas preadolescentes se preocupan: los inminentes desórdenes alimenticios. La última, última cosa que quería provocar con la discusión de un tema tan importante como la epidemia nacional de obesidad, era alentar, sin darme cuenta, a que a las chicas de quinto les diera por dejar de comer. Por si todavía no había puesto suficiente presión sobre mí.

Pero pensé que, después de todo, la charla tendría que salir bien. Me concentré en algunos términos clave y en estadísticas que pensé que podrían atrapar su interés: cuántas mujeres, hombres y niños consumen un promedio de 1.2 kilos de azúcar, para demostrar el acumulado de lo que consume una persona en dos semanas. Increíblemente, los niños permanecían totalmente impávidos ante esto. Qué es una "enfermedad occidental" (las suposiciones incluían la malaria y la neumonía, así que creí que sería bueno hablar de esto). Y cómo los doctores saben si una persona tiene un peso saludable o si tiene sobrepeso u obesidad. Es decir, tal vez oyeron hablar de la "epidemia de obesidad" pero ¿qué significa eso realmente?

Escribí la fórmula de IMC (Índice de Masa Corporal) en el pizarrón: el peso en kilos dividido entre la estatura en metros elevada al cuadrado.

$$\frac{Peso}{Estatura\ al\ cuadrado} = Kg/m^2$$

Así, por ejemplo, una persona que mide 1.60 m y pesa 55 k tendrá el siguiente IMC:

$$\frac{55}{1.60 \times 1.60\ (2.56)} = 21.4\ k/m^2$$

Sorprendentemente, los niños en realidad se interesaron por esto. Hubo movimiento en el salón y ruido de que tomaban pedazos de papel y lápices, con lo que presumiblemente calcularían su propio IMC; sin embargo, debía admitir que no sabía ni por dónde empezar a calcular la raíz cuadrada de 66 en papel. Les demostré cómo obtenía mi propio IMC con mi peso y mi estatura, aunque usando la calculadora.

Ayer en la escuela sirvieron helado y pizza. Por desgracia, me siento con tres personas que siempre llevan lunch. O casi siempre, porque uno de ellos sí llevó, pero los otros dos se la pasaron provocándolo de broma diciéndole: "Si ya sabes qué quieres, para qué te haces", y comían enfrente de nosotros.

Del diario de Greta

La otra parte de nuestra exposición fue mucho más exitosa y también más predecible: cuando Greta repartió mi más reciente esfuerzo por preparar un postre con dextrosa: brownies de chocolate. Yo estaba encantada de ver que todo mundo se comía su brownie enterito —¡toooodo mundo!— lo que para mí equivalía a un triunfo culinario. Rayos, algunos de estos niños probablemente ven el azúcar como su propio grupo alimenticio. Es una de las cosas que se puede decir de los niños a esta edad: no han aprendido a maquillar sus opiniones en el nombre de la decencia y los buenos modales. La mayoría de los estudiantes de quinto grado no se comerían un brownie que supiera feo sólo por ser educados con la mamá de una de sus compañeras.

Y la charla llegó a su fin. No estoy segura cuánto de todo realmente se les habrá quedado, pero me imagino que por lo menos abrimos el tema de conversación. Si pudimos al menos sembrar la semillita de la idea, eso ya sería genial.

Si temía haber exagerado un poco acerca del estado de la actual epidemia de la adicción al azúcar, se trataba del último día de clases, el cual, ¡sorpresa!, estaba lleno de azúcar.

Demostración A: Matemáticas con Twizzlers

No solo amamos la escuela de nuestras hijas, sino mejor todavía: apreciamos mucho a cada una de las maestras que han tenido ambas hasta la fecha, lo cual es mucho decir (cuando yo iba en sexto, recuerdo haber tenido mi ración de sándwiches de galleta en el salón de maestros, donde se encontraba el señor don Serio, que le gustaba pedirle a las niñas que se sentaran en sus rodillas para "darle algo de azúcar". Uuuuy, espérenme, ¿no es así como empieza todo? Hummm).

En especial nos encantaba la maestra de quinto grado que le daba clases a Greta. La señora Roberts es el tipo de maestra que parece que toma a cada uno de sus estudiantes para protegerlos debajo de sus alas, con afecto, cariño, casi como si fuera su tía o su abuelita. Para celebrar el fin del año escolar y del programa de lectura, ella invitó al grupo entero de quinto año a su casa para ver películas, hacer un picnic y nadar. O sea… ¿puedo por favor volver a tomar el quinto año, pero ahora con la señora Roberts?

Como cualquier tía preciosa o como una adorable abuelita, la señora Roberts suele darle golosinas a los niños; chocolate caliente en el invierno, dulces en Halloween, Skittles como premio si tuvieron un día difícil y Twizzlers en el último día de clases. Pero lo que me sorprendió muchísimo el último día del curso no fue el hecho de que la señora Roberts les hubiera dado Twizzlers, sino la destreza mercadotécnica de la compañía que los produce para ponerlos en los ejercicios de matemáticas como una manera de practicar las fracciones. Sí, de hecho había un libro entero acerca de eso, que la señora Roberts tuvo la gentileza de permitirme pasar de largo ante mi asombro.

En México no existen los Twizzlers, pero en goo.gl/LDCi5e puedes conocerlos.

Las indicaciones de los ejercicios del libro eran algo así como esto: "Si tienes diez Twizzlers y te comes tres, ¿cuántas fracciones hay en la cantidad de Twizzlers que te quedan? *Voilá!* Matemáticas con Twizzlers.

Realmente las posibilidades en el mundo de la publicidad no tienen fronteras. Próximamente enseñarán a los niños a sumar con M&M's, a restar con Pelón Pelo Rico y a hacer cálculos geométricos con galletas Macma.

Demostración B: El picnic y sus mil opciones
A final de cuentas no nos fue nada mal en el picnic del último día de clases. Cada año se le asigna a cada grupo llevar una comida diferente, mientras que la Asociación de Padres de Familia y los maestros contribuyen con los hot dogs y con el servicio voluntario. Además de los hot dogs (que probablemente hubieran estado bien de no ser porque los panes tienen azúcar), había papas fritas (ve directo a la comida inteligente, sáltate los SunChips y los Doritos), las ensaladas de codito (descartadas porque la mayonesa tiene azúcar), las ensaladas de lechuga y vegetales, rebanadas de sandía y bastoncitos de vegetales (¡súper!). Tampoco es que fuera una comida comunal donde nos estuviéramos muriendo de inanición. Por supuesto, había postre; mientras que yo comí Sandía las niñas optaron por los vasitos de papel con helado.[24] Por lo menos pude persuadirlas de que en lugar de limonada tomaran agua natural o leche, así que no estuvo tan mal.

Luego sucedió algo chistoso. Además de mi contribución de ensalada, llevé también una botella de aderezo hecho en casa, con jugo de limón y aceite de oliva, sobre todo para beneficio de los integrantes de nuestra familia, debo decirlo. Puse la botella en la mesa junto con el regimiento de botellas, todas venidas directamente del supermercado.

---

[24] Ver la excepción número tres: "La regla de las fiestas infantiles".

Y aquí es donde ocurre lo interesante. Mientras le ayudaba a una de mis hijas a servirse su plato, uno de los papás voluntarios estaba preguntándole a los niños qué tipo de aderezo querían ponerle a sus vegetales. Les preguntó que si querían *ranch*, mil islas o de queso azul. Luego llegó a mi botella, la levantó e hizo una pausa para verlo con mirada de extrañeza.

—Y no sé qué cosa es esto… —dijo con tono despectivo.

¡¡¡¿Qué?!!!

Lo sé, pude haber señalado que "esto" es un aderezo preparado en casa, a diferencia de todas las demás opciones compradas en la tienda. Pude haber mencionado que "esto" tenía solo cuatro ingredientes, mientras que todas las demás opciones tenían cuarenta. Pude haber dicho que, de todas las botellas de la mesa, "esto" era la única opción que no contenía ingredientes de nombre impronunciable, incluyendo estabilizadores de sabor (¿alguien quiere diglicéridos en su ensalada?), glutamato monosódico (revisa tu botella de ranch), o (¿necesito siquiera decirlo?) azúcar.

Pero no lo hice. En lugar de eso me quedé pensando en lo torcidas que están las cosas, que las personas miran con sospecha la comida que no ha sido procesada o suficientemente manufacturada.

Demostración C: Lectura de verano basada en dulces

Cuando llegamos a casa luego de la celebración de aquella tarde, literalmente desparramé la mochila de las niñas en el piso: papeles, libros de ejercicios, proyectos, residuos acumulados en el fondo y obras maestras de la clase de arte. Sin mencionar los volantes y los folletos de los programas de verano de las bibliotecas que sugerían proyectos de vacaciones, y luego estaba el Programa de Lectura de la Madre Myrick. La vi y mi corazón se apachurró.

El motivo por el que se me apachurró el corazón es porque ha-bíamos hecho el programa de lectura de la Madre Myrick durante los últimos cinco años. Madre Myrick es una pastelería del barrio que se ha hecho de cierto renombre y que ofrecen precios especiales a los ni-ños que llevan las listas de los libros que leyeron durante el verano. Es una idea buena y también es muy generoso de su parte. Pero también es una condenada montaña de dulces. Por cada dos libros que un niño lee, le corresponde una pequeña bolsa de dulces y quién sabe si hasta juguetitos de plástico y pegatinas. El último año logramos cumplir con los cinco niveles y Greta estaba hasta las narices de tantos chocolates y gomitas. Era un poco apabullante, pero ¿quién soy yo para cuestionar las reglas del juego de las lecturas de verano?

Sin embargo, este año yo era la nazi del azúcar, y hacía toda clase de preguntas de nazi del azúcar. Me entristecía un poco tener que sacrificar una más de las cosas divertidas en nombre de los dioses de la No azúcar, pero se me ocurrió una buena alternativa para las niñas. ¿Y qué tal si hacemos nuestro propio Programa de Lectura de Verano? Eso era todo lo que ellas necesitaban escuchar. En minutos ya tenían una hoja de papel llena de propuestas de premios: ¿Y si vamos al cam-po a recoger moras? Podríamos elegir un libro de la librería… ¡O ir a nadar! No, espera… ¡ir a los bolos! ¡Wooohooo! ¿Y qué tal si vamos al parque de diversiones? Ellas se reían y daban grititos de emoción ante las infinitas posibilidades.

De repente me sentí aliviada, impactada y un poquito apenada también, por la manera en que lo habían tomado. "Míralas nomás —pensaba—, están hablando del reto de reestructurar su mundo, sus hábitos, su sistema de recompensas ¡y están emocionadas con ello! Nosotros, los grandes —tan frecuentemente atrapados en la misma ruta de pasillos del súper— deberíamos aprender de ellas".

Cuando las clases volvieron a comenzar, vi que estaba cerca el viaje de campamento de los de sexto grado, y yo ya había aceptado acompañar a Greta. De inmediato empecé a preocuparme por la situación de las comidas.

¿Podría por favor llevar mi propia comida? Con toda seguridad, luego de todo lo que había aprendido durante el año, podía anticipar claramente y a leguas la fiesta de azúcar que se veía venir. La comida empaquetada para llevar y todo eso. Sin embargo, además del no poco importante asunto de la creación de vínculos y la camaradería de grupo (que a final de cuentas era el objetivo del viaje), había un factor mucho más importante en mi decisión de no llevar comida al campamento que duraba de una noche para otra: dos de las compañeras de Greta, que también iban en sexto, tenían alergias a la comida que podían poner en riesgo su vida. Si llevaba comida podía, quizá, sin darme cuenta, ponerles tentaciones a esas niñas, estando en pleno bosque, lejos de Vermont. Hasta donde sé, las alergias mortales le ganan a los experimentos de no consumir azúcar. Siempre y sin lugar a dudas.

Pero eso no significaba que no pudiéramos comer postre; ¡no, señor! Después de meses evitando montañas de dulces de todos los tamaños y formas, sentía que tanto Greta como yo estábamos preparadas para este insignificante reto. Eso, por supuesto, hasta que supe cuál era el dulce de campamento que nos esperaba.

Sándwiches de galleta con bombón y chocolate derretidos.

¡Ay, noooo!, pensé. No, por favor, ¡todo menos sándwiches de galleta con bombón y chocolate!

Verás, para cuando termines este libro, oficialmente vas a conocer todos mis talones de Aquiles. Un vaso de buen vino tinto, una pequeña pero perfecta cucharada de helado italiano, cualquier cosa que combine con chocolate y mantequilla de cacahuate. Y por todos los dioses del Olimpo, ese flamante alimento de los campamentos de infancia: el sandwichito de galleta con bombón asado y chocolate derretido mejor conocido como *s'more*.

Tengo grabado con fuego en la memoria mi primer s'more: fue en un campamento en el que pasamos varios días en el bosque. Tenía once años y extrañaba mi casa con desesperación. Una noche hicimos una fogata en medio del claro donde se encontraban nuestras tiendas de campaña. Hacía mucho frío y estaba oscuro como boca de lobo. Como era una novata, un compañero de campamento me enseñó la técnica para derretir el cuadrito de chocolate sobre el rectángulo de galleta Graham, equilibrado sobre una piedra cerca de las flamas, mientras tostaba un bombón en la punta de un palito. Luego embarré el bombón asado encima del chocolate derretido con ayuda de un segundo cuadrito de galleta Graham; le di una mordida a lo que de pronto me pareció la cosa más deliciosa del universo.

Por supuesto, desde entonces he comido muchos muchos s'mores (insistí para que hubiera en nuestra boda, por ejemplo), pero ninguno fue tan bueno como el primero. Tal vez no fuera tanto el s'more por sí mismo, tanto como la experiencia completa de aquella noche: la fogata, la noche oscura y fría, el viento helado, el hecho de estar tan, pero *taaaan* lejos de casa y sentirme por primera vez asustada y emocionada al mismo tiempo. Empezaba a darme cuenta de que podía existir, como persona, sin el respaldo de mi familia, que empezaba a definirme y a decidir por mí misma lo que pensaba. Entonces mi nostalgia de casa cambió, evolucionó en una nueva forma de fortaleza que nunca antes había experimentado.

Sí, sí, todo eso vino a propósito del recuerdo de un buen s'more.

¿Ahora entiendes el dilema que tenía? Era inevitable que mi hija Greta tuviera su ración de s'mores ("¿El coche de allá se está incendiando? ¿Oye, no era ahí donde venían los bombones?"). Y de ninguna manera podía negarle a Greta la experiencia s'more que a mí misma me había marcado tanto, rodeada de sus amigos, lejos de casa, en el umbral de la adultez. Qué hipócrita soy, ¿no crees?

Y luego de darle vueltas y vacilar y discutir conmigo misma como Hamlet (*s'more or not s'more*), decidí que debíamos aceptar esos s'mores. Al final, estaba absolutamente feliz de haberlo hecho. A pesar de que era algo total, verdadera y ridículamente dulce, son una de las cosas más deliciosas que es posible imaginar. El asunto es que solamente funciona si estás cansado y mugroso y lleno de lodo y de humo, sentado alrededor de una fogata, en la tierra, a mitad de la nada (en cualquier otro lugar no, repito, *no* es lo mismo. Pondré una calcomanía en la defensa de mi coche que diga "¡Prohibamos los s'mores de microondas!"). Greta, por otra parte, estaba tan extasiada de disfrutar el dulce prohibido que hasta bailaba.

Pero era más que eso. Se trataba más que sólo lo que nuestras papilas gustativas nos decían. Todo, niños y papás por igual, tomamos parte de aquella comida, juntos —al cobijo de la explosión de sabores y juegos artificiales que producían los s'mores—, y recordé aquel inefable y extraño poder de comunión que tiene el hecho de compartir los alimentos, aun si se trata de algo tan simple como hamburguesas y papas en un plato de plástico. Estaba contenta, en muchos niveles, con mi decisión de participar de la comida con los demás de una forma tan plena.

Cada cosa del menú de la cena de aquella noche tenía la opción de comerla con azúcar o sin ella: la ensalada verde (¡genial!), con aderezo (azúcar). Hamburgueas o hot dogs (bueno), con cátsup (azúcar), papas fritas (okey), con sabor BBQ (azúcar). Sabiendo elegir con cuidado cada cosa, podíamos evitar el azúcar casi por completo, o bien inundarla de ese ingrediente descartable que tanto amamos. Es increíble lo fácil que es ir de un extremo al otro. Cuán similares pueden verse dos platos, aun cuando uno está cargado de la conocida toxina, y el otro libre de ella. Como supimos elegir bien, pudimos librar la cena relativamente invictas.

El desayuno de la mañana siguiente, no obstante, hacía que la cena pareciera monástica en comparación. El desayuno consistía en azúcar con azúcar y… ¿le gustaría agregar un poco de azúcar? Mi cabeza daba vueltas: al chocolate caliente (azúcar) le seguían las barritas de Nutri-Grain (azúcar), galletas Graham (azúcar), pan blanco (azúcar) con mermelada (azúcar). También estaba la opción de comer plátano o manzana, que eran las únicas fuentes de fructosa (azúcar) que por lo menos venían casadas con su respectiva fibra original. Ah, y por supuesto, no podía faltar la crema batida, las chispitas de colores y las cerezas.

Qué podíamos haber hecho —podrás preguntarte—, lejos, en medio de la nada, sin una estación de omelettes a la vista. Bueno, podíamos haber traído nuestros propios bagels con huevos hervidos y queso crema en una hielerita. Podíamos haber preparado avena simple en la fogata del campamento, y acompañarla con un par de tazas de té de hierbabuena. Sí, como hemos visto, el desayuno —aún cuando se trata de un desayuno de campamento— es difícil. Pero no imposible.

Sin embargo, en estas instancias no nos quedó más remedio que comer postre para el desayuno, y esperar que de alguna manera mágica nuestro cuerpo fuera capaz de producir suficiente energía para permitirnos superar la caminata por el bosque que nos esperaba. ¿Cómo esperan que estos niños funcionen con un desayuno como ese?, me preguntaba boquiabierta. Y me horrorizaba darme cuenta de que el menú no era muy distinto de lo que les servían todos los días en la escuela.

Ahora, déjame reiterar una vez más, para aquellos que se lo hayan perdido antes, que yo *amo* la escuela de las niñas. Amo a sus profesores, y creo que es simplemente increíble y admirable que estas personas tengan la voluntad de llevar a los chicos en una excursión por el bosque cada año. No están obligados a hacerlo. No obstante, imagino que lo hacen porque saben que será una magnífica experiencia de comunión para sus estudiantes, que se quedará fuertemente grabada en su memoria no sólo a lo largo de todo el año escolar, sino —y no exagero aquí— a lo largo de toda su vida. Los acontecimientos que vivimos en la infancia tienen ese mágico poder.

Muchos de los niños que hicieron el viaje con nosotros nunca antes habían ido de campamento. Un número importante de ellos nunca antes había estado en el bosque ni en el campo, a pesar del hecho de que vivimos a pocos kilómetros de él y de que las caminatas son gratis, abiertas al público. Los niños estaban locos como cabras, emocionados con cosas tan simples como contar historias de terror alrededor de la fogata, dormir al estilo lata de sardinas en las tiendas de campaña, jugar a perseguirse unos a otros con linternas en la oscuridad o comer s'mores.

Hasta este punto, no quería convertirme en aguafiestas. El problema hasta donde yo alcanzaba a ver, no eran los profesores, ni siquiera la escuela, sino la cultura que nos ha acostumbrado durante tanto tiempo a comer azúcar en cada comida, y con frecuencia en cada cosa que hay en nuestro plato. Esto es lo que hemos llegado a considerar normal. ¿Cómo le haces para deshacer la idea de "normal"? Esa es la pregunta de los 64 000.

Pude conocer a los compañeros de mi hija mejor que nunca tan sólo en el curso de esa noche, y debo decir que son chicos fascinantes. No dejaba de impresionarme su humor y su creatividad, su liderazgo y su capacidad de resilencia y su energía. Pero muy en lo profundo me preocupaba por ellos y por lo que les esperaba en el futuro si no nos las arreglamos para reparar el daño que ha hecho la cultura alimentaria en todo este tiempo.

Curiosamente, muchas personas necesariamente asumen que pasar por un año sin azúcar será más difícil para los niños que para los adultos, y la mayoría de las veces comparto esa suposición.

Pero de vez en cuando, ¡mis niñas me dan cada sorpresa…! Como la mañana que le pregunté a Ilsa si iba a querer plátano en la avena. Era el tipo de pregunta que se hace por mero formalismo, como cuando les digo "¿Van a querer una botanita saliendo de la escuela?! o "¿Te quieres subir a aquella montaña rusa?"

Pero Ilsa me detuvo en seco: "No", dijo.

¡¿Qué?!

Estaba segura de que había oído mal, así que le pregunté de nuevo. "No", volvió a decir. "A veces la prefiero sin plátano".

¡Tooooing!

En lugar de preguntarle "¿Quién eres y qué hiciste con mi hija?", la observé comerse el bowl entero de avena con leche. Solo. Y luego, como si las fuerzas del universo no hubieran jugado lo suficiente con mi sentido de orden de las cosas, Greta empezó a hacer lo mismo.

De pronto se me ocurrió la idea de que tal vez resulta más fácil para los niños acostumbrarse a la omisión de azúcar en la comida, puesto que no han estado tantos años volviéndose adictos a ella como nosotros, los adultos.

No era sería la primera ni la última vez que pasaría. Una vez que empezó a hacer calor, las dos niñas habían estado diciendo que no tomar helado en el verano sería una de las cosas más difíciles del proyecto. Por lo tanto, cuando encontré unos moldes de plástico para hacer paletas en casa, me lancé sobre ellos para replicar la experiencia heladosa en nuestro propio universo sin azúcar.

Me siento mucho mejor luego de escribir acerca del problema del helado. No podía dormir bien a causa del incidente. También olvidaba decir que Kristina dijo que había sido mi elección, ya que estaba en la escuela, lo cual es cierto, pero estoy tratando de ser honesta con esto de la dieta sin azúcar. Y es una de mis mejores habilidades. Bueno, me tengo que ir, mamá está preparando huevos y rebanadas de melón.

Del diario de Greta

Greta estaba especialmente emocionada y le pedí que las hiciera ella… varias veces. Señores, esta niña tiene una voluntad de hierro. Después de varios días de no haber hecho paletas, yo, en mi desesperación, corrí a traer el ingrediente que hacía falta: yogurt. Corrimos a casa y mezclamos un poco de plátano con yogurt para las paletas que estarían…¡Yihahaaay!, congeladas para la cena.

Ya sabes a lo que voy con esto: les encantaron. El kit es para seis paletas, así que teníamos postre para las siguientes tres noches. Para la siguiente ocasión traté de ser un poco más creativa y añadirles unas cuantas fresas. La mezcla se puso rosita en la licuadora (pintar de rosita cualquier cosa es importante en una casa donde viven dos chicas) y luego les agregué algunas moras enteras. De nuevo fueron el *hit*. Pegaron con todo.

Pero he aquí el giro inesperado. Una noche probé una y —no le vayan a decir a las niñas, pero— no me gustaron tanto como a ellas. Estaban bien, pero… demasiado duras, como lamer un témpano de hielo. Y, lo que es peor, no estaban suficientemente *dulces*.

Así que ahí lo tienes. Oficialmente me había vuelto más quisquillosa que mis hijas. ¡Imagínate!

CAPÍTULO 10

Conozcan a los ermitaños

Originalmente, cuando apenas contemplaba la idea de un año sin azúcar, acudían a mi mente imágenes de los antojos y del sentimiento de carencia que sufriríamos. El escenario en el que me imaginaba era como de pueblo del viejo Oeste, ya sabes, la calle principal, yo con sombrero enfrentándome en un duelo a muerte con una barra de chocolate:

—Vamos, Ritter, tú y yo, mano a mano —claro, como si el cuadrito de chocolate tuviera manos.

Pero la verdad era que los momentos más difíciles no era cuando estaba sola; todo lo contrario. De hecho, si hubiera podido ir de la escuela de las niñas a la casa durante todo el año y evitar todos los restaurantes y los eventos sociales durante el año —en otras palabras, si nos hubiéramos ido a vivir debajo de una conveniente piedra, lejos de la ciudad— el proyecto hubiera sido, comparativamente, mucho más fácil. Pero resulta que, al menos para mí, el aislamiento social que representaba estar en una frecuencia diferente del resto de las personas que nos rodeaban fue tal vez lo *más difícil de todo*.

Por ejemplo, un día, en abril, asistimos al mayor evento de la localidad que he visto en los cuarenta años que llevo aquí: una recaudación de fondos para ayudar a los dueños de una tienda que se había quemado por completo a mitad de la noche dos semanas antes. El evento fue tan repentino, tan estremecedor y profundamente conmovedor para la comunidad, que en unas cuantas horas se hicieron planes en Facebook de todo lo que se podía hacer. De pronto se dio una enorme expresión de apoyo comunitario y de amor. Como resultado, el evento incluía un cerdo rostizado y pollos a la parrilla, una subasta silenciosa de cientos de objetos y un puesto enorme de venta de repostería, así como música en vivo de una banda local de blues, lotería, carreras de tractores, pintura facial de fantasía. ¡Uuuf! Toda una feria. Nosotros llegamos cinco minutos antes de las dos, puesto que el evento estaba concertado para las dos en punto, y vimos que ya habían llegado cientos y cientos de personas, formados para todo. Bueno, sobre todo para la comida.

Y bueno, llevábamos ya algunos meses en el plan sin azúcar, así que podrías pensar que, llegados a ese punto, ya nos habíamos acostumbrado a la idea de que adonde fuéramos todo tenía azúcar, ¿no? Pero hay algo que es muy molesto —a veces— y que toma mucho tiempo comprender del todo. Honestamente, para mi sorpresa, no se me ocurrió que no podríamos comer la mayor parte de las opciones que había, hasta que llegamos ahí y vimos lo que ofrecían. ¿Carne y ensalada de pasta? Suena bien, ¿no? Pero espera, la ensalada de pasta tiene mayonesa, y al cerdo y al pollo le ponen salsa BBQ, así que no. ¿Qué más? Frijoles, ensalada de col… Seguro debían tener azúcar, como la mayoría de las cosas que había para comer, si no es que todas. Y uno simplemente no puede ir a un evento como ese, con cientos de personas formadas en la cola detrás de ti esperando su turno, y detenerte a preguntar al voluntario que está despachando los platillos si la ensalada o la pasta tienen azúcar. Simplemente no se puede.

Por suerte, habíamos asumido que cenaríamos más tarde, así que habíamos comido algo antes y no nos estábamos muriendo de hambre. En lugar de ir directo a buscar comida, nos concentramos en todo lo demás: compramos camisetas, pujamos en la subasta silenciosa, las niñas participaron en la lotería y fueron a que les pintaran la cara. Prácticamente todo el mundo estaba ahí. Y en un pueblo con un índice poblacional de poco más de mil personas, en una fiesta así de grande uno conoce virtualmente a todos los invitados. En nuestro vecindario, se considera que una recaudación de fondos es un hitazo si alcanza la marca de los mil dólares. Sin embargo, al final de este evento en particular lograron recaudarse $30 000 dólares para ayudar a Will y a Eric, quienes estaban completamente azorados ante la efusiva muestra de apoyo.

Hola, son las 10:20 de la noche, pero de todas maneras quiero escribir. Hoy mi familia y yo fuimos a una fiesta. Parte de ella estuvo divertida y parte no. Verás, algunas personas llevaron galletas de azúcar y unos niños estaban comiendo en frente de mí. Supongo que no lo hacían a propósito. Pero luego "Norberto" (ese no es su verdadero nombre) nos preguntó (a mí y a Ben) si queríamos dulces. Yo le dije que no, y Ben le dijo que tampoco quería porque se le picaban los dientes…

Rato después me enteré de que Norberto estuvo diciéndole a todo mundo que Ben y yo éramos unos aguafiestas.

Del diario de Greta

Luego, los "amigos" de mis hijas empezaron a aparecer, lamiendo sus helados de crema. ¡Uuuy!, eso realmente duele. Es muy muuuy duro. Ya sabes lo que los papás suelen decir: "Esto me duele más a mí que a ti". Cuando eres niño no lo crees, pero ya que te conviertes en papá comprendes el verdadero significado de esto. Hubiera dado lo que fuera por poder darle un dólar a cada una y mandarlas a que se compraran también un helado. Pero, ¿qué clase de mensaje enviaría con eso? ¿Cuántos eventos especiales más vendrían con el verano, en los que me pedirían hacer concesiones especiales? ¿Cuántas veces más nos tendríamos que rendir ante los demás, y hasta qué punto nuestro proyecto dejaría de tener verdadero significado?

Así que la tarde avanzó y vimos prácticamente al pueblo entero haciendo fila para comer, a lo largo del patio de la estación de bomberos y calle abajo. Escuché que en el momento *más* concurrido de la tarde, la gente había tenido que esperar hasta una hora para comer algo. Nosotros nunca hicimos fila. Platicamos con nuestros vecinos, cerramos nuestra cuenta en la subasta e intentamos mantenernos lo más lejos posible del puesto de repostería. Jugamos a la lotería y ganamos.

Sin embargo llegué a casa con un sentimiento de vacío que, en parte, tenía que ver con el hecho de que se acercaba la hora de la cena. Todo mundo en la comunidad se había unido para ayudar a nuestros vecinos, Will y Eric, y habíamos sido parte de eso, seguro, pero sabemos que la comida es una cosa simbólica. La comida es importante. Cuando las personas parten el pan significa algo. Y, por lo menos en ese momento, nuestra familia quedó de algún modo excluida.

El día anterior al evento, al igual que todos los demás, fuimos a dejar nuestra donación para la subasta a la estación de bomberos. Fue un momento muy sociable, todo mundo maravillado alrededor de la variedad de objetos que llevaban para la subasta ("Hey, mira, ¿ya viste esto?") Pero lo que realmente me impresionó fue lo que había en la mesa del otro lado: la venta de repostería. Toda clase de pastelillos de todas las formas y tamaños y sabores se amontonaban en la cubierta de las mesas luchando por espacio, en el proceso de ser catalogados y etiquetados por mi amiga Rhonda, quien fue una de las organizadoras del evento y también era fiel lectora de mi blog; regularmente posteaba comentarios y links interesantes relacionados con el tema del azúcar.

Sí has leído acerca de la tortura, ¿verdad? Ya sabes, la tortura verbal y la física. Pero de la que yo estoy hablando es de un tipo muy diferente de tortura. Y con todo este asunto del azúcar a mí me toca experimentarla. Pasa que el Dutchie's —una tienda local— se quemó, así que las personas de la comunidad decidieron ayudarlos. Mañana es la fiesta de beneficencia y fuimos a dejar algunas cosas que íbamos a donar para la subasta silenciosa. Entonces vimos la venta de pastelería. Había tantísimos cupcakes y panes y brownies y galletas, que se me hizo agua la boca, y a mi hermana también. Me dio tanto coraje estar en esto de la dieta sin azúcar; tanto, tanto, que casi me pongo a llorar.

Del diario de Greta

Empezando por los glaseados, las chispitas de colores, las figuras de *fondant*, las mermeladas, la crema de coco… estaba boquiabierta y le dije de broma a Rhonda que tenía que tomarle una foto a aquella mesa para ponerla en mi blog como inspiración.

—¡Oye, nooo! —dijo ella—. ¡Esto es por una *buena* causa!

Su reacción me dejó pasmada. Me di cuenta de que lo que pasaba tenía que ver con las complejas emociones y el modo en que se ve implicada la comida en nuestra cultura. Lo que quiero decir es que ¡por supuesto todo eso era por una buena causa! Era la expresión física de un sentimiento solidario, en respuesta al duro golpe de lo que había sucedido. Las personas querían ayudar, expresar su apoyo y confortar a Will y a Eric, querían literalmente envolverlos en calidez y bienestar. Se esforzaban por ayudarlos a superar el terrible accidente que habían sufrido y que había cambiado su vida para siempre. Y qué mejor manera de hacerlo que con un delicioso pastelito de café o una charola llena de galletitas con mermelada de moras. Todos entendemos lo que implica la dulzura, lo que significa en este contexto. Sabemos que es una manifestación concreta del amor.

De manera similar, el otro día Steve y yo fuimos a un funeral donde había comida "de traje" (tú entiendes esta expresión. Y *sí, en Vermont hacemos* cualquier cosa "de traje"), y me quedé pasmada de ver algo muy parecido: una enorme y larga mesa de comida, a la par de una mesa igual de larga y grande, pero llena hasta el tope de cosas dulces. Había ahí fácil una extensión de cuatro metros cuadrados de azúcar, azúcar y más azúcar. De nuevo, ¿debería sorprenderme una expresión de afecto que de manera natural se inclina más hacia el pastel de zanahoria que hacia las zanahorias?

No quiero decir que esto sea exactamente malo, pero la reacción de Rhonda me hizo darme cuenta cuán profundo y primigenio es nuestro apego al azúcar, emparentado con el amor y el consuelo.

O sea, por supuesto que reunir fondos por una causa comunitaria es una cosa esencialmente buena, pero cuando cubrimos un campo de futbol de azúcar en el nombre del consuelo, también creo que es importante dar un paso atrás y pensar en el ejemplo que le estamos dando a nuestros niños.

Porque, después de todo, ¿quiénes son los que se van a comer la mayor parte de esas galletas y de esos brownies?

Caí en la cuenta de que lo que Rhonda había dicho era más o menos como afirmar que sí, está bien satanizar el azúcar cuando se trata de criticar a las grandes corporaciones que esconden jarabe de maíz de alta fructosa en la salsa cátsup y en la mayonesa, pero es una cosa totalmente distinta ir sobre las galletas de melaza horneadas con amor por las abuelitas. El problema es que, desde un punto de vista nutricional, el cuerpo no sabe diferenciar entre el azúcar "mala" (la que viene de las grandes compañías) y el azúcar "buena" (la de las abuelitas). La fructosa es fructosa y punto. Y el excesivo consumo de fructosa, cuyos niveles son más altos que nunca, y que siguen aumentando, son la causa de graves enfermedades en nuestra sociedad.

Imagino que un día, cuando los datos sean tan altos que resulten incontrovertibles, poner una mesa llena de cosas dulces a la par de otra mesa llena de comida será tan inaceptable para la sociedad, como lo es ahora fumar en los aviones o aventar basura por la ventanilla del coche: cosas que alguna vez fueron aceptadas por la sociedad como completamente normales, y que ahora nos hemos dado cuenta de lo destructivas que son. No estoy tratando de decir que no podamos fumar o tomar o tirar cosas; sólo trato de decir que tenemos que ser más cuidadosos —mucho más conscientes— acerca de ello. Lo mismo que con el azúcar.

Desafortunadamente, parece que tenemos la mala costumbre de preocuparnos por las cosas equivocadas. ¿Te acuerdas cuando estaba en la Clínica Mayo con mi papá? Uno de esos días estábamos comiendo en la cafetería, cuando una pareja, ambos con sobrepeso, se sentaron en el extremo opuesto de nuestra mesa. A todas luces habían elegido su comida "tratando de portarse bien, o casi bien". Cada uno había tomado una gran porción de la barra de ensaladas con palitos de pan, ella había tomado un plátano y leche descremada, mientras que él había elegido una Coca-cola light tamaño grande y una rebanada de tarta para el postre. No pude evitar pensar que podían haber disfrutado de una cena con mucha más grasa y menos azúcar o azúcar falsa. O sea, había azúcar (o la cosa química que fuera) en el aderezo de la ensalada, en los palitos de pan, en el refresco y en la tarta. ¡Su charola estaba llena de azúcar! Era como si fuera yo, con mis extraños poderes mutantes de heroína de cómic, *la única que podía darse cuenta* de ello. Ilusoriamente me pregunté si alguno de ellos sufriría de alguna de las variantes de síndrome metabólico y, si de ser así, alguien les sugeriría que era más saludable comer puré de papa que esa ensalada inundada de aderezo.

Suena como una herejía, ¿verdad?

Tengo muy claro que no soy ni doctora ni enfermera ni nutrióloga, pero me resulta demasiado claro cuando el doctor Lustig dice que no estamos viendo el enorme elefante tecnicolor en medio de la sala, cuando nos cuidamos de la sal, de las grasas, del alcohol, pero no vemos —o raramente reparamos en— los efectos dañinos del azúcar, omnipresente en la dieta contemporánea. Fue hasta hace muuuuy poco que el azúcar ha comenzado a formar parte de las conversaciones, en parte gracias al esfuerzo de gente como Lustig o Gillespie, que levantan la voz de manera enfática y fuerte para decir lo que nadie quiere escuchar. Otra razón por la que deberíamos estar dispuestos, por lo menos a considerar el lado oscuro del azúcar, es algo simplemente descorazonador. Parece ser que hace unas cuantas semanas salió otra espantosa estadística sobre la obesidad de los estadounidenses que dice que actualmente una cuarta parte de los jóvenes en los Estados Unidos padece diabetes o pre-diabetes; y que 17% de los niños y adolescentes padecen obesidad. Para 2030, 42% de todos los estadounidenses serán obesos. Sé que estoy repitiendo lo mismo una y otra vez, pero es difícil imaginar peores estadísticas que estas.

Así que tal vez, sólo tal vez, si suficientes de nosotros le damos lata a la pobre mesera preguntando por los ingredientes, y comenzamos a leer las deprimentes etiquetas de los alimentos empaquetados que se venden en el súper, sólo tal vez llegue el momento en que se abra el diálogo y comience a suceder un verdadero cambio. Muy al principio de un año sin azúcar, mi madre me envió un pequeño artículo del periódico donde se leía: "Estudios recientes de consejeros nutricionales informan que debemos 'reducir significativamente' nuestro consumo de azúcar añadida… Esto, a causa de que las dietas altas en azúcar añadida están relacionadas no sólo con la obesidad, sino con el incremento en el riesgo de padecer presión arterial alta, triglicéridos altos, inflamación y bajos niveles de colesterol bueno HDL".[25]

¡Pero claro! ¡Gracias, gracias! Y no sólo eso, el artículo incluía una lista de todos los productos de los que jamás sospecharías que contienen azúcar, como el aderezo de ensaladas, la salsa cátsup, los bagels, la salsa para pasta y el pan… ¿Les suena familiar? Por supuesto, si la autora hubiera querido, habría incluido también el consomé de pollo, la mayonesa, los cereales de caja, los frutos secos, los muffins, la comida para bebés, el pan pita, la ensalada de col y casi todas las salsas conocidas por el hombre… Definitivamente, la autora debió llamarme antes.

---

[25] Molly Kimball, "Secret Sweets", en: *The Times Picayune*, 11 de febrero de 2011.

Está bien, el artículo es breve, pero yo estaba impresionada de que existiera. Poco después de eso, Gary Taubes escribió un extenso artículo titulado "¿Es tóxica el azúcar?" para la *New York Times Magazine*. Y luego en HBO salió un documental de cuatro capítulos sobre la obesidad en los Estados Unidos, titulado *Weight of the Nation*. Y por si fuera poco, despuesito de eso, el mayor Bloomberg propuso la iniciativa de prohibir las cubetas de refresco en la ciudad de Nueva York.[26] Me pregunto si podría esto ser sólo el principio de una revelación que revierta lo mucho que se nos ha dicho equivocadamente sobre nutrición durante tanto tiempo.

En su conferencia de YouTube, Lustig empieza diciendo, en el tono más neutral que puede: "No se trata de gente gorda. No se trata del hecho de estar gordo".

Quisiera de algún modo poder comunicarme con aquellas personas que encontré en la Clínica Mayo ese día y salvarlas de sólo Dios sabe cuántas ensaladas dañinas, sin mencionar toda una vida de tratar de "portarse bien", y no saber por qué las cosas siguen sin funcionar.

---

[26] A pesar del hecho de que esta medida fue derrocada por la Suprema Corte (en marzo de 2013), yo de todas maneras adoro a Bloomberg por esto. Sin importar que fuera legalmente correcto o no, me encanta el hecho de que apostara su propio cuello, en términos políticos, para poner a debate las porciones como para caballo de los vasos de refresco.

CAPÍTULO 11

¡Por qué no
nací en Italia!

Un día desperté y me di cuenta de que habíamos alcanzado un importante parteaguas: oficialmente habíamos pasado la marca de los seis meses. ¡La mitad del camino! ¿Era verdad que hubiéramos llegado tan lejos? ¿Podía ser cierto que todavía tuviéramos que llegar mucho más lejos? El mes de junio había sido húmedo y pegajoso, así que para cuando llegó julio, la mayoría de los habitantes de la región pensábamos que el verano simplemente había decidido no llegar ese año. Así es Vermont, suele pasar. Pero justo cuando empecé a caer en la cuenta de que ya íbamos a la mitad de nuestro año sin azúcar, también me di cuenta de que el verano sí llegaría, después de todo. De un momento a otro, todas las piscinas de mármol para nadar que hay en Vermont estaban a reventar de personas exhibiendo su bronceado de granjero. Y antes de que pudiera darme cuenta de que había comenzado, la temporada de fresas prácticamente había llegado a su fin, así que me di prisa para comprar, ya no alcanzamos a ir a recolectarlas al bosque.

Sí, el verano finalmente había llegado, y justo antes de que nosotros nos fuéramos. Estábamos haciendo planes para salir de viaje —un gran viaje—. Salíamos en unos cuantos días, íbamos a pasar dos semanas en Italia.[27]

Ya sé lo que debes estar pensando. Seguro que no piensas: "¿Acaso la familia de Eve visitó la torre inclinada de Pisa? ¿El Vaticano? ¿El Coliseo?" Sé que no estás pensando eso porque no fue eso lo que todo mundo me preguntó. Lo que todos me preguntaron fue: "¿Y qué vas a hacer con el proyecto de un año sin azúcar?".

¡Oh, sí! ¡Buena pregunta! Una pregunta a la que le había dado muchas vueltas, había pensado mucho en ello, pero todavía no recibía ninguna brillante iluminación para contestarla. En ese momento, mi patrón de pensamiento giraba en torno a algo parecido a esto: los italianos se toman muy en serio su comida —en particular la comida fresca, de preparación casera—, esto será extremadamente útil.[28] También será útil el hecho de que los italianos no son muy dados a comer postres —además del helado y el tiramisú, que son irresistibles—. Recuerdo que la primera ocasión que nuestra familia fue a Italia, dos años antes, tuvimos que preguntar más de una vez en los restaurantes si tenían algo de postre. Era mucho más frecuente que nos ofrecieran un digestivo de limocello o de amaro que el menú de los postres. Seguido

---

[27] Este sería nuestro segundo viaje a Italia como familia, el primero fue aquella vez que Greta se perdió la clase de facciones, cuando estaba en tercero.
[28] De hecho, el movimiento *Slow Food* comenzó en Italia, ¿sabías? La leyenda cuenta que en 1986 comenzó como una propuesta contra McDonald's que tuvo la desfachatez de abrir una sucursal al pie de la Scalinata di Trinità dei Monti. De hecho estuve en ese McDonald's con mis hijas, lo que significa que hicimos uso de su convenientes baños públicos.

nos decían, luego de pensarlo mucho y con algo de desconcierto "Ah, sí, postre. Claro, tenemos postre. ¿Van a querer?"

En aquel viaje los postres nos removieron las bases de nuestro paladar estadounidense. Sentí como que… no estaban tan buenos. Eran cremosos, pastelosos y con sabor alimonado o almendrado. No eran lo que se podía decir… *dulces*. En ese momento no me interesaron mucho. Entonces yo todavía buscaba esa explosión de sabor al final de una buena comida, como para darle el remate que se merecía, como juegos artificiales al final de las celebraciones del 4 de julio. O sea, simplemente no podía irme a casa hasta que el *grand finale* prácticamente me hubiera volado la cabeza —o las papilas gustativas, como debía ser en este caso—. A nosotros los estadounidenses la sutileza no se nos da mucho que digamos.

Entonces, por comparación, mi lógica decía que nos iba a ir bien… ¿verdad? Nadie iba a ponernos tentaciones como galletas Oreo de cuatro chocolates o sundaes de muerte súbita.

Sin embargo, el helado es bueno. Muy bueno. *Realmente* bueno. ¿Sabías que puedes pedir que le pongan crema encima? Ellos acostumbran poner una perfecta pelotita de chantilly en la punta del cono. ¿Sabías que se había pronosticado que íbamos a estar entre los 27 y los 32° centígrados la primera semana de nuestro viaje? ¿Creerías que en los puntos turísticos obligatorios, que con toda seguridad visitaríamos, encontraríamos puestos de helado a donde quiera que volteara la mirada?

Me di cuenta de que esto iba a ser un verdadero problema. Si teníamos alguna esperanza de sobrevivir al viaje con el proyecto de un año sin azúcar intacto, Steve y yo necesitábamos inventar e implementar la Estrategia Italiana.

Así que una noche que teníamos niñera, Steve y yo lo discutimos durante la cena. Mi esposo comenzó con el estira y afloja:

—¿Y qué tal si fuera un postre por día? —sugirió con tono convincente.

Yo casi escupo la bebida. Imagínate, en un viaje de catorce días resultaría en que comeríamos más postres en el mes de julio que a lo largo de todo el proyecto.

—¿Y qué tal si fuera un postre para todo el viaje?, nuestro postre de julio —repuse yo. El gesto de terror dibujado en su cara era impresionante.

—No vamos a darle media vuelta al mundo para torturar a las niñas con maravillosos helados que no se pueden comer.

¡Uuuuuy! ¡La carta de "torturar a las niñas"! ¡Bien jugada!

—¿Qué tal un postre por semana? —replantee tratando de negociar. Y como podrás imaginarte, este regateo se llevó gran parte de nuestra noche.

Y esto es lo que mi mamá hace con las reglas. Hace que se cumplan.

Del diario de Greta

Pusimos sobre la mesa otras ideas: ¿Y qué tal si nuestra familia lo sometía a votación en cada caso? Aunque esto le atraía bastante a mi lado democrático, tengo buenas razones para creer que mi familia, que siempre ha sido tan buena para respaldarme y apoyar nuestros propósitos, en el momento que se vieran frente al helado italiano en toda su gloria, mandarían al cuerno el proyecto, incluso antes de desayunar.

Hacia el final de la cena, parecíamos haber llegado a una suerte de consenso flexible: podríamos, por supuesto, comer nuestro postre de julio en Italia. Y muy probablemente (odiaba admitirlo) acabaríamos comiendo más de un postre en el curso de nuestro viaje. Lo que fuera que comiéramos debía ser raro y especial. Así que básicamente íbamos a tomar el riesgo.

En su totalidad, los italianos parecen tener bajo control la cuestión de la dulzura. Disfrutan pequeñas pero maravillosas cucharadas de helado del tamaño de una bola de golf, como algo especial. Toda una lección que los estadounidenses, con nuestro pensamiento de "más es más", deberíamos aprender. He estado en Italia cuatro veces en mi vida, y cada vez que regreso me desmayo al ver que las cucharadas de helado se han vuelto cada vez más grandes. Gradualmente se van volviendo más y más estadounidenses.

Desearía que no fuera así. Adoro Italia. La adoro tal como es, no necesita de nuestra influencia, gracias. Odio cuando vamos a algún restaurante y nos entregan los menús en inglés. Odio que tengan un menú en inglés. Me gusta que mis hijas hayan comido jabalí salvaje y conejo rostizado en Italia. ¿Por qué lo hicieron? En parte porque los italianos no tienen el concepto de menú para niños, lo cual es algo maravilloso. El día que me siente en un restaurante italiano y mis hijas puedan ordenar nuggets de pollo con papas fritas, ese día dejo de ir a Italia.

No sólo he tenido la suerte de haber visitado Italia antes, sino que el primer viaje que hice allá fue cuando pasé un semestre entero en Roma estudiando arte y arquitectura. Esos cuatro meses fueron una etapa frenética. Todos los fines de semana los estudiantes nos levantábamos a las cinco de la mañana para abordar un autobús con aire acondicionado que nos llevaba por todo un enloquecedor despliegue de pueblitos, ruinas etruscas y arquitectura moderna. Nos deteníamos en cada pueblo sólo lo suficiente para visitar la escuela, el museo o un cementerio posmoderno, y volvíamos al autobús para seguir nuestro recorrido hacia el siguiente punto. Seguramente los habitantes de aquellos lugares nos vieron como una invasión de ovejas voraces: el profesor nos conducía como rebaño de arriba abajo, bocetando y fotografiando todo lo que veíamos. Éramos jóvenes, éramos estadounidenses, éramos estúpidos. Comentábamos entre los compañeros, con la cara oculta por nuestras libretas de dibujo: "¿Éste era Gubbio?" "No, no, aquí es Assisi" "Ah, yo pensé que era Orvieto…"

Durante ese viaje visitamos Florencia, pero prácticamente no pudimos ver nada. Era domingo y llovía, todos los museos estaban cerrados. Desde entonces he regresado varias veces para ver todo lo que me había perdido: la galería Uffizi, el palacio Pitti, el Duomo… Rayos, Michelangelo mismo estaba regañándome con gentileza por haber dejado pasar tanto tiempo sin conocer la *bella citta*.

Y así, finalmente, mi familia y yo tomamos un vuelo nocturno para llegar a Florencia tempranito una mañana de julio, en un estado de cansancio que sólo puede ser descrito como alucinatorio. Durante el día, casi nos habíamos podido recuperar y estábamos completamente inmersos en Florencia: el antiguo departamento donde nos hospedamos, el Ponte Vecchio enseguida sólo bajar la colina, el mercadito laberíntico al que tenías que llevar tu propia bolsa bajo riesgo de que la dependienta nos volteara los ojos ("estos gringos ridículos"). Y hacía tanto calor que los chorros de calor corrían por la espalda y por las piernas, así que por la tarde solíamos regresar a nuestra madriguera para dormir una siesta, arrullados por el calor y por la botella de vino que nos habíamos tomado con una increíble comilona. Ya casi para caer la noche, sentíamos como si nos hubieran transportado a otra vida, como si hubiéramos dejado nuestra nacionalidad muy, pero muy lejos.

De alguna manera parecía como si también hubiéramos dejado lejos el proyecto de un año si azúcar. Lo que no significa que no estuviéramos bajo el régimen de *no azúcar*, seguíamos estando, sólo que parecía… importar menos. Disfrutábamos de comidas enteras, días enteros de sabores increíbles: pasta al dente recién preparada, rebanaditas delicadamente saladas de prosciutto, crujiente *crostini* con ajo y un intenso aceite de oliva verde. Todo sin siquiera dedicar mucho de nuestro pensamiento al "problema" del azúcar. Mientras ignoráramos la pequeña mesa de los *dolci*, al pasar junto a ella de camino al baño, podíamos sentirnos aliviados durante largos periodos, sin siquiera acordarnos de que algo se nos estaba olvidando.

Bueno, debo admitir que tampoco es que me comportara allá como la Inquisición española. No era como cuando estaba en casa. ¿Acaso preguntaba si el *pici* italiano recién hecho llevaba azúcar? No, pero sabía cuáles eran los ingredientes del pici: harina y agua. ¿Era necesario preguntar por los ingredientes de cosas como *prosciutto e melone* o de la *insalata caprese* (que lleva tomate, hojas de albahaca y mozzarella)? Sería como preguntar qué ingredientes le pusieron al huevo cocido o a un vaso de agua.

¿Qué es lo que pasa con esta gente? Los italianos han creído en los ingredientes frescos y en la comida de producción local desde mucho antes de que cualquiera soñara con la tendencia sólo-consumo-productos-locales. Cuando viví en Roma siendo estudiante, me sorprendía muchísimo ir a los mercaditos temprano en la mañana y ver que su producción era tan fresca que las cosas todavía tenían rocío y un poquito de tierra. Me llevó un rato acostumbrarme a la idea de ir a diferentes lugares a comprar los ingredientes para armar una sola comida: al mercado callejero de frutas y vegetales, a la carnicería,[29] a la panadería a comprar pan recién hecho y pasta. Pero después de un tiempo, el genio que había detrás de este concepto hizo sentido: elige

---

[29] Como en ese momento era vegetariana (de un tipo o de otro), me ahorraba el viaje a la carnicería.

comida de los que se especializan en cada cosa y tómate tu tiempo, porque en realidad ¿qué otra cosa puede ser más importante? ¿Acaso tienes algo mejor qué hacer? ¿Cómo qué?

A diferencia de nosotros, estadounidenses adictos a las tendencias, la creencia de los italianos en este tipo de cuestiones no me parece que obedezca a un deseo de salvar el planeta o preservar a los osos polares; ni siquiera en beneficio de su propia salud. No. La comida está muy cerca de ser una segunda religión por la indiscutible razón de que "ellos saben lo que es bueno".

Tomé esta frase de mi abuelita, quien acostumbraba usarla para describir y elogiar a alguien que sabía apreciar algo importante, por lo general comida. Toma nota de eso: siempre la comida. Como cuando decía "¡Por supuesto que quiere un schnitzel! Él sabe lo que es bueno". Aun cuando mi abuelita fuera de ascendencia alemana y no italiana, el sentimiento era exactamente el mismo: ¿qué cosa puede ser más importante que la comida verdaderamente buena?

Por favor no me malinterpreten, no es que el azúcar haya desaparecido de repente. Por supuesto que nos arrojaron encima nuestra respectiva ración de azúcar, sólo que no en los restaurantes. En los dos vuelos de Swiss Air que tomamos para llegar allá, las sobrecargos insistieron en que les aceptáramos barras de chocolate suizo —¿y qué tan frecuente crees que será que alguien le diga no a eso?—. Llegamos al departamento que rentamos, después de un laaaaaargo, largo viaje sin dormir, para encontrarnos con una gran dulcera en la mesa de centro de la sala, llena de pequeños bombones Baci, perfectamente envueltos y estratégicamente ubicados al alcance de la mano. Y no faltó el gran tubo de helado de tiramisú en el congelador, específicamente *per le bambine*, explicó nuestro casero.

¿Y tengo que mencionar acaso las estanterías del súper con cuatro millones de tipos diferentes de galletas? ¿Y el hecho de que tengan aproximadamente tres puestos de helado por cada turista? (es como si los habitantes del planeta Helado nos hubieran invadido hace muchos años sin que nos diéramos cuenta). Por supuesto que los europeos aman la Coca-cola y la Nutella tanto como cualquiera. Aunque podemos decir que no son tan golosos, en la medida que los dulces no son tan insidiosos como en los Estados Unidos. De lo que me di cuenta fue de que casi todas las cosas se podían separar fácilmente. Si querías quitar algún ingrediente, era muy sencillo quitarlo y listo. Y sólo nosotros éramos tan locos como para hacerlo. Sin embargo, había días en que debía hacer un esfuerzo para recordar el porqué.

ᔃᕐᕐᓒ

A ver, antes de que siga quiero declarar, sólo para que conste, que me considero muy, pero muy afortunada. Lo sé. Tengo dos niñas increíbles a las que les gusta la comida. La *verdadera* comida, cosas como el *calamari* y la sopa miso. A Greta le gusta presumir que comió caracoles en París y es implacable con el menú para niños en la mayoría de los restaurantes; prefiere pedir una arrachera o *penne alla vodka* del menú de adultos. Ilsa, si algo se puede decir de ella, es que es más entusiasta: en Italia podíamos ordenarle un plato de queso o un *crostini misti* —que incluye paté de hígado de pollo— y ella estaría feliz como una lombriz.

A veces, cuando se me olvida lo verdaderamente afortunada que soy, me lo recuerda la mirada de aprehensión de la mesera o de nuestro compañero de mesa, que con cautela pregunta:

—¿Crees que ellas van a…?

—¿A comerse eso? ¡Seguro! —respondo sin pensarlo.

Después me doy cuenta de que en realidad querían preguntarme: "¿Tus hijas no se van a derretir si les sirven otra cosa que no sea macarrones con queso o pasta con mantequilla?".

Me encantaría llevarme el crédito de esta apertura de criterio culinario, pero si soy honesta no estoy muy segura de si los comensales quisquillosos nacen o se hacen.

De las dos, Ilsa es la que siempre se interesa en la comida. Posiblemente porque siempre tiene hambre. Ella es del tipo de niños que tardan el doble que los demás en terminar de cenar, y cinco minutos después de que quitaron los platos pregunta si ya no hay nada más para comer. Suele pasar que pregunta cuándo vamos a comer, porque se le olvida que ya comimos. La frase más frecuente que le escucho a Ilsa es: "Mamá, tengo hambre. Tienes algo de comer en tu bolsa?". Y como soy la mamá de Ilsa, por supuesto que siempre llevo algo.[30]

Esta combinación de apetito y buena voluntad para probar cosas nuevas resultó ser muy práctica la noche que fuimos al Teatro del Sale, en Florencia —en definitiva, uno de los puntos climáticos de nuestro viaje—. Nos lo había recomendado una persona muy amable de la localidad. Ella nos aseguró que estaría bien también para las niñas. Todo lo que sabíamos era que tenía que ver con comida y con algún tipo de espectáculo. Debíamos llamar para reservar nuestros lugares y llegar temprano para "unirnos"… lo que sea que eso significara. Yo estaba nerviosa por no saber en lo que nos estábamos metiendo. Yo era la única de nuestra familia que podía hablar italiano y sentí que toda la responsabilidad caía sobre mis hombros, tanto si pasábamos una emocionante noche, auténticamente italiana, como si terminábamos avergonzados por sentirnos extranjeros. ¿Nos iban a dar de comer?

---

[30] Durante nuestro año sin azúcar, esto representaba llevar montones de Larabars, de las que están compuestas solamente de nueces y frutos secos. Las de tarta de manzana, las de limón y las de mantequilla de cacahuate son nuestras favoritas. Por supuesto las nueces y los frutos deshidratados sin azúcar siempre fueron una botana práctica para llevar, lo mismo que las súper galletas de la marca GoRaw, que contienen solamente tres ingredientes: coco, semillas de ajonjolí y dátiles.

¿Habría algún show terriblemente inapropiado? ¿Siquiera seríamos capaces de dar con el lugar? Sin embargo, mi curiosidad era demasiado grande, tenía que probar.

Llegamos a las 7:30 en punto, bien vestidos y casi sin aliento por haber corrido algunas cuadras en este punto de la ciudad que no conocía, escondido entre un laberinto de calles residenciales que rodean la parte histórica del centro de la ciudad. Después de algo de confusión, entendí que debíamos llenar un formato —las niñas también— y pagar una pequeña tarifa para "unirnos" al "círculo cultural". Una vez que cumplimos con este requisito, nos dieron hermosas tarjetas de membresía que hicieron que mi licencia de conducir de Vermont pareciera ridícula. Entramos, y una vez dentro debíamos pagar por el servicio… lo que sea que fuera.

No fue nada barato: treinta euros por persona, así que con todo el fervor del mundo esperaba que incluyera todo. Entendí que así sería, una vez que el amable cajero nos explicó en inglés, para asegurarse de que entendíamos en qué consistía la dinámica. Oh, bueno, era demasiado para mi intento de italiano.

Sería una especie de *buffet* que él describió como *muy* largo. Habría, según dijo, "sorpresas". Uno podía servirse vino y agua en garrafas que se encontraban en el lobby, y "por favor —nos previno— tómenselo con calma". Me pregunto si puso tanto énfasis en calmar nuestros impulsos gastronómicos a lo largo de aquella *muy larga* cena porque vio que llevábamos dos niñas, o si sería sólo porque somos estadounidenses. Yo estaba un poco aprensiva. O sea, ¿cuánto significa "largo"?

Resulta que "largo" significa alrededor de dos horas. Rayos, prácticamente todas las comidas italianas que habíamos probado duraban eso. Pude ver, no obstante, que era fácil irse por la borda en una atmósfera como esta. Al fondo de la sala había una mesa de buffet, con un batallón de cacerolas de autoservicio, ensaladas, pan, cuscús, hummus, ensalada de papa, lentejas y betabel salteado. Justo cuando pensábamos que habíamos amontonado suficiente comida en nuestros platos y volvimos a nuestros asientos, de pronto la cabeza de un hombre apareció por la ventana de la pared de vidrio que mostraba la cocina: una fábrica de Willy Wonka de exquisiteces hechas a mano, y toda suerte de cosas ricas. El hombre comenzó a vocear, como si anunciara a los contendientes de una importante pelea de box ("¡en eeesta esquinaaaaa…!"). Aunque nunca terminé de entender cómo estaba el asunto, me quedaba claro que cada tantos minutos nos anunciaban la presentación de un nuevo plato, y si querías probarlo era el momento de avanzar furtivamente a la ventana para recibir una porción del tamaño de un plato de pan.

Las niñas rápidamente le agarraron la onda a esta dinámica y pronto fue difícil impedir que saltaran como resorte cada que anunciaban un plato nuevo. Probamos casi todo, como los pequeños platillos que nos hacían llegar uno por uno: albóndigas de pollo, sopa de pescado, almejas pequeñas en consomé picante… Tal como nos advirtieron, tratamos de mantener la calma, pero las niñas estaban en el Paraíso, en especial Ilsa.

—¿Cuándo va a volver a gritar el señor? —preguntaba y preguntaba.

—¡Esto está tan rico que no puedo parar de comer! —decía mientras daba cuenta de los mejillones con ajo, limón y aceite de oliva.

—Si este restaurante todavía existe cuando sea grande, quiero trabajar aquí, así podría comerme todo lo que quedara.

En otro momento ella aseguró que iba a regresar a Florencia algún día:

—Entonces voy a venir aquí a comer toda esta comida deliciosa.

Me recargué en el respaldo de la silla y miré con asombro a mis niñas. Me preguntaba cuántos niños de seis años se sentirían así luego de que les sirvieran camarones sin cáscara, tan chiquitos y con patitas como de insecto. Por supuesto que no éramos los únicos turistas en el salón, escuchamos bastante inglés cuando íbamos y veníamos de la mesa del buffet. No obstante, nosotros éramos los únicos que llevábamos niños.

Por fin llegó el momento de cerrar este fantástico desfile culinario. Greta volvió de su treintavo viaje a la ventana de la cocina para informarnos que estaban sirviendo tazones de helado.

—Creo que es… de durazno —dijo tentativamente, tratando de evitar mi mirada.

—¡Y nos lo vamos a comer! —añadí con entusiasmo.

Las caras de Greta y de Ilsa se iluminaron como si les hubieran prendido un foco encima. Viéndolo en retrospectiva, esta fue la mejor decisión que tomé durante el viaje. Por lo que a mí respecta, todo lo demás pudo haber quedado en segundo plano con respecto a esa hermosa noche: la deliciosa comida y la dulce perfección de un helado de durazno.

En goo.gl/7qgkBJ podrás ver un video para tener una idea más precisa del espectáculo que significa ir al Teatro del Sale

Después de todo eso, todavía nos esperaba algo. Las mesas en las que habíamos estado sentados aproximadamente unos cien miembros del "círculo cultural" fueron retiradas y el salón se llenó de sonido de sillas y de cháchara en varios idiomas. El comedor se convirtió en una sala de presentaciones frente a un modesto escenario. Nos dijeron que el show de esa noche sería un trío cubano acompañado de bailarines.

Para mí fue como si todo sucediera dentro de un sueño feliz: muy, muy feliz. Cuando fui a sentarme en la audiencia, perfectamente satisfecha de haber comido bocados de comida deliciosa y tragos de vino tinto, respirando con dificultad mientras escuchábamos los sonidos robustos de la guitarra, tuve uno de esos raros momentos de tristeza, cuando sientes que has perdido algo, algo inexplicable, algo increíble y perfectamente bueno.

Tiempo después, Ilsa exclamó con respecto a ese viaje:

—Lo que pasa es que ¡la comida alrededor del mundo es taaaan buena!

Yo no pude haberlo dicho mejor.

ᘒᖇᒷ

Más tarde, en el avión de regreso a casa tuve un ataque de incertidumbre. ¿Cómo nos había ido realmente? ¿Habíamos pasado razonablemente bien la prueba de un año sin azúcar? ¿Habíamos fallado miserablemente? Por un lado, podríamos decir que lo hicimos bastante bien. Bebimos capuchino mientras los demás a nuestro alrededor comían helado. Tomamos agua, agua y más agua. Durante la segunda parte del viaje nos encontramos con algunos parientes en el norte de Italia, y ellos tuvieron la gentileza de hacernos pedidos especiales en los restaurantes y se las ingeniaron para inventar versiones sin azúcar de recetas, como salsa de barbacoa cuando comimos con ellos. Cada quien se apegó a sus excepciones y nos mantuvimos alejados de tantas golosinas europeas que hubiéramos querido probar: Nutella europea, yogurt de sabores y esas galletitas que los europeos saben hacer tan bien. Nos volteábamos para ver hacia otro lado cuando pasábamos por los aparadores de esas sofisticadas tiendas con pirámides de trufas de chocolate, hermosos merengues y dulces de apariencia exótica.

Como mencioné antes, es mucho más fácil separar las cosas sin azúcar en un lugar como Italia, mucho más fácil de identificar que en los Estados Unidos, donde su presencia es mucho más insidiosa y constante. En Europa, pedir agua en lugar de refresco es considerado como una opción respetable, mientras que acá es visto como algo extraño o como una tacañería (¿qué?, ¿*sólo* vas a pedir *agua*?). Y claro, iba bien abastecida con una gran bolsa de botanas para las emergencias, incluidas mis galletas de coco y cualquier fruta que hubiera podido conseguir en el camino. Sin mencionar lo culpable que me sentí por haber desperdiciado más azúcar de la que podía llevar en mi conciencia: esas barras de chocolate suizo, los chocolates Baci y aquel tubo de helado de tiramisú.

Sin embargo, de todas maneras…

Como una especie de mutante malvado y pegajoso, salido de una película de terror, sentía que el azúcar seguía acechando de cerca, a nuestras espaldas… entre los muros de mármol y las ventanas de marcos de madera, siguiéndonos como una sombra a lo largo de las calles repletas de turistas. Sobre todo en las cosas pequeñas. Un día Steve por accidente llegó del súper con un bote de yogurt de vainilla, en lugar de yogurt simple. En una ocasión que nos hospedamos en un Bed&Breakfast, le puse granola a mi yogurt, desesperada por tratar de evitar la Nutella y el panqué amarillo que eran las otras opciones de desayuno, cuando de pronto voy viendo del otro lado a mis hijas comiendo Cornflakes (¡*Cornflakes*, Dios mío! ¡El horror!). En una cafetería frente al famoso Duomo de Florencia pedimos lo que *pensábamos* que era yogurt con fresas para que las niñas comieran algún tentempié, sólo para descubrir que la cosa blanca era *crema batida* y no yogurt. En otra ocasión, mientras nos tomábamos nuestro capuchino sin azúcar, no pude con el antojo y me comí la pequeña galletita de jengibre que estratégicamente ponen en el plato. Sí, todas estas cosas me quitaban el sueño: la emboscada de la crema batida y la estrategia de las galletitas tamaño timbre postal.

Sin embargo, hubo otras transgresiones que fueron más graves. Dos veces, toda la familia sucumbió al canto de las sirenas del helado (sólo una, en mi opinión, había sido absolutamente indispensable: aquel helado celestial de durazno con pedacitos de cáscara que nos dieron en Teatro del Sale). Con un promedio de 35°C en Florencia, y un promedio de catorce de cada diez turistas comiendo helado en las calles, haber comido sólo dos fue un esfuerzo hercúleo, algo así como Superman tratando de hacer girar al planeta en sentido inverso.

En una ocasión escuché a nuestra amable mesera describir el tiramisú con la palabra "*buonissima*" y yo, que derrapaba de gusto por lo rica que había estado la comida, y por el hecho de que entendía más italiano del que esperaba comprender, impulsivamente ordené dos para compartir entre todos… Y sólo para descubrir que no estaba así tan *buonissima*, después de todo. Buuuuuh.

Las niñas y yo nos comimos cada quien una rebanada delgadita de una deliciosa *crostata chioccolato* que habían llevado por ser la fiesta de un sobrino que acababa de cumplir los ocho años. Intenté justificarlo como la implementación de la regla de las fiestas infantiles, lo cual tenía bastante sentido, excepto por el hecho de que se supone que esa regla no aplica para mí 😩.

Estábamos en las Dolomitas, la región alpina de Italia, tan al norte, que casi todo el tiempo que duró la Primera Guerra Mundial esa región formó parte de Austria. Por lo tanto, era un lugar muy peligroso para mandar a mi marido solo a la panadería. La primera vez que se topó inadvertidamente con una panadería, una corriente de aire llevó hasta su nariz la esencia de un strudel de manzana recién hecho y lo puso como en transe; él, indefenso, compró el strudel sin pensarlo dos veces sólo para tener que regalárselo a los parientes con los que íbamos a encontrarnos. La segunda vez llegó a casa con una combinación de bocadillos dulces y salados en pasta de mil hojas, pero como no habla nada de italiano ni de alemán, era fácil justificar que ignorara los ingredientes. Para la tercera vez que regresó a casa con pequeños mazapanes en forma de puercoespín y barras de chocolate incrustadas de galleta y avellana, envueltas con toda delicadeza, supe que debíamos salir corriendo de ese lugar.

Con todo, ninguno de estos "dulces" que probamos se pueden comparar con la bomba de azúcar a la que los estadounidenses estamos tan acostumbrados. Mientras que un strudel de manzana o una tarta de chocolate en Estados Unidos pueden considerarse "salados" si no son capaces de hacer que te duelan los dientes, las cosas que probamos allá en pequeñas mordiditas realmente nos sorprendían: el strudel de manzana realmente sabía a… ¡manzana! La tarta de chocolate de cumpleaños sabía a hojaldre y a crema. Ninguna explosión de azúcar, nada de raciones tamaño King Kong. Cuando vimos un Ben & Jerry's en Florencia sonreí con algo de remordimiento y me puse a pensar qué pensarán los italianos frente a sabores de helado como Masa de Galletas de Chispas de Chocolate y el clásico "Pish Food" (compuesto de crema, caramelo, malvavisco y chocolate derretido), cuando se los compara con la sutil elegancia de, digamos, aquel delicioso helado de durazno. ¿Pensarán que estamos locos de remate? ¿Estarán en lo correcto?

De regreso en Florencia, la última noche, luego de que amablemente nos sirvieron el *biscotti* de cortesía junto con el capuchino mientras intentábamos pagar la cuenta (¡auxilio!), Steve y las niñas se comieron un último helado de despedida (ahí ya van tres y contando). En ese momento pude abstenerme. Mientras empacaba la maleta, sentí que se me movía el tapete, angustiada de pensar que habíamos consumido mucha más azúcar aquí de la que habríamos consumido en casa. Aun así, era mucho menos de la que pudimos haber consumido si no hubiéramos estado en el proyecto de un año sin azúcar. ¿Qué *significa* eso? ¿Nos portamos bien? ¿No nos portamos tan bien?

Ambas, supongo. De hecho creo que la respuesta es que somos seres humanos.

Una vez que regresamos a casa, estaba feliz de ver que las niñas estaban mucho más interesadas que nunca en la comida: en los ingredientes, en el jardín, en las recetas y la improvisación. El hecho es que mis hijas insistían que las dejara pasar al otro lado de la ecuación: querían que las dejara cocinar… y no iban a aceptar un "no" como respuesta. Esto es fantástico, ¿no? Bueno, en teoría sí. En la práctica uno tiene que pasar por inconvenientes como cuchillos afilados, el fuego de la estufa, cosas hirviendo y el hecho de que mamá no puede estar todo el tiempo supervisando porque, si no echa la ropa a la lavadora, al día siguiente van a tener que ir a la escuela en pijama. Que los niños cocinen me parece maravilloso, aunque no siempre es lo más práctico.

Frituras de Kale
Corta las hojas de kale a la mitad, y de cada lado del tallo. Pon las hojas en un recipiente y revuélvelas con aceite de oliva. Coloca las hojas en una charola para hornear con papel encerado.

Hornea de 10 a 15 minutos a 150°C.

Del diario de Greta

Y también, si soy completamente honesta conmigo misma, está el hecho de que disfruto mucho cocinar sola. La paz y la meditación de cortar, amasar, mezclar y preparar la comida se ha convertido en un placer tranquilo, cuando no se trata de la prisa frenética para producir el sustento a la de ¡ya! No es raro que me ponga a planear una comida muy elaborada, cualquier tarde, cuando sé que voy a disponer de algunas horas para poner en concierto la cocina durante el tiempo que sea necesario. Esto se ha vuelto cada vez más frecuente desde que comenzamos el proyecto de un año sin azúcar. Para compensar la falta de dulzura, me concentré más y más en las preparaciones caseras, que pueden ser sencillas, pero en definitiva no siempre son rápidas.

La pasta fresca es el mejor ejemplo. ¿Que podría ser más delicioso? ¿Qué cosa podría ser más simple? ¿Y qué cosa podría suponer una monserga tan grande como esa? Inspirada por mi reciente viaje, había querido tener una tarde libre para preparar gnocchis frescos, que habíamos aprendido a hacer unos años antes, y que sólo había intentado preparar en casa unas cuantas veces (por lo general, para cuando logro olvidar la montaña de trastes sucios y las horas de trabajo que lleva un platillo, es buen momento para intentar prepararlo de nuevo).

Sin embargo, esta vez era diferente, las niñas querían ayudarme. De hecho *exigían* participar. Era una de los últimos días de verano antes de que empezaran las clases y yo me saboreaba el lujo de pasar la tarde con ellas sin ninguna prisa, sin tener que llegar a ningún lado. No había práctica de fut, no había clases de ballet ni junta en la biblioteca. De cualquier modo, no podía evitar sentirme un poco indecisa: ¿Qué iba a pasar si echaban a perder la pasta? ¿Qué ocurriría si las horas y horas de trabajo invertido resultaban en un desastre pegajoso e incomible? Y el ataque de pánico de "¿qué vamos a cenar entonces?" (Recuerda que, entre vivir en las afueras y estar en el proyecto de un año sin azúcar, no nos quedaban muchas opciones para resolver de manera inmediata el asunto de la cena si resultaba ser un completo desastre). Ahora... es cierto que hay ocasiones en que ser una *freak* controladora tiene sus ventajas. Pero esta no era una de ellas.

Tomé unas cuantas respiraciones profundas antes de decidir superar aquella prueba. Si se trataba de enseñar a las niñas acerca de la verdadera comida, era indispensable que les permitiera también aprender a prepararla. Era momento de poner en práctica lo que tanto predicaba.

Y qué bueno fue haberlo hecho. ¡Ellas estuvieron muy bien! De hecho, luego de preparar la masa, con las papas cocidas, la harina y un huevo, las niñas hicieron todo el trabajo mientras que yo me senté a observarlas. Y vaya que no es poco trabajo. Greta dividió pequeños pedazos de masa y los estiró hasta que cada uno quedó convertido en una tira redonda de un centímetro de diámetro. En ese punto, Ilsa cortaba las tiras en docenas de pequeños gnocchi del tamaño de un dulcesito Tootsie Roll, cada uno cuidadosamente separado de los otros sobre la encimera de la cocina para que no se pegaran entre ellos. Esto no es nada sencillo y toma *bastante* tiempo. Yo estaba asombradísima con su tenacidad y su paciencia.

¿Salió todo perfecto? No. Hubo un momento al que después le llamaríamos La Gran Masacre de los Gnocchi de 2011, cuando Ilsa, por accidente, golpeó la tabla de cortar donde había como tres docenas de gnocchis que se fueron derechito al suelo. Las tres nos quedamos pasmadas y en silencio, viendo hacia el piso y pensando el duro trabajo que de pronto —¡💀!— se había ido al diantre así como así. Entonces Ilsa se puso a llorar.

Algunas personas tienen un pequeño demonio que les habla en la oreja. Yo tengo un Pequeño Monstruo Controlador, y ese Pequeño Monstruo Controlador me susurraba en el oído "¿Ves? Te lo dije. Todo ese trabajo se fue derechito a la basura, ¿y ahora qué cenarán?" Por suerte, preferí escuchar a la Pequeña Ángel Mamá que susurraba en mi otro hombro: "No te preocupes, todavía queda suficiente pasta, nadie se va a morir, está bien". Y por supuesto que era cierto. Pronto me las arreglé para convencer a Ilsa de que no pasaba nada y volvimos a nuestra fábrica de pasta.

De hecho, las cosas salieron mejor que mejor. Tuvimos una deliciosa cena que nos llevó toda la tarde preparar y de la cual las niñas se sentían súper orgullosas. Todo estaba riquísimo, aun cuando ellas no fueron tan ridículamente cuidadosas con los detalles como suelo ser yo. Pero, ¡vamos!, es sólo papa, huevo y harina, ¿no? La verdadera comida, hecha en casa, es absolutamente importante —para nuestra salud, para el bienestar de los animales, para la conservación del medio ambiente—. Y para nuestra suerte, la mayoría de las veces no tiene mayor ciencia. Sólo se lleva un poquito de tiempo y de paciencia.

CAPÍTULO 12

Postres que llevaría a una isla desierta

D espués de la montaña rusa que significó tratar de mantener a todo mundo a bordo del proyecto de un año sin azúcar estando en Italia (¡qué fácil!, ¡qué difícil!), fue un verdadero alivio regresar a la relativa seguridad y al confort de nuestra casa, con nuestra inalterable y simple regla: sólo un postre por mes.

Seguro habrá quien reniegue, tal vez con justificada razón, y pregunte: "¿Cómo es que están en un año sin azúcar... ¡y comen azúcar!?" "¿Cómo puedes justificar incluso un postre por mes? ¿Esto *realmente* cuenta como un año sin azúcar?".

Como ya mencioné antes, somos una familia *bastante* normal. Si atravesar por el proyecto a lo largo de todo un año hubiera sido pan comido, entonces este libro sería completamente diferente (probablemente uno mucho más pequeño: "No comimos azúcar durante un año. Fue fácil. Fin."). Sabía que sería imposible mantener a bordo de un proyecto de esta magnitud a mi hambrienta y antojadiza familia si no les daba *algo* concreto como objetivo. Si les decía algo como: "No te preocupes, cielo, el año que viene vas a tener tu pastel de cumpleaños", simplemente no iba a funcionar. Y a pesar de toda mi perorata sobre el azúcar, como mamá simplemente no estaba lista para hacerle algo así a mis niñas. Ninguno de nosotros estaba seguro de lograr el acometido de cumplir con el año sin azúcar, pero si sabíamos que había una golosina especial, podíamos seguir adelante otro periodo. Esto podía representar la diferencia entre lograrlo o darnos por vencidos definitivamente.

Había otra cosa que también me intrigaba. Quería volver a los tiempos, no muy lejos en el pasado, cuando comer un postre era indicio de una ocasión realmente especial. Según cuenta la historia, el Sundae con chocolate derretido recibió su nombre porque originalmente sólo podías ordenarlo los domingos (*Sunday*) (¿qué?, ¿o sea que no podía comerme un Sundae en un jueves cualquiera a las dos de la madrugada? ¡Pero qué cosa tan antiestadounidense es esa!).

Por supuesto resultó ser que, como ya vimos antes, nuestros paladares se fueron acostumbrando al azúcar; las reacciones del resto de nuestro cuerpo a los excesos de fructosa poco a poco fueron cambiando, lo que se convirtió en toda una saga intrigante en sí misma.

Últimamente tenía curiosidad por saber *¿qué pasaría si* sólo pudiéramos comer veinte postres en todo un año? ¿Cuál sería el mejor de todos? El postre que querrías llevar a una proverbial isla desierta. Esa cosa por la que realmente *valiera la pena* consumir una pequeña porción de veneno.

Es muy interesante ver cómo fueron desfilando los postres a lo largo de nuestro año. Creo que hubiera sido muy diferente si nos hubiéramos sentado a planearlos con anticipación. Conociéndome, hubiera tratado de diseñar una variedad más amplia en el espectro de postres. Por ejemplo, de ninguna manera hubiera permitido que predominaran tanto las tartas.

De cualquier modo, nos las ingeniamos para probar al menos una buena variedad de diferentes tipos de postres. Además de los sospechosos comunes: los pasteles y las tartas, también estuvieron las galletas, los pudines (mus de chocolate), el helado (de durazno), e incluso una bebida (un flotante de helado con cerveza de raíz). Nunca repetimos ningún postre (excepto porque técnicamente los cupcakes de chocolate y el pastel de crema con chocolate están hechos casi con la misma receta) y todo mundo eligió un postre por lo menos una vez.

Lista oficial de postres para una isla desierta

Enero: (Cumpleaños de Ilsa) Cupcakes de chocolate de "Ilsa ya tiene seis"

Febrero: (San Valentín) Mus de chocolate "no sólo por el día del amor"

Marzo: Tarta de cereza "increíble"

Abril: (Cumpleaños de Greta) Pastel de chocolate, "receta de la bisabuela"

Mayo: Tarta de ruibarbo de la infancia de Eve

Junio: (Día del padre) Flotante de cerveza de raíz A&W

Julio: (Italia) Bueno, digamos que fue el helado de durazno

Agosto: Pastel de cumpleaños de John tipo "Fantasía de carnaval Mardi Gras"

Septiembre: (Cumpleaños de Steve) Tarta de crema de plátano estilo Emeril, a petición especial.

Octubre: (cumpleaños de Eve) Tarta de mantequilla de cacahuate.

Noviembre: (Día de Acción de Gracias) Tarta de calabaza con crema batida hecha en casa.

Diciembre: (Navidad) Las mejores galletas de Navidad de la abuela Sharon

⟍ᘐᘏᐣ⟋

Una vez al mes podemos comer un postre con azúcar. Muchas personas se sorprenden con esto.

Del diario de Greta

⟍ᘐᘏᐣ⟋

Nueve de los postres eran de preparación casera. Siete de ellos hechos por mí. Mi amiga Katrina, horrorizada con la idea de que yo preparara mi propio pastel de cumpleaños, se ofreció generosamente a preparar la tarta de mantequilla de cacahuate. Y, ¿quién mejor para hacer las galletas de Navidad de la abuela Sharon, que la propia abuela Sharon? Esto dejaba sólo tres postres que compraríamos en tienda: el flotante de cerveza de raíz de restaurante de cadena (¡el horror!), el helado de durazno del Teatro del Sale, y el pastel de cumpleaños de John "Fantasía de carnaval Mardi Gras" de una pastelería. Empezaban a darme ganas de hacer una gráfica de barras y calcular algunos porcentajes, pero me contuve. En lugar de eso, a continuación señalaré algunos de los aspectos importantes de estos meses.

Enero

Con toda seguridad, yo era la más aprensiva con respecto al primer postre del mes, y no sólo porque fuera el primero, sino por algo más importante: era el cumpleaños de Ilsa y estaba segura de que no me perdonaría jamás haber arruinado algo tan importante como el pastel de la fiesta del cumpleaños número seis de mi hija. Ella no volverá a cumplir seis años nunca, ¿te das cuenta?

Pensarás, ¿qué puede salir mal?, o sea, Ilsa elige su propio postre, uno especial, el postre del mes, yo lo preparo, todo mundo se lo come y colorín colorado, todos contentos. ¿Qué de todo eso me puede poner tan nerviosa? Este era mi problema: lo que tradicionalmente se hacía en una fiesta de cumpleaños en nuestra casa era preparar dos postres especiales, uno para la fiesta familiar, el "verdadero" cumpleaños, seguido del postre "para los niños", en la fiesta infantil que inevitablemente tenía lugar el fin de semana siguiente.

Te imaginarás que no nos íbamos a meter en el lío de preparar cupcakes para todo el salón de Ilsa… Tampoco íbamos a poner dulces en bolsitas para los invitados que llegaran a la fiesta. Y luego estaba el hecho de que uno llega a una fiesta infantil y la comida consiste en pizza con azúcar en la base y azúcar en la salsa de tomate, acompañada de un gran vaso de azúcar para beber, y con esto me refiero a jugo de fruta o refresco. Para cuando llegamos al postre para repartir en la fiesta infantil, los papás no nos damos cuenta de cuánta azúcar consumen en realidad los niños. Para resumir, las fiestas de cumpleaños son lo mismo que un campo minado de azúcar.

Pero regreso al problema: ¿Qué íbamos a hacer? Estábamos apenas empezando el proyecto, derechito a la cúspide de nuestro año sin azúcar, y de pronto sentía la presión a todo lo que da de no ser una *mala madre*. Como apenas llevábamos dos semanas en el proyecto, todavía no empezaba con mis experimentos culinarios, las infames galletas de dátil y esas cosas. Todavía no había descubierto tampoco el sitio web de recetas de David Gillespie ni las virtudes de la dextrosa. No podíamos comer dos postres en enero, pero tampoco iba a servir azúcar a los niños en la fiesta. Entonces, ¿cómo iba a resolver la fiesta de cumpleaños de Ilsa? ¿Acaso iba a servir un bowl de salsa de manzana sin azúcar en el que se hundieran las seis velitas?

Entonces se me ocurrió una idea. Podía capitalizar el único postre sin azúcar que tenía en nuestro arsenal en ese momento: el helado de plátano congelado con crema batida.

Siguiendo la tradición, serví en la fiesta de cumpleaños una comida compuesta de minipizzas en pan inglés (luego de buscar una alternativa para que los muffins no tuvieran azúcar y por supuesto tampoco la salsa marinara), acompañadas de espinacas salteadas. Y para el gran momento, puse las seis velitas en lo que fervientemente esperaba que sería un fantástico gran finale: *banana splits*. Un plátano partido por la mitad, con helado de plátano, y encima una salsa de fresas preparadas en vinagre balsámico, crema batida (sin azúcar, claro) y una cereza fresca en la punta. Posdata: Sin azúcar añadida.[31]

Seguro, el aspecto de aquello era bastante decadente. Yo estaba petrificada de terror. ¿Y si sabía horrible? ¿Y si sabía a engrudo? Le di una probadita y, ¡oye!, ¡wow! Las niñas estaban felices comiendo. El helado de plátano era la clave. Dulce, perfecto y cremoso, tal como un verdadero helado de crema, y la salsa de fresas completaba el colorido del cuadro y le daba otro grado de complejidad de sabor. Yo solté un gran respiro de alivio y me puse a pensar que tal vez, sólo tal vez podríamos librar nuestro año sin azúcar, después de todo.

---

[31] Okey, casi. Resulta que después averigüé que el vinagre balsámico no era vinagre en el sentido tradicional, sino un jarabe de uva añejado. Jugo de fruta. ¡Toooing!

Ya sé lo que debes estar pensando. ¿Que si se lo dije? ¿Le dije a Ilsa que la comida de su fiesta especial de cumpleaños no contenía azúcar añadida?[32] Sólo para hacer más larga mi lista de preocupaciones, también me mortificaba por esto. No me gusta para nada la idea de mentirle a mis hijas y trato de evitarlo a toda costa. Puedo decir, con confianza, que no le mentí a Ilsa acerca de su fiesta de cumpleaños. Afortunadamente ella nunca preguntó.

Febrero

¿Qué sigue? El día de San Valentín. Para celebrar la ocasión, nuestra familia acordó que el postre del mes sería… mus de chocolate. Ahora: sucede que yo nunca antes había preparado mus, pero tengo esta mala tendencia a ponerme ambiciosa en la cocina justo en los momentos menos indicados. (Ah, ¿que el presidente viene a cenar? ¿Por qué no intentamos preparar nuestras propias salchichas para la ocasión?) Y como este era apenas el segundo postre del año, yo todavía estaba en el ánimo de mantener a todo mundo a bordo, con la ansiedad de preparar cada mes un postre tan fascinante que todos se olvidaran de que se quedarían sin azúcar durante las próximas cuatro semanas. Me preocupaba que no quedara bien. ¿Y si se apachurra? ¿Si sale mal… cualquier cosa que pueda salir mal con el mus? Visto en perspectiva, lo que fue memorable de ese mus de chocolate no fue tanto la noche que nos lo comimos, sino la noche que se suponía que nos lo debimos haber comido.

Ese día de San Valentín fue laaaargo y difícil. Después de andar del tingo al tango en el Costco, empujando un carrito del tamaño de un Volkswagen, leyendo con lupa las letras chiquitas de los ingredientes, regresé a la casa a descargar las cosas, acomodar todo para correr de

---

[32] Hasta donde sabíamos.

regreso a la escuela y dirigir una actividad dos horas después de que salieron las niñas. Finalmente, ya tarde ese mismo día, las niñas y yo, exhaustas como estábamos, nos dispusimos para ir en busca del único ingrediente que faltaba en la despensa para preparar el mus de chocolate: crema para batir.

El Dutchie's estaba cerrado en lunes. En el Sheldon's no tenían crema para batir. En el Mach's Market, al final de la avenida… ¡Sí! La crema para batir estaba escondida en la última repisa, detrás de los botes de crema ligera. ¡Punto para mí! Nos apuramos a volver a casa para recalentar lo que quedaba de la pizza de papa que había quedado de la noche anterior y concentrarme en preparar un hermoso postre del día de San Valentín, y así mostrarle a mi familia lo mucho que los amo; hacer que sus barrigas se pusieran contentas y satisfechas, a pesar de las carencias que mamá nos hace pasar. A pesar de "la gran idea de mamá, de un año sin azúcar", esta era una de las veinte ocasiones del año en que podía permitirme expresar el afecto que siento por mi familia en la forma de golosina azucarada, así que estaba dispuesta a disfrutarlo, sin importar lo cansada que estuviera.

Fue entonces cuando Greta, en aras de ayudarme, se puso a leer en voz alta la parte de la preparación de la receta, que por alguna razón se me había pasado: "debe dejarse enfriar por al menos dos horas" ¿¡Qué!?

Quedé paralizada.

Languidecí.

De un lado, la montaña de trastes sucios que había estado creciendo de forma ominosa en el fregadero me parecía más grande que el monte Kilimanjaro. La pizza de papa no había sido un hit la noche anterior, así que en su segunda oportunidad no me inspiraba la menor confianza como plato principal para la cena. No había hecho pan. No había tiempo suficiente para preparar el postre y todo mundo tenía hambre.

Quería tirarme en el sofá a llorar, pero estaba cubierto con una pila de ropa sin doblar, recién salida de la lavadora. Me quedé a mitad de la cocina, sintiéndome completamente perdida. Por suerte, Steve llegó a casa en ese preciso momento, reconoció mi mirada de desamparo y se hizo cargo del asunto. Sacó carne del congelador para preparar la cena, calentó la pizza de papa como guarnición y me puso entre las manos una linda bolsa de papel color rosa, con un hermoso vestido dentro: "Feliz día de San Valentín". Sólo le faltó llevar puestas unas mallas y una capa.

Todos nos sentimos mucho mejor después de que cenamos, a pesar de que la ropa no se iba a doblar sola ni los trastes desaparecerían por arte de magia. Las niñas quedaron muy desilusionadas de que nuestro postre especial tuviera que esperar hasta el día siguiente,[33] pero les tuve que explicar que —con proyecto o sin proyecto— la capacidad de mamá para hacer cosas sólo llega hasta cierto punto. Por favor recuérdame que me escriba eso en la frente, por favor.

Marzo

Creo que lo he mencionado antes: admito que soy una loca controladora, relativamente reformada. Cuando mi amiga Miles me dijo que ella quería hacer los centros de mesa de su propia boda, pero que quería cultivar las flores desde la semilla, recolectarlas y secarlas antes de diseñar los arreglos en las canastas, ¿acaso le dije que estaba loca? No. La entendía perfectamente. Ese es el tipo de loca controladora que puedo llegar a ser.

Así que cuando llegó la oportunidad de no sólo hacer una tarta de forma casera, sino de seleccionar, deshuesar, lavar y congelar la fruta

---

[33] Cuando por fin pudimos disfrutarlo, el mus de chocolate estaba esponjosito, delicioso, y desapareció de inmediato. ¡Fiuuu!

yo misma para la preparación de dicha tarta, mi primer pensamiento no fue "¡Qué cantidad de trabajo!", sino "¡Wooo! ¿Dónde firmo?"

La tarta favorita de nuestra familia es la de cereza. Cada año, en junio, sabemos que es momento de llamar al huerto de cerezas de Hick, en Granville, Nueva York, y preguntar si las cerezas ya están listas para la recolección. Esta tradición comenzó un fin de semana del Día del Padre, hace muchos años, cuando conducíamos Steve y yo a casa de sus padres y nos detuvimos en el huerto de cerezos nomás por el gusto. Recolectamos un recipiente de la seductora fruta roja, y cuando regresamos a casa busqué una receta de tarta de cereza en mi siempre confiable libro *El gusto de cocinar*, ya todo deshojado el pobre. Y desde entonces hemos estado obsesionados con las cerezas.

Es raro obsesionarse con esta fruta, ya que realmente no hay mucho que se pueda hacer con ella. Puedes preparar una tarta deliciosísima, de poca abuela, o puedes hacer la mejor mermelada del universo y… y ya. Eso parece ser todo lo que se puede preparar con cerezas. Sin embargo, eso es más que suficiente. De hecho, cada año nos volvemos más glotones y llevamos a casa dos pilas bien copeteadas de pequeñas bolitas agridulces, de olor delicioso que debemos deshuesar de inmediato, porque en cuestión de horas maduran, se marchitan, se les empiezan a hacer puntos blancos, y muy pronto se echan a perder. Así que la recolección de cerezas es todo un acontecimiento que nos lleva el día entero. Recolectarlas es fácil. Deshuesarlas, en cambio, es duro. Bueno, no duro en sí, sino muy laborioso y aburrido y tardado. La incomodidad de chorrearte los brazos de jugo pegajoso que te escurre hasta los codos y esas cosas.

Por supuesto que han inventado cantidad de cachivaches para facilitar el trabajo, que por cierto no funcionan. A lo largo de los años lo hemos intentado todo y regresamos cada vez a la vieja técnica de la uña del dedo gordo. ¿Te acuerdas de la película de Amélie cuando sale clavando sus deditos en frambuesas? Ah, pues más o menos así, pero miles de veces.

Para minimizar el cochinero, cubría con grandes bolsas de plástico la mesa del comedor y varias esponjas limpias. Cada deshuesador se ubica en su estación de trabajo con una provisión suficiente de toallas de papel para combatir el síndrome del codo pegajoso. Por lo general, las niñas están muy entusiasmadas los primeros veinte minutos, luego de lo cual se escapan en busca de algo menos tedioso qué hacer. A veces mi mamá va a visitarnos y platicamos mientras deshuesamos las cerezas. Otras veces me quedo yo sola, deshuesando en un estado zen semicomatoso, hasta que me siento completamente embadurnada de jugo pegajoso y entiendo cómo se deben sentir los mosquitos cuando quedan atrapados en resina de árbol. (Steve se cuenta entre los campeones recolectores de cerezas del universo. Termina de llenar el recipiente entero mientras que nosotros juntamos apenas un puñado, y cree que eso le da pretexto para escaparse en cuanto ve que empiezo a cubrir de plástico la mesa del comedor. Gallina.)

No importa. Yo con toda calma lavo y mido las cinco tazas de fruta por cada bolsita de Ziploc, para guardarlas en lo profundo del congelador hasta que llegue el momento de preparar una tarta o una buena tanda de mermelada agridulce. En algún momento creo que hemos llegado a tener el equivalente de aproximadamente nueve tartas de cereza guardadas en el congelador. Como diría Steve: "¡Nunca es demasiado!".

Así que sabía que era necesario incluir una tarta de cereza en la "lista de postres para llevar a una isla desierta". Después de preparar los cupcakes de chocolate y el mus de chocolate, pensé que era buen momento para demostrar que los postres también pueden existir perfectamente sin chocolate, gracias.

Estaba encantada de volver a sacar mi rodillo de mármol y la tabla de amasar, escurrir el delicioso jugo rojo de la fruta descongelada y medir la ⊛ azúcar. Sentí que preparar la tarta era como saludar a un amigo muy querido que no había visto en mucho tiempo, pero que no había cambiado ni un poquito. Mezclar la fruta descongelada con el azúcar y añadir agua en la mezcladora, amasar y extender la masa, engrasar el molde para tarta. Si tengo tiempo, prefiero hacer la elegante cubierta de enrejado, que se ve mas bonita y es muestra de lo especial que es este postre, aunque luego ahí me tienes maldiciendo y diciendo palabrotas en voz baja cuando me doy cuenta de que puse mal una de las tiras, que la puse encima cuando debía ir por debajo o viceversa. Y qué importa, en fin, yo seré la única que lo note.

Esta vez, no obstante, todo salió bien. La celosía quedó perfecta. Me acordé de añadir los puntos de mantequilla y de darles unos brochazos de leche justo antes de hornear, y por primera vez en la vida hasta me acordé de poner encima el aro protector de la cubierta antes de que la pasta de alrededor se dorara demasiado (porque si queda muy arriba tiende a dorarse mucho más rápido).

¿Te parece que sueno muy obsesiva? Sí. La verdad es que amo la tarta de cereza. Pero debo admitir que no sería lo mismo si no hubiéramos ido todos como familia, un día soleado de junio a recolectar la fruta, o si no la hubiera hecho tantas veces, siempre esforzándome para que quede un poquito mejor, un poco más bonita y más perfecta. Nomás porque sí. No me cabe la menor duda de que para mí es una cuestión de amor.

Servimos la tarta después de la cena esa noche, todavía un poquito caliente, y con una cucharada de sedoso helado de vainilla. Después de tantas semanas de no comer nada de azúcar añadida, la explosión FRUTA con AZÚCAR y HOJALDRE ¡woooohooo! Fue vivir toda una carga sensorial completa. Y fue *delicioso*. El azúcar se me fue directo a la cabeza e hizo que mi cerebro se sintiera frenético durante aproximadamente media hora. Pero más allá de eso, no quedaba lugar a dudas de que había sido algo especial.

Dejé el tenedor en el plato y me sentí feliz. Un poquito colocada y completamente satisfecha. "Ahora sí estoy bien —pronuncié para nadie en particular—. Ahora sí puedo sobrevivir otro mes".

Lo que no sabía, sin embargo, era que algo estaba sucediendo. Ese frenesí fue mi primer indicador de que las cosas lentamente se modificaban: en mis papilas gustativas, en la reacción de mi cuerpo al azúcar, todo estaba empezando a cambiar.

Abril

Para cuando llegó abril, regresamos al buen pastel de chocolate, con la vieja receta de siempre, a petición de Greta, porque era su cumpleaños. Cumpliría once. Por suerte, Greta no quiso tener la tradicional fiesta infantil, así que no tuve que preocuparme del postre familiar y el postre para todos. ¡Fiuuú!

La receta de pastel de chocolate que uso, siempre que recibo una solicitud para una ocasión especial, es la de mi abuela, y por lo menos una vez al año la preparamos en casa. Es una de esas viejas y divertidas recetas que se preparan con manteca vegetal ☺, y que pide hacer toda clase de cosas raras, como mezclar el bicarbonato de sodio en agua caliente antes de añadirlo a la batidora o acidificar la leche con un poquito de vinagre.

Me encantan ese tipo de cosas. Amo el hecho de que mi abuela haya pasado esta receta a mi mamá, y que mi mamá me la haya pasado a mí y que ahora yo pueda compartirla con mi familia. Me gustan las instrucciones raras que te transportan a una época donde la gente no pensaba en nada mejor que hacer, además de tomarse el tiempo para trazar la figura del molde en papel encerado para cubrirlo. Es bonito también que el resultado sea un pastel tan esponjosito y no demasiado dulce, que a todo mundo le encanta. Invariablemente, debe ir cubierto con la receta de betún de mantequilla acremada de mi mamá, que en esencia es una carretonada de mantequilla con azúcar glas mezclados con un poquito de vainilla. Esa parte es horriblemente dulce, y cada año me veo dudando si debería probar con otro tipo de glaseado para el pastel de chocolate de la abuela (sí, lo sé, una completa herejía), pero todavía no he tenido el valor para hacerlo.

Por supuesto, sólo cumples once años una vez en la vida, así que realmente lo hicimos bien, al añadir una pequeña bola de helado de vainilla encima de cada rebanada. Debo admitir que, además de haber estado delicioso, el efecto completo era espantosamente dulce para la nueva calibración de mis papilas gustativas. De inmediato me sentí nerviosa y con una tremenda agitación en la cabeza que me duró como media hora. Ouch 😖.

Luego de cuatro meses completitos de nuestro año sin azúcar, estaba empezando a darme cuenta de que sucedía un cambio muy claro. Los dulces se estaban volviendo, de modo inexplicable, mucho, pero mucho menos atractivos para mí. Disfrutaba de nuestro postre de cada mes, pero también me daba cuenta de que debía pagar por ellos: la sensación que me dejaban era simplemente desagradable.

No fue sino hasta que después se me ocurrió hacer las cuentas: la receta del pastel llevaba *dos tazas* de azúcar granulada, y la cobertura llevaba *tres tazas* de azúcar glas. Dividimos el pastel en veinte rebanadas, de modo que por cada ración daba la bendita cantidad de ¡casi media taza de azúcar *sin incluir la bola de helado*! Bueno, ahora no me extraña que me haya dado dolor de cabeza. De hecho me parece un milagro que mi cuerpo no se haya puesto en huelga.

Unos cuantos días después, Katrina y sus niños pasaron a saludarnos después de cenar y sucede que dejaron en el coche un bote de helado para el postre de esa noche. Katrina por supuesto iba a esperarse hasta llegar a su casa para repartir el helado —de ninguna manera nos harían la grosería de comerlo mientras nosotros los mirábamos, comiéndonos nuestro postre sin azúcar—. Esa noche Greta había inventado un preparado de moras con jugo de limón, mientras yo hacía la cena.

Ya de por sí estaba orgullosa de la creatividad de Greta en el departamento de postres, pero esta vez *realmente* me sorprendió: "Traigan el helado", dijo a nuestros amigos. "De verdad, no pasa nada, hace unos cuantos días comimos pastel con helado en mi cumpleaños. Por mí no hay problema, estoy bien".

Bueno, pellízquenme por favor, para ver si no estoy soñando. Las cosas realmente estaban cambiando.

Mayo

Había ciertas cosas que de verdad no quería que cambiaran, a pesar de todo. Había dos postres favoritos que no tenía la intención de dejar pasar el año entero sin probarlos. La tarta de cereza era uno —que ya había preparado— y la tarta de ruibarbo es el otro. Ahora que mayo había llegado, las graciosas varitas rojas parecidas al apio emergían de la tierra y desplegaban sus grandes hojas flexibles. Es una planta tenaz y robusta, también bastante ideática: o aceptas al ruibarbo tal y como es, o simplemente no lo aceptas. En la extensa familia de los vegetales, el ruibarbo es la tía excéntrica que usa grandes gafas oscuras y un enorme sombrero de playa.

Es también uno de esos graciosos frutos de Nueva Inglaterra —como las grosellas o las physalis— que suenan adorables y pintorescos para los no iniciados, pero para nuestros abuelos podían haber sido insignificantes como la pastura de vaca. Luego tienes a los devotos fans que saben que existen pocas cosas mejores que una rebanada de tarta de ruibarbo bien fría. Tenemos dos plantas de ruibarbo en el jardín —han estado aquí más tiempo que cualquier otro propietario—, y cada año vemos nuestra tarta de ruibarbo de la temporada del mismo modo que otros buscan el primer silbido de un gorrión o el brote de las primeras lilas. Es la evidencia de que la primavera realmente ha llegado por fin.

El ruibarbo y yo tenemos nuestra historia. Mi madre solía preparar tarta de ruibarbo cuando yo era chica, lo cual es raro, ya que vivíamos en los suburbios. Todavía tengo la receta de mi mamá, con todo y su receta de cinco minutos de masa de hojaldre hecha en la batidora, y la preparo cada año casi con una devoción religiosa. Para mí, comer la primera cucharada acidita de tarta de ruibarbo es revivir los momentos de felicidad de mi infancia.

De modo que, tan pronto como las cañas nacieron del suelo esa primavera, le puse el ojo a la idea de preparar la vieja y querida receta de tarta de ruibarbo como nuestro postre de mayo. Sin embargo, esta decisión casi desata una guerra de comida: Greta quería pastel con pudín de coco y vainilla, e Ilsa quería de todo corazón una tanda de galletas de azúcar. Como la tirana que soy, decidí que, en vista de que ninguna de esas recetas dependían de la temporada, además de hecho de que tenía la ventaja de ser yo la que preparaba los postres, la tarta de ruibarbo debía prevalecer. Ave César.

☙❧

Hoy comimos nuestro postre del mes, que fue tarta de ruibarbo con helado de vainilla Wilcox. A pesar de que yo quería pastel con pudín de coco, este postre estuvo bien. Amo los días en que comemos postre, pero la mayor parte del tiempo que estamos en el proyecto no me gusta tanto, y daré mis razones:

1. Siempre que veo algo que se me antoja, no puedo comerlo.

2. *No podemos probar la cátsup ni de chiste. Tampoco la mayonesa. No podemos ponerle a la comida ni cátsup ni mayonesa. Punto. Lo único que podemos ponerle es pasta aioli, que no me gusta mucho.*

3. *Cuando vamos a los restaurantes tenemos que estar preguntando por todo.*

Del diario de Greta

Lo chistoso del pie es lo mucho más rico que se puede poner después de un día guardado en el refrigerador, enfriándose y dejando que todos esos sabores dulces y ácidos se tranquilicen y se mezclen. La tarta de ruibarbo es un ejemplo clásico de esto: saliendo del horno es realmente, pero realmente rico. Pero fuera del refrigerador al día siguiente, es ridículamente bueno. Es increíble.

Y sin embargo…

Una vez más faltaba algo. Podrás pensar que a estas alturas del partido ya me había explicado las razones, pero cada mes seguía inquietándome más y más. Finalmente caí en la cuenta de que era ese… ese regusto que queda en la boca, como después de tomar refresco de dieta. ¡Bleh 💀! ¿Qué es eso? Sí, me di cuenta de que era el azúcar. Por lo visto, el azúcar y yo éramos como viejos amigos que no se habían visto en mucho tiempo y que recuerdan los momentos cuando se divertían juntos, pero… ahora ya no es igual y se sienten un poquito raros.

Agosto

Conforme se aproximaba agosto, veía venir un problema con el que no me había topado antes. Verás, en agosto es el cumpleaños de mi papá, que es justo un día antes que… el cumpleaños del novio de mi mamá. Ejem-ejem. (No sé mucho de astrología, pero tal parece que algo raro pasa aquí.)

Sea como sea, las niñas y yo estaríamos viajando para celebrar ambos cumpleaños. Por suerte, mi mamá y mi papá no viven muy lejos uno del otro, y eso hacía posible que pudiéramos visitarlos a ambos. Pero seguro ya te habrás dado cuenta de cuál era el único desafío que esto suponía para nosotros: pastel de cumpleaños.

Ay, el siempre ubicuo pastel de cumpleaños. Todavía me hacías sentir frustrada. Así que… ¿Cuál sería nuestro postre de agosto? ¿El pastel de cumpleaños de papá? ¿El pastel de cumpleaños de John?, ponderaba yo. En mi mente resonaba la frase del sabio e inmortal Highlander: "Al final sólo puede quedar uno". ¿Quién sería? ¿Podríamos comer media rebanada de pastel en cada celebración? O de plano no comer pastel en ninguno de los dos cumpleaños. Claro que no podíamos negarnos a comer pastel sólo en uno de los cumpleaños, sería como tomar partido. O sea, a ambos los quiero mucho, pero de diferente manera. O melón o sandía. Tengo la suerte de que sus cumpleaños tienen un día de diferencia, así por lo menos tengo la oportunidad de celebrarlos a ambos. Pero este asunto del pastel presentaba un problema sin precedentes. Por primera vez en nuestro año sin azúcar tenía que tomar una dura decisión: ¿Qué cumpleaños celebrar con azúcar… y cuál no?

Al final, tuve que hacer uso de mi sentido común para ingeniármelas y hacer los honores a los dos cumpleañeros. Mi papá es mucho más aventurero cuando se trata de comida, y siempre está dispuesto a cuestionar las tradiciones a favor de probar algo nuevo. Sabía que estaba interesado por nuestro proyecto familiar de un año sin azúcar, habíamos platicado muchas veces acerca del misterioso tema de en qué rayos andábamos metidos.

Por otra parte, John —cuyo status de novio recae en el hecho de que ha estado al lado de mi madre durante nada menos que veinticinco años o más— es una persona que sabe lo que quiere y que le gusta eso que quiere. Para su cena de cumpleaños, por ejemplo, iríamos al restaurante italiano que había sido su favorito las últimas *décadas*. Por otra parte, él también vivía en la filosofía de "vive y deja vivir", y era completamente neutral con respecto al proyecto de un año sin azúcar.

Luego está mi mamá, que al igual que mi padre, es totalmente comprensiva con el proyecto de la familia, a pesar de que estoy segura de que se preocupa, y siento su aliento sobre mi hombro antes de que siquiera se me ocurra cualquier idea loca. Mamá es de esas que lee todos mis *posts* incluso desde antes de que les haya dado "publicar". Por otro lado, de ella heredé mi gusto por las celebraciones, y el concepto de que hay que hacer ciertas cosas indispensables para celebrar un cumpleaños: una cena especial, decoración especial, regalos, una canción de cumpleaños y, por supuesto, un fabuloso pastel.

Mamá había decidido ordenar un espléndido pastel de la espléndida pastelería local, así que ese sería nuestro postre oficial del agosto. Mientras tanto, pensaba preparar la cena para mi papá en su casa, así que podía preparar su postre favorito de toda la vida: pastel de semillas de amapola. *Sin azúcar.*

Dios, ayúdame si es que me he convertido en un monstruo. Sabía que a papá no le iba a importar si no quedaba perfecto. Pero yo me iba a sentir horrible.

¿Y sabes qué? A final de cuentas no quedó horrible para nada. A papá le encantó. A todo mundo le encantó. Yo estaba sorprendidísima. Nadie se puso a cuestionar si tenía o no tenía azúcar. Más tarde le dije a todos que técnicamente hablando el pastel no tenía fructosa añadida, y papá quedó muy sorprendido. La reacción de mi hermano, que tiene diecisiete años, fue algo así como "ah, sí, como sea". No le importó. Si sabe a pastel, entonces debe ser pastel. Lo que me importó a mí fue que se comiera la rebanada entera. Todo mundo se la había terminado.

Para ser completamente honesta, el pastel no tenía la misma *esponjosidad* (ese es el tecnicismo que se usa en estos casos) de siempre, y si me pongo demasiado exigente diré que el betún de queso-crema se me hizo un poquito dulce de más.[34] Pero después de todo me sentía realmente aliviada y lo conté como un rotundo éxito.

Y por supuesto, la noche siguiente volvimos a comer pastel. ¡Otra vez! Excepto que esta vez sí era azúcar de verdad. Recogimos la flamante confección de la pastelería Riviera, muy cerca de la casa de mi madre, donde son famosos por detalles chistosos como velitas comestibles, formas inspiradas en los libros del Dr. Seuss y pasteles que se ven como hamburguesas gigantes.[35] Si un día mueres y llegas a la Pastelería del Cielo, muy probablemente estarás en Riviera. El olor ahí es como una mezcla de todas las cosas dulces y deliciosas que has comido. El pastel de John estaba inspirado en el carnaval Mardi Gras de Nueva Orleans: una composición en morado y verde, con máscaras de carnaval de chocolate blanco detalladas en dorado y flores de lis. Por dentro, llevaba tres capas de pan de chocolate intercaladas con galletas y relleno de crema. Era literalmente una obra de arte comestible.

Como era de esperarse, a mí me pareció abrumadoramente dulce. No me sorprendió que no pudiera terminarme mi rebanada. Me di cuenta de que tampoco las niñas se terminaron la suya. Estaba muy rico, pero de la manera en que los dulces son ricos: sólo necesitas una probadita y... basta.

---

[34] Para la receta modificada de pastel de semillas de amapola usé dextrosa, tanto para el pan como para el betún.

[35] Descubrí que la mente maestra detrás del genio de los postres de la pastelería Riviera (y de los libros para cocinar Whimiscal Bakehouse) no es sino una de mis compañeras en la escuela de arte, en la Cornell University, Liv Hansen. Para mí hizo mucho sentido que Liv combinara su pasión por la comida con su implacable creatividad para idear bellos e inteligentes pasteles que lo hacen sentir a uno como si fuera a comerse una auténtica obra de arte.

Al final, pudimos participar plenamente en los dos cumpleaños. Melón y Sandía. Y pudimos compartir el pastel, como debe ser. Gracias a Dios.

Septiembre

En septiembre fue el cumpleaños de mi esposo, y él tenía una petición especial. Desde la vez que probamos en el restaurante Emeril, hace años, le prometí que intentaría preparar el postre especial del chef: tarta de crema de plátano. Steve aprovechó esta oportunidad para recordar la promesa que no había cumplido durante tanto tiempo: me sentía intimidada por la complejidad de la receta, pero ¿cómo podía decirle que no a ese intento como uno de los postres mensuales? Acepté el reto.

La tarde del cumpleaños de Steve me propuse conquistar la tarta de crema plátano. En la versión de Emeril primero hay que hornear la pasta base preparada con galleta molida y plátano. Luego hay que preparar la crema pastelera, que se debe enfriar por lo menos dos horas. Después de eso, colocas capas alternadas de rebanaditas de plátano y de crema pastelera sobre la pasta base y enfriarla otras dos horas. Antes de servir hay que preparar en el momento un menjunje de salsa de caramelo con agua y crema, batir la crema con vainilla y rallar el chocolate. Cada cosa debe ir puesta sobre la tarta justo antes de servirla. ¿Hasta aquí vamos bien?

Entre paso y paso, estaba preparando también la cena, que parecía como algo incidental. Finalmente, después de la cena y de abrir los regalos, me puse a hervir el caramelo, batir la crema y espolvorear el chocolate rallado, para cantar la canción de cumpleaños y comernos la tarta.

¡Ay, Dios mío! ¡Estaba TAAAN DUUULCE! Hasta hizo que me dolieran los dientes, imagínate. Era pura azúcar, cada una de las cuatro partes de la receta que habían sido cocinadas y combinadas, desde la pasta base hasta la crema batida de encima y la lluvia de caramelo. Es un milagro que no nos haya dado un ataque de exceso de azúcar y nos hayamos muerto.

A mí por poco me da. Me sentí pésimo. Di unas cuantas mordidas y mi cabeza comenzó a punzar en serio, como si me la estuvieran apachurrando con una prensa de tornillos. La tarta ni siquiera tenía buen sabor… Algo, definitivamente, no estaba bien. Además de ser dulce hasta decir basta, la textura era demasiado *pringosa*. Después de haberle dedicado toda la tarde, estaba profundamente decepcionada, con el corazón roto, y no me pude terminar mi rebanada. Físicamente me sentía horrible, me acosté en el sofá, estaba exhausta y me quedé dormida.

Tampoco ayudó que, como después sabría, me estaba dando resfriado. De todas maneras me inquietaba el hecho de que hubiera cambiado *tanto*. Me encantaba aquella tarta de plátano de Emeril, tanto como a Steve. ¿Qué había pasado conmigo? Contrario a lo que muchos asumen, yo no estaba tratando de erradicar los postres de la faz de la tierra, sólo quería dejar claro el punto de que necesitamos que vuelvan a ser realmente especiales. Pero me había esmerado tanto en evitar el azúcar sólo para arruinar mi amor por esos postres de las ocasiones especiales. ¿Realmente era este un caso de *todo* o *nada*? Odiaba admitirlo, pero últimamente parecía que me había convertido en el tipo de persona que encuentra más gusto en una "galleta mugrosa" (como le llamaba a mis insulsas galletas de avena y pasas endulzadas con dextrosa, y que tal vez sólo le gustaban a nuestra familia) que a una tarta hecha y derecha.

De nuevo pensé que no era esto lo que me proponía con el proyecto de un año sin azúcar. ¿Cambiar nuestras papilas gustativas? ¿Darnos cuenta de que realmente no "necesitamos" la cantidad de azúcar que regularmente consumimos? ¿Acaso esperaba completar el año sin haber cambiado nada? Y de será así, ¿sería algo bueno?

Oh, pero los cambios son *tan difíciles.*

Al día siguiente, a pesar de la memoria de mi malestar con el exceso de dulce, volví a probar un pedacito de lo que quedaba de la tarta. Simplemente me negaba a aceptar que todo aquel trabajo hubiera sido en vano. A ver, espérame tantito... ¡Pero si estaba buenísimo! ¡Yihahay! Realmente sabía como aquella tarta de hace años que probamos en el restaurante de Emeril. Después de las horas que había pasado en el refrigerador, la textura finalmente era la correcta, y la frialdad había suavizado el dulzor. Me sentí aliviada: tal vez no había perdido del todo la capacidad para disfrutar un buen dulce.

Más tarde, aquella noche compartí la última rebanada de tarta con mi esposo. Debí conformarme con dos o tres cucharadas. Después de esa cantidad nuevamente empecé a sentirme abrumada por la dulzura. Tuve que ir a lavarme los dientes y hacer gárgaras para quitarme ese poderoso resabio de la boca. Y, ¡ay!, el dolor de cabeza estaba de regreso.

Me preguntaba si el legado de este año sin azúcar sería un límite de dos mordidas en todos los postres. Aunque mi cuerpo seguramente me lo agradecería, debía admitir que me sentía un poco más que indecisa con respecto a eso.

Noviembre

Oh, el Día de Acción de Gracias. La madre y quintaesencia de las celebraciones estadounidenses, y —no por coincidencia— también la madre de los días de glotonería.

Es sorprendente todos los platillos diferentes que se supone que uno tiene que preparar para tener una "verdadera" o "tradicional" cena de Acción de Gracias. Es apabullante. De hecho, tengo una amigo cuya familia empaca todo y preparan una gran pizza de Acción de Gracias.

Como todos sabemos, el atormentado anfitrión que prepara el pavo para ese día, no sólo es responsable del pavo y del relleno y del puré de papa, ¡Oh, no!, sino que también de los arándanos, el *gravy* y cualquier otra guarnición que acostumbren comer con él: pueden ser chícharos, elote, salsa de manzana, tal vez una cacerola de ejotes con cebollas crujientes encima o una gelatina con pequeños platanitos de dulce flotando dentro, o tal vez una cacerola de camote dulce inundado de azúcar morena y malvaviscos. Quién sabe por qué, pero todo mundo parece tener un platillo sin el cual simplemente no puede concebir la cena de Acción de Gracias. (Y yo me considero culpable. Para mí es la receta de mi madre de relleno de ostras. ¡Es tan, pero tan bueno…!)

Así que una vez que preparas todas los platillos obligatorios sin los cuales no puedes pasar un Día de Acción de Gracias, además de cualquier otra cosa especial o nueva que hayas decidido incluir este año, tendrás una montaña de comida parecida al Monte Everest.

Sin embargo, con todo y ese ridículo festín de almidones (¿quieres más relleno con tu puré de papa, cariño?) y del hecho de que muchos de esos platos "tradicionales" prácticamente pueden causar diabetes de forma instantánea (¿Mini malvaviscos? ¿Acaso los peregrinos comían eso?), a pesar de todo, nuestra familia dio la bienvenida (léase: no sólo nosotros, gente con papilas gustativas alteradas, ¡sino también a gente normal!) y ofreció todo el menú de la cena completito[36] en el modo "sin azúcar". ¡Sí! ¡De verdad! ¿Que cómo diablos hicimos eso?

Primero que nada, el gravy. Ese es siempre el principal sospechoso de esconder azúcar, pero mi mamá lo encontró en una tienda de productos especiales y revisó muy bien los ingredientes, así que en eso estábamos a salvo. Ella también preparó una gran cacerola de ejotes

---

[36] Esto es, desde la sopa hasta el plato fuerte, con excepción del postre. El postre de Día de Acción de Gracias sería el postre con azúcar de noviembre.

verdes con cebollas crujientes encima, y estaba sorprendida de que en la lista de ingredientes de las cebollas enlatadas hubiera sólo dextrosa, y no azúcar ni ninguna de sus asquerosas variantes. Bueno, ¡muy bien! No es que fuera comida cien por ciento saludable, pero estaba bien.

El logro del que me siento más orgullosa de ese día, no obstante, fue mi salsa de arándanos sin azúcar añadida, la cual había practicado antes, en la semana, sólo para estar segura de que poder enfrentar las expectativas de todos los que esperaban con ansias el Día Oficial de Comer Pavo con frutas. ¡Tal vez serían los únicos arándanos que algunos de nuestros invitados comerían en todo el año! En la preparación, me sorprendieron varias cosas:

1. Preparar la salsa de arándano fue ridículamente fácil. Porque todos los que conozco suelen comprar esas latas de arándanos en conserva, retacadas de jarabe de maíz de alta fructosa. Pensé que sería complicadísimo y tendría mucha ciencia, pero resultó ser tan fácil como preparara avena.

2. Estaba muy estresada por dar a la salsa la cantidad exacta de dulzura y espesor, pero el problema se solucionó cocinando los arándanos en una mezcla de agua con dextrosa, y añadiéndole una cucharada de uno de mis nuevos hallazgos: jarabe de glucosa. Diré más sobre eso en un minuto.

3. ¿Sabías que los arándanos revientan cuando los cocinas? ¿A poco eso no es divertido?

Y bueno, para estas fechas había incursionado en la búsqueda de otro endulzante sin fructosa: el jarabe de glucosa. David Gillespie lo usa en una de las recetas de su sitio web que yo quería preparar. Ya sé lo que estás pensando. ¿Jarabe de glucosa? Eso suena un poco terrorífico, es como un ingrediente para experimentos científicos que tienen que ver con ranas y pinzas. Y suena todavía menos apetitoso que la dextrosa (si eso es posible). Hummm... pero realmente quería preparar barras de granola y mi intento anterior había resultado en confeti de granola. Estaba delicioso, pero simplemente no pegaba.

Al igual que con el polvo de dextrosa, encontré el jarabe de glucosa en internet. Encargué un tubo pequeño del enigmático ingrediente, que llegó en un empaque más parecido a algo que sirve para el motor del coche, que para la cocina. El jarabe de glucosa es transparente, viscoso y con consistencia de brea. Se pega en todo mientras intentas medirlo. "Guácala —pensé—, definitivamente este no es el tipo de ingrediente que alguien quisiera lamer de una cuchara". Pero de nuevo confié en que Gillespie nunca nos había dado malas recomendaciones.

Y por supuesto que estaba bien: el jarabe de glucosa es la solución perfecta para cualquier cosa que necesita, además de dulzor, la viscosidad y pegajosidad que proveen muchos tipos de endulzantes como la melaza o la miel. Últimamente usaba cada vez más el polvo de dextrosa, hasta el punto de que casi se me olvida que estaba haciendo modificaciones en las recetas. Ahora, si la receta decía "media taza de azúcar" yo leía "tres cuartos de taza de dextrosa". Pero hay situaciones donde la dextrosa por sí sola no crea la textura necesaria. Y es ahí donde entra el jarabe de glucosa: graduado con honores. Y gracias a él, la salsa de arándano estuvo perfecta.

El más importante, nuestro postre del mes con azúcar, fue la tarta de calabaza. Sólo que, como ya expliqué antes, me había acostumbrado tanto a mi contenedor naranja, que se me fue la onda por completo y sin darme cuenta usé dextrosa para la masa de la base, en lugar de verdadera azúcar. Cuando estaba mezclando la calabaza con las especias tuve que recordarme a mí misma: "usa azúcar de verdad, Eve".

La tarta quedó deliciosa, como lo es siempre la tarta de calabaza. Solamente lleva tres cuartos de taza de azúcar la receta completa, así que comparada con otros postres, la dulzura era mucho más mesurada y no como para producir los dolores de cabeza de la tarta de crema de plátano. De hecho, nuestro postre del mes se llevó una pequeña fanfarria que me hizo cuestionar: ¿Será que hemos llegado a una nueva etapa donde el azúcar ya no importa tanto? ¿Podrá ser, después de once meses de diligencia y con la ayuda de mágicos ingredientes como la dextrosa y el jarabe de glucosa, que hemos llegado a un punto donde estamos condicionados a estar perfectamente contentos con un nivel de dulzura bastante reducido? ¿Habremos finalmente desplazado al azúcar?

Y no pude evitar especular para mis adentros, que tal vez, si hubiera usado dextrosa también para el relleno de la tarta, probablemente nadie se habría dado cuenta.

CAPÍTULO 13

Sobrevivir al Halloween sin dulces

S ólo atiné a golpear el volante del coche con la palma, lo más furiosa posible:

—¡Me lleva! ¡Maldita sea!

Era mediados de octubre y estaba manejando de regreso a Vermont, después de haber estado con una de las principales fuentes de inspiración para este proyecto: David Gillespie.

Todo había salido de maravilla. O sea, hay que tener en cuenta lo afortunada que he sido. Mantuve correspondencia con Gillespie vía email desde que se enteró de que estaba escribiendo en mi blog y tuiteando efusivos elogios sobre su libro *Sweet Poison*.[37] "Santas barbas",

---

[37] Y todavía no termino: *Hasta la fecha* es el mejor libro que hay, para aquellos que quieren una rigurosa y efectiva explicación de qué es exactamente lo que el azúcar le hace al cuerpo y por qué. Y además es muy divertido.

pensé, "¿o sea que David Gillespie leyó la reseña que escribí de su libro? Eso era como... ¡como darle cupcakes a Martha Stewart!"

Así que me las arreglé para acomodar mi horario (y el de mi familia) tan pronto como supe que iba a estar en Nueva York unos días, y que me proponía que nos encontráramos. De pronto tenía la oportunidad de conocer al hombre que escribió que "si la obesidad fuera una enfermedad como la fiebre aviar, estaríamos encerrados en un búnker, con una escopeta y tres años de provisiones de semillas". Es decir, ¿cómo podía dejar pasar algo así?

Por supuesto, llegar a cualquier parte desde Vermont es un poquito complicado, pero como no tenía planeado estar en sus tierras (Australia) en el corto plazo, me pareció que era una oportunidad única. Entonces me levanté y me vestí, todavía modorra, y salí de la casa como a eso de las 6:45 de la mañana, manejé a los suburbios de White Plains, para llegar al tren de las 11:05, que me dejaría en la estación Grand Central a buena hora para ver a Gillespie y comer con él a la una. ¡Fiuuu!

De hecho, llegué temprano. Demasiado temprano. Y estaba nerviosa. De modo que empecé a hacer suposiciones. Y si... ¿Y si él piensa que soy una imbécil? ¿Y si nuestra conversación necesariamente implica hablar de las proteínas transportadoras de glucosa y del papel que desempeña el hipotálamo? ¿Y si mi escritura resulta ser mucho más interesante de lo que soy en persona?

Ya sé, ya sé. Pero estas son las preocupaciones que uno normalmente tiene cuando llegas a un restaurante donde se supone que vas a encontrarte con una de tus grandes fuentes de inspiración, y te queda una hora entera para ponerte ansioso. Estaba tremendamente agradecida de que mi coche no hubiera fallado, de que el tren llegara a tiempo, de que no me hubiera perdido. No me sentía enferma y el clima era bastante bueno.

Por supuesto, no había nada de que preocuparse. Me siento muy dichosa de poder decir que David Gillespie es una persona agradable y buena onda. Es un poquito reservado, agudo y discreto en la pasión por su trabajo. Al igual que yo, es el tipo de persona que prefiere explicar por escrito lo que quiere decir, y dejar que los otros hagan su santa voluntad. No le gusta andar convenciendo a la gente de sus ideas de tú a tú.

De hecho, él no fue quien comenzó el movimiento "Sin azúcar". Fueron sus amigos y conocidos quienes empezaron a sentir curiosidad por saber cómo le había hecho para perder tan tremenda cantidad de peso, y él solo contestó: "Dejé de comer azúcar".

—Bueno, ¡claro que esa respuesta no era suficiente! —dijo Gillespie y se rió—, así que decidí escribir *Sweet Poison*, así podía decirles que si querían saber más, *lo leyeran*.

Y el poder del libro para convencer funcionó muy bien. Tanto, que Gillespie ha vendido más de cien mil ejemplares de *Sweet Poison* en Australia, y muchas más del libro que escribió enseguida como complemento: *The Sweet Poison Quit Plan*. De hecho, el motivo de su viaje a Nueva York era ver a su editor para que distribuyeran sus libros en Estados Unidos.[38]

Yo estaba fascinada escuchando las historias de David. Por ejemplo, la escuela a la que van los hijos de Gillespie, además de tomar previsiones para los niños que padecen alguna alergia o sensibilidad a los alimentos, también toman previsiones para los niños que no comen azúcar. Déjame decirlo de nuevo: *Toman previsiones para los niños que no comen azúcar.* En algunos grupos llega a haber hasta diez.

---

[38] Yo había conseguido mi ejemplar de *Sweet poison* de un revendedor de Amazon. Si lo estás buscando, ten cuidado de no confundir *Sweet Poison* de Gillespie (publicado por Penguin en Australia) con otro libro que se publicó en Estados Unidos con el mismo título, pero de la doctora Janet Hull, que trata acerca de los peligros del aspartame.

¿¡Qué!?

Por el contrario, yo le conté la historia más reciente de Greta, que tuvo un examen estandarizado de tres días, y el resultado de eso fue una pequeña montaña de envolturas que tuvo que llevarme a casa para que las viera. "¡Y eso no incluye el helado que nos han dado todos los días!".

Ha sido muy tentador. He tenido que darme por vencida, es imposible mantenerme lejos cuando estoy en la escuela.

Del diario de Greta

Poco después de esto —sólo para llevar un poco más lejos esta digresión—, nuestra familia fue a visitar un mercado local de granjeros y había dulces por todas partes, en anticipación a las festividades de Halloween. En este punto, a pesar de que me repetía a mí misma que sus intenciones eran buenas, empezaba a sentirme un poquito fastidiada. "¿Qué, acaso no van a comer suficientes dulces mañana? ¿Acaso una funda de almohada llena de dulces no es suficiente?". Después de rechazar repetidamente el bowl lleno de dulces baratos que nos era ofrecido prácticamente por cada uno de los vendedores, uno de ellos de pronto nos ofreció uno lleno de chiles picantes de brillante color rojo. Volteamos a verlo extrañados y él se rió y se disculpó por no tener dulces, y nos dijo que en la siguiente mesa sí encontraríamos.

—Claro —le dije con tono malhumorado—, ¡hay dulces por todas partes!

Gillespie tiene suerte de que en Australia no tienen Halloween (es padre de seis niños, y todos subsisten sin azúcar. En Australia tampoco tienen jarabe de maíz de alta fructosa, y sin embargo tienen todos los problemas de salud relacionados con el azúcar, igual que de este lado del mundo (diabetes, enfermedades cardiacas, obesidad, etcétera), lo que niega el argumento de que el JMAF es peor que el azúcar normal.

Durante nuestra comida aprendí esto y muchas otras cosas interesantes: que el vinagre balsámico en realidad no es vinagre y que es reforzado con azúcar; que la manteca Crisco fue inventada en 1911; que los siguientes dos libros de Gillespie pretenden detallar lo que le parece que es el otro gran daño alimentario de nuestro tiempo: los aceites provenientes de semillas (canola, vegetal, maíz, aceites hidrogenados, etcétera[39]).

Según Gillespie, los males ocasionados por estos productos son todavía más difíciles de sacar a la luz que el azúcar, y constituyen otra pieza faltante del rompecabezas de nuestra salud, concretamente el cáncer. ¡Uuuff!

Me di cuenta de que Gillespie y yo habíamos leído los mismos libros, y que a su primer libro al principio iban a ponerle de título *El infierno de las frutas*, porque alguien se confundió y pensó que el libro era sobre el daño que hacían "las frutas" (por aquello de la "fructosa", ¿cachas? Je je je).

Realmente disfruté comer con una de las pocas personas en el planeta que asentiría moviendo la cabeza y que sabría de lo que hablaba cuando yo dijera: "¿Qué les pasa, qué se traen con eso el jarabe de agave?".

Y entonces, ¿por qué estaba tan enojada mientras manejaba de regreso a mi casa? Bueno, pues porque me di cuenta demasiado tarde de que había olvidado por completo el código bloguero: Toma fotos.

---

[39] Esos libros ya están publicados, uno se llama *Big Fat Lies* y el otro *Toxic Oil*, ambos en Penguin Australia.

Siempre. ¿Me tomé una foto con David Gillespie? ¿Le tomé foto a lo que cominos? ¿Al restaurante? ¿Al vagabundo sentado afuera? ¡¿A cualquier cosaaaaa?! Nop. Ya sabes, a veces es un milagro que salga de la casa con la cabeza puesta encima de los hombros.

Y bueno, ¿dónde comen dos oponentes del azúcar en Nueva York? Comimos en Les Halles (como debe ser, el restaurante de otro de mis escritores favoritos, Anthony Bourdain). Pedimos un par de buenos cortes de carne, papas fritas y ensalada… sin aderezo.

Por lo visto, David Gillespie no sería la única persona interesante que iba a conocer como consecuencia del proyecto sin azúcar. Antes, en marzo, cuando volaba con mi papá de camino a la Clínica Mayo, creí reconocer a alguien sentado en las filas de primera clase. Me fijé bien, así como cuando te aseguras de que no estás viendo alucinaciones, y entonces supe que sí, era él, nada más y nada menos que ¡el mismísimo Jason Jones! ¡Santas vacas sagradas, Batman!

Para aquellos de ustedes que no estén muy familiarizados con el humor político, Jason Jones es uno de los principales corresponsales del programa *The Daily Show*, que manda historias "dese el lugar de los hechos", frente a una gran pantalla verde en los estudios de Comedy Central, en Nueva York. Mi esposo y yo somos súper fans de ese programa. Así que de inmediato le mandé un mensaje a Steve para decirle "¡Es Jason Jones! ¡El mismo que está casado con Samantha Bee! ¡El corresponsal de *Daily Show*! ¡Está sentado cinco asientos delante de mí! ¡¿Qué hago?!

Quería decir, de forma retórica por supuesto, que no había nada que pudiera hacer. No soy del tipo de personas que van y piden un autógrafo, así que me quedé sentadita ahí, admirando la mera proximidad con una persona famosa y punto. Pero de pronto lo supe. Mi corazón se detuvo y luego comenzó a latir fuerte. Había algo que debía hacer. Ay, nooo…

Tenía que contarle acerca de proyecto de un año sin azúcar.

Mierda.

Pero sabía que debía hacerlo. Sabía, con tanta convicción como la que tuve tiempo atrás, aquel día que vi por primera vez el video del doctor Lustig en YouTube, cuando supe que tenía que intentar vivir sin azúcar durante un año. Es casi como si la idea hubiera llegado de afuera de mí y no algo que se me hubiera ocurrido. Como si una voz me dijera "Esto es lo que tiene que suceder". Teníamos que comer sin azúcar durante un año, debíamos intentarlo. Y yo debía escribir acerca de eso. Estaba como poseída, como obsesionada, y esta era la única cura para mi obsesión.

Y así fue como llegué a conversar con Jason Jones. ¿Por qué? Bueno, pues porque podía ser que la siguiente semana se les ocurriera hacer un reportaje sobre la controvertida propuesta de los impuestos a los refrescos. O un reportaje que hablara de los niveles de obesidad en los Estados Unidos. O un reportaje sobre la tan comentada iniciativa de Michelle Obama "A movernos", para mejorar la salud de los niños. Es decir, este tema, el tema de la gordura estaba en las noticias constantemente y su frecuencia aumentaba cada vez más. No podía ser tan descuidada como para no intentar hacer llegar el mensaje del proyecto sin azúcar allá afuera.

No; si no lo intentaba, nunca me lo perdonaría. De hecho cualquier cosa mala que pasara después, le echaría la culpa a esa falta de decisión: que si veía a mi blog caer mermado en la triste oscuridad, sería porque nunca me presenté con Jason Jones. Que si me daba por vencida y me comía una escultura entera de azúcar minutos antes del 31 de diciembre de nuestro año sin azúcar sería por no haber hablado con Jason Jones. Que si mi reloj se descompuso, Jason Jones pudo haberlo arreglado.

Tomé varias respiraciones profundas. ¿Mencioné que no soy muy buena para socializar en vivo y en directo? Hay una razón por la que soy escritora, ¿sabes? Pensé muy bien lo que necesitaba decir. Maldición, ni siquiera tenía una tarjeta personal, así que corté una hojita de mi libreta y escribí mi nombre, la dirección de mi blog y volví a tomar aire varias veces.

Una vez que el avión estuvo en el aire y que el servicio de bebidas había pasado, me levanté y caminé hacia la primera clase. Pasé junto a Jason Jones y entré al baño. De regreso sabía que sería mi última oportunidad. No podía estar yendo al baño y quedarme mirando a Jason Jones como una acosadora. Tenía que decirle algo. Traté de no pensar, porque si pensaba no lo haría.

—Hola —dije—. ¿De casualidad eres Jason Jones?

Por supuesto que era.

Me presenté, le dije que era súper fan de él y de su esposa, le dije que mi esposo se pondría muy celoso cuando le dijera que lo había conocido y después hice una pausa. Me quedé congelada. Hice mi mejor esfuerzo por sonar como una persona totalmente normal, como alguien que por supuesto no podría ser una asesina en serie. Le dije que estaba trabajando en un proyecto que probablemente podría interesarle.

Momentos después estaba hablando con Jones y también con su compañero, del otro lado del pasillo, cuyo nombre debí haber grabado en mi mente —en serio deberían darme un premio de tan mala que soy para esas cosas—, y que es quien produce los *sketches* de Jason.

—Él es el cerebro detrás de todo —dijo Jason—. Ya sabes, los dos estamos en el juego —dijo con modestia—, y yo sólo soy el changuito en el disfraz.

Ellos me preguntaron lo mismo que me pregunta todo mundo, pero apostaría que lo que querían era ver si había algún potencial cómico.

—¿Perdiste mucho peso?

—¿Qué opina tu marido de todo esto?

—¿Cómo se lo toman las niñas? ¿Son más tranquilas? ¿Están sacadas de onda?

Traté de darles respuestas hilarantes y fascinantes, pero —de verdad, detenme si no he mencionado esto suficientes veces— no soy especialmente amena en persona. Además, en ese momento apenas estábamos a ocho semanas de haber empezado nuestro año sin azúcar. Apenas íbamos empezando y no teníamos idea de lo que nos esperaba.

Pero hice el intento. Tuve una verdadera conversación en la que hubo risas de cortesía, y después tomaron con mucha decencia mi patética hojita. Ambos fueron espantosamente cordiales, tomando en cuenta que probablemente son acosados catorce veces al día por personas que quieren hablarles acerca de cómo su familia vive en un trapecio en protesta por la apatía ante los circos o cualquier cosa parecida.

Regresé a mi asiento y me sentí genial. Lo hice. Lo intenté, a pesar de haberme sentido intimidada hasta la última fibra de mi ser. Nada salió de eso —o al menos no todavía… JASOOON, ¿me estás oyendo?—, pero al menos hice mi mejor esfuerzo a pesar de mí misma. Un año sin azúcar me estaba enseñando cosas que jamás imaginé que aprendería.

Todo lo que puedo decir es que por suerte no me encontré a Michel Obama en el mismo avión, porque probablemente me hubiera hecho falta oxígeno.

Pero volvamos al tema del Halloween…

Halloween sería una gran piedra de toque en nuestro año sin azúcar. Lo supe porque fue una de las primeras preguntas que surgieron cuando le comuniqué la idea del proyecto a la familia, aquella vez que íbamos en el coche, de regreso de casa de la abuela, hacía ya tantos meses.

—¿Pero qué hay de Halloween? ¿Qué hay de la Navidad? —preguntaron mis hijas llorando en el asiento de atrás. Yo les estaba arruinando el día con mi ocurrencia del plan, y todavía ni siquiera comenzaba.

—Bueno, ya veremos qué pasa para entonces —les dije yo, en la que esperaba que fuera la voz más convincente de mamá—, pero no se preocupen, algo haremos juntos, como familia. Además, no será para siempre.

Las niñas estuvieron completamente intranquilas y llorosas de regreso a casa. Me di cuenta de que el asunto era cosa seria. Iba a tener que dejar que hubiera azúcar en algunos momentos excepcionales, en festividades como Halloween.

Conforme se acercaban los últimos días de octubre, empecé a hacer una campaña con los parientes y los amigos, para idear estrategias y que tuviéramos un Halloween más creativo. Se me ocurrieron varios métodos para lidiar con la arremetida otoñal de azúcar. Y es que es la madre de las festividades azucaradas. Déjame contarte de esos métodos:

- El viejo truco de la catafixia: Mi amigo Miles dice que en Dayton, Ohio, las brujitas vienen a visitar las casas de la gente la noche después de Halloween y dejan juguetes en lugar de dulces.
- La política de "ojos que no ven, corazón que no siente": Estoy segura de que mi mamá nos aplicaba este método. Nos decía que

SOBREVIVIR AL HALLOWEEN SIN DULCES | 225

podíamos comer una pieza de dulce después de cenar, y después de una semana nos olvidábamos del asunto. El recordatorio podía acabar en el bote de basura antes de que empezáramos a pensar en tartas de calabaza y salsa de arándanos.

- El método del Padrino: "Te haré una propuesta que no podrás rechazar". Alguna vez escuché de un dentista que le ofrecía a los niños "comprarles" sus dulces con tal de mantenerlos fuera de su boca. El trato era un dólar por medio kilo; más de dos kilos recolectados en Halloween… ¡No estaba mal!

- Conocí a una familia local que optó mantenerse completamente al margen. Se quedaron en casa y eligieron un postre especial para comerlo juntos en lugar de salir a celebrar Halloween.

Aún cuando no estés convencido de que el azúcar es una toxina, muchos padres parecen compartir la idea de que consumir la cantidad de dulces que hay en Halloween simplemente no puede ser bueno. Tal vez sea porque ven cada año al desafortunado niño que se excede en la fiesta y vomita, o quizá sólo porque saben de manera instintiva que consumir una cantidad equivalente a una funda de almohada de cualquier cosa, lo que sea, no puede ser bueno.

En mi casa, cuando era niña, lo que hacíamos era esto: después de jugar a "dulce o truco" por todo el barrio, ya que teníamos los labios morados de frío por el viento helado de finales de octubre ("Pero mamáaa, ¡¡si me pongo abrigo nadie va a ver mi disfraz!!"), todos nos congregábamos en la casa de alguno de nosotros, vaciábamos nuestras bolsas de dulces baratos en la sala y empezábamos a negociar. A mí esta era la parte que más me gustaba. Éramos uno pequeños piratas… o banqueros, atesorando con avaricia nuestras monedas de oro.

Y ahora que tengo a mis dos hijas, ellas también hacen esto. La noche de Halloween de nuestro año sin azúcar salimos a hacer todo el recorrido de "dulce o truco", como siempre, con la bandada de niños correteando por todos lados, y padres responsables atrás como guardaespaldas. Al final, todos llegamos a casa de Katrina, donde los niños inmediatamente tomaron la sala por asalto, y vaciaron sobre la alfombra varias toneladas de jarabe de maíz de alta fructosa en una colorida variedad de envolturas. Y comenzó la frenética rebatinga para mostrar y ofrecer y negociar.

—¡Yo tengo una cajita de Nerds!

—¡Mira! ¡Un Milky Way sabor menta!

—¿Qué es estooo?

—¿¡Pero quién se pone a regalar papas fritas a la barbacoa!?

—¡Wooo! ¿Cuánto quieres por esas gomitas agridulces?

Mientras tanto, Inky, el perro de Katrina, no perdía el tiempo. Ignorando por completo los dulces, se puso a hacer de aspiradora Koblenz cuando una bolsa entera de palomitas fue a dar al suelo, maniobrando entre los Tootsie Roll y las bolsitas de M&M's.[40]

Ya de plano mejor me reí cuando vi que nuestro amiga Robin había llevado cupcakes caseros para todo mundo. Me recordó el mercadito de granjeros del día anterior, donde los vendedores querían atiborrarnos a mí y a mi familia de dulces y chiclosos, antes de que pudiéramos decir no.[41]

A pesar de esta demostración de excesos, ya había quedado impresionada rato antes ese mismo Halloween, al entrar al salón de sexto año de Greta y ver que a cada niño le habían dado un premio, que consistía en una dona de azúcar y un gran puño de dulces surtidos. Pelé

---

[40] ¿Y qué pasó entonces con todo ese dulce una vez que llegamos a casa? Las niñas eligieron un dulce cada una, para comérselo con sus amigos, y el resto se fueron a la repisa más alta e inalcanzable de la cocina. Siguen ahí.
[41] En ocasiones es más fácil sonreír y decir "gracias". Por supuesto, tuvieron que irse derechito a la basura cuando llegamos a casa.

los ojos y dije ¿¡Qué!? ¿Acaso no será suficiente con lo que van a comer en la noche? ¿Tenían que comer azúcar antes de comer más azúcar?

Por si no lo había notado antes, con toda seguridad lo notaba ahora: la gente no puede evitar querer hacer felices a los niños. ¿Y qué manera más fácil hay de hacer feliz a un niño, si no es con un poquito de democrática azúcar? Por supuesto, el problema es que resulte tan fácil, así que todo mundo, todo-mundo, TODO MUNDO lo hace. Los adorables cupcakes caseros que llevó Robin no eran el problema, sino toda la chatarra que había antes de ellos, y que vendría después.

Mi punto de vista distante del azúcar me ponía en perspectiva la festividad y estaba impactada de lo que veía. Me daba cuenta de que se había vuelto tan fácil, tan ordinario, llenar de dulces las manos de los niños, que ya no era suficiente que los maestros les regalaran una dona, sino que debía estar acompañada de una pila de dulces. También para los niños ya no era suficiente que les dieran un dulce en cada casa, ahora en muchas casas se tomaban la molestia de empacar una bolsita llena de dulces. Ya no era suficiente con un dulce o dos o catorce de la bolsa llena de dulces de aquella noche, sino que además nos daban postre. Porque, ¿qué le vamos a hacer?, ¡es Halloween! ¡O Navidad!, ¡o día de San Valentín!, ¡o el cumpleaños de alguien! O te sientes deprimida. O te sientes feliz. ¿Te das cuenta a lo que quiero llegar?

Cuando conocí a David Gillespie, me dijo que siempre le resulta interesante observar lo que pasa con los niños estadounidenses después de Halloween: empiezan las enfermedades. Claro, podemos culpar al cambio de temperatura, a que se pasa más tiempo en espacios cerrados y bla bla bla, pero, ¿y qué si no son sólo esas cosas? ¿Seríamos tan solícitos en regalar todas esas "chispitas de felicidad" a nuestros niños si supiéramos que van a vulnerar su sistema inmune? ¿Veríamos hoy de la misma forma como se veía en la Segunda Guerra Mundial, la práctica de regalar cajetillas de cigarros a los soldados?

Y de nuevo, no puedo evitarlo, me sigue encantando Halloween. Cada año paso gran parte del mes de octubre haciendo preparativos para esta festividad, eligiendo con las niñas los patrones para sus disfraces y las telas, y cosiendo como loca. Cuando llega la tan esperada ocasión, salimos al frente armados con nuestras linternas y con nuestras bolsas tamaño familiar y nuestras cámaras, sin mencionar la opcional ropa interior térmica o los paraguas. Marchamos por todo el barrio con nuestros amigos, nos reunimos con otros amigos y ahí vamos, como manadas de animales salvajes, pero amistosos, vestidos de forma extravagante supervisados por padres responsables.

Ese año, como todos los años, sucedió la cosa más maravillosa. Desde temprano, nuestro grupo había crecido hasta llegar a una cantidad impresionante. Éramos como treinta adultos o más, además de los niños, que coincidimos en el estacionamiento de la estación de bomberos. Y así, de la nada, algo de pronto sucedió. Los mayores gritaban "¡Esperen, esperen! Vengan. Todo mundo venga. Todo mundo tómese de las manos".

Todos nos miramos unos a otros, circunspectos, tratando de discernir exactamente de qué se trataba esto. Era claro que mi amiga Sue estaba tramando algo. Todos nosotros, treinta o más, entre grandes y pequeños, con disfraz y sin disfraz, dejamos nuestras linternas y nuestras bolsas de dulces, y obedientemente unimos nuestras manos.

Una vez que formamos un enorme círculo, Sue abrió la fila sólo en un punto, para formar una línea curva. Entonces ella comenzó a caminar hacia el interior del círculo para formar una espiral hacia dentro, cada vez mas cerrada, y todos en cadenita comenzamos a seguirla, riéndonos y haciendo caras y bromeando entre todos. Una vez que llegó al centro-centro-centro, y ya no pudo avanzar más, se dio una vuelta de 180° y empezó a caminar en espiral en sentido contrario. ¿Alguna vez has jugado a esto? Parece algo que sólo harías en un campamento o en el kínder o en una cosa así, pero nunca de los nuncas se me hubiera ocurrido hacerlo a la luz de la luna, en el estacionamiento de la estación de bomberos, con un grupo de papás y niños que conozco desde siempre, y a los que quiero mucho. Nunca antes había hecho esto con un conjunto tan heterogéneo de Sombrereros Locos y princesas y changuitos y hadas y zombies. Conforme girábamos en el círculo de amigos y niños, se sentía como si nos hubiéramos unido como brujos para realizar un rito de otoño. Me sentí positivamente pagana.

¿Acaso no es esto lo que realmente queremos lograr con las celebraciones? Algo mucho más difícil de conseguir que la felicidad superficial y pasajera que viene envuelta en colorido papel celofán. Un sentido de conexión, de comunidad, de ritual, de transformación. Comprendo a los amigos que optan por quedarse en casa, pero a mí realmente no me gustaría quedarme en casa en un Halloween o en ninguna otra festividad, lo sentiría como si me estuviera ocultando de los demás, y no, quiero estar disponible, ir afuera y celebrar con mis amigos, y con los amigos de mis hijas, con la comunidad. Desafortunadamente parece que nuestra cultura no recuerda mucho acerca de cómo celebrar las ocasiones especiales sin la necesidad de comprar un montón de cosas innecesarias y de consumir un montón de azúcar innecesaria.

El círculo pagano que formó Sue fue una brillante manera de recordarlo.

CAPITULO 14

Viaje en el tiempo al pasado de la comida

Para noviembre ya empezaba a sentir que habíamos ido hacia atrás en el tiempo. Habíamos limpiado el sartén de acero de la abuela, recolectábamos huevos de nuestras gallinas, comprábamos la leche en la granja local, elegíamos manzanas frescas de un huacal de madera en el mercado de granjeros, ordenábamos pan de la panadería local. Nuestro congelador estaba lleno de carne, mitad res, mitad cerdo, que habían sido criados en granjas locales y sacrificados ahí mismo. Compraba la mantequilla en paquetes de 16 kilos en una tienda que la surtía a restaurantes, y la harina en bolsas de 25 kilos. Un día me di cuenta de que necesitaba algo del supermercado y me sentí un poquito decepcionada de tener que regresar ahí.

No fue completamente intencional, sólo parecía ser el proceso natural de las cosas cuando uno trata de alejarse de los alimentos procesados (léase *con azúcar añadida*). ¿Quieres buen pan? Si no estás listo para prepararlo en las cantidades en que tu familia lo consume, lo ordenas con Jed in Ruppert, que hornea el mejor pan sin azúcar de la zona, con sólo cuatro ingredientes. ¿Quieres carne orgánica? A menos de que quieras hipotecar tu casa para comprar en el mercado de granjeros, donde es carísima, o elegir algo de la triste y casi inexistente selección del supermercado (en los que prácticamente no hay alimentos no procesados), encuentras a una persona que sabe dónde hay un rastro de buena fama, y así podemos seguir con todo lo demás.

Para completar el cuadro, mi marido me contrató de regalo de cumpleaños algo que siempre había querido hacer: un taller de cocina vernácula. De modo que un sábado, muy tempranito, seis amigos y yo nos encontramos en la histórica hacienda de Sally Brillion en Hebron, Nueva York.

Conforme caminábamos por una vereda, con el fresco viento de la mañana, miré a mi alrededor y vi los antiguos edificios, restos de los diferentes trabajos que una familia de granja debía realizar. Nos detuvimos en el escalón de baldosas, tocamos en una antigua puerta de madera y nos transportamos a otro mundo.

Estaba en el paraíso. De inmediato, al entrar, nos sentimos acogidos por las onditas de calor que emanaba una enorme estufa de leña que se imponía en la habitación. Sally había encendido el fuego hacía dos horas, para obtener la temperatura a la que debíamos cocinar la comida del día: pollo rostizado, papas con perejil, puré de calabaza, arándanos, pan, una tarta de manzana para el postre. Los siete, nosotros los estudiantes y Sally, pasamos las siguientes cinco horas realizando estas tareas.

Debo admitir que me obsesioné un poco con este periodo de nuestro año sin azúcar. Si volvieran a grabar el programa *Frontier House* del canal PBS, muy educadamente batearía a todos los candidatos para ofrecerme yo como voluntaria.[42] ¿Por qué me gustan tanto estas cosas?, pensaba, si después de todo estamos hablando de un tiempo en que la edad promedio a la que llegaban las mujeres era como a los veinte o algo así. Y por supuesto que debemos recordar que Sally había concertado para nosotros toda esa experiencia, para que pudiéramos vivirla sin las penalidades que implicaba. Nosotros no tuvimos que levantarnos para empezar el fuego a las 7 de la mañana, no tuvimos que lavar las ollas de hierro y los platos para ocho en una gran tinaja de agua tibia. Ella tenía un baño de verdad para nosotros y ninguno corrió el riesgo de morir de apendicitis o dando a luz o por un raspón infectado en la rodilla. Lo tenemos taaaan fácil.

En lugar de todo eso, nosotros sólo nos encargamos de la parte divertida: cocinamos dos pollos en un horno rústico, en el fuego, dándole vuelta cada cinco minutos. Hervimos las papas sazonadas con vegetales que colgaban de ganchos de una reja sobre la estufa. Encendimos fuego en el horno, lo llenamos de brasas al rojo vivo y, cuando estuvo listo, metimos a hornear nuestras dos hogazas de pan. Por último, después de haber ensamblado una hermosa tarta de manzana, la colocamos con mucho cuidado en una cacerola de hierro y la pusimos entre brasas calientes, directo en la tierra, la cubrimos con más brasas. Cuando reemplazamos las brasas apagadas por otras recién encendidas, pude sentir cómo aquello empezaba a oler *realmente* bien.

---

[42] ¿Alguna vez viste este programa? En 2002, tres familias tenían que mudarse a granjas o haciendas y vivir como si estuvieran en 1883. Ese es el tipo de *realities* que me gustan.

Y como ya te podrás imaginar, cuando estuvo todo listo y nos sentamos alrededor de una mesa de madera, con una vajilla de porcelana china y velas, aquello *sabía* espectacular. No era cocina gourmet, no eran recetas elegantes. Era *rico*. Pero rico en una forma plena, verdadera. Se sentía real.

Me encantaba que hubiéramos usado atizadores y cucharones de metal y vasijas de porcelana. No había nada de teflón, nada de plástico. Nada de batidoras o microondas. De hecho, había solo un tóxico moderno, hasta donde podía ver: azúcar.

Por supuesto, ya habrás adivinado que los arándanos tenían azúcar y también la tarta de manzana. La receta de puré de calabaza de Sally llevaba una buena medida de jarabe de maple encima, lo cual me parecía un exceso. Después de pensarlo un poco, decidí que ya no pediría ningún otro cambio en las recetas. Eran la autenticidad, la razón por la que estábamos aquí, después de todo. Los arándanos me supieron lamentablemente dulces, pero la calabaza y la tarta de manzana tenían un dulzor mesurado y rico, incluso para mi paladar recientemente sensibilizado. Sally después me dijo que en una de las clases se le había olvidado agregar azúcar a la tarta por error y nadie se había dado cuenta, estaba igual de rica.

En aquellos tiempos, el azúcar era mucho más difícil de conseguir, y hervir tu propio jarabe de maple; era una tarea que podía llevar una porción considerable de las energías y el tiempo de primavera del que uno disponía. Mientras esperábamos a que el pollo y las hogazas terminaran de hornearse, Sally nos leyó fragmentos de los diarios de John Quincy Wilson, quien vivió en esa misma casa a finales del 1800, con su esposa y tres niños. Algunos párrafos describían el enorme esfuerzo que representaba preparar el jarabe de maple: esterilizar las cubetas recolectoras, mojar los barriles para que la madera se hinchara y así sellar cualquier grieta, recolectar la savia cubeta por cubeta para, finalmente, empezar con el arduo proceso de evaporación, no en una procesadora industrial de savia, como se hace ahora, sino al aire libre, en el bosque. Si tan sólo fuera así de complicado conseguir el azúcar en nuestro tiempo…

Así fue como pude vivir mi aventura campirana, por lo menos una vez en la vida. Qué mal que mi casa, que data de 1840, no sea suficientemente antigua para tener su propia estufa de leña que Sally me dijo que en aquél tiempo usaban para cocinar. Hummm… me imagino cómo sería.[43]

En resumidas cuentas, digamos que tuve que controlar un grave caso de curiosidad por la comida. No del tipo de los que buscan comer patas de pichón u ojos de yak, que salen en el Food Network, ni nada por el estilo, pero casi.

Sin embargo, no siempre había sido así, lo que nos lleva a la historia de la vez que no quise comer cabra.

Fue justo antes de que mi esposo y yo nos casáramos, que mi mamá nos regaló un increíble presente de compromiso: una semana de safari en Tanzania. Steve y yo y otros nueve viajeros rebotábamos en el asiento del jeep, entre caminos polvorientos, tomando cuatro millones de fotografías con elefantes y cebras. Nunca antes había hecho algo así y tampoco lo he vuelto a hacer.

Me sentía increíblemente joven, aunque se entiende que tenía 26 años y realmente era joven si me comparaba con los otros participantes del viaje. Para hacer el asunto más interesante, yo era la única persona del grupo que, en ese entonces, no comía carne roja ni aves.

Nuestro campamento era suficientemente primitivo como para que durmiéramos en tiendas de tela y nuestro pan fuera horneado en

---

[43] Ya podrás darte cuenta cómo me hubiera metido en problemas.

una cacerola enterrada en el suelo. Sin embargo, nuestro guía, Justin, de algún modo se aseguró de que yo, la pescadotariana del grupo, pudiera comer una rica ración de pescado con vegetales en cada cena. Una noche, no obstante, varios de nuestros compañeros se sintieron aburridos e inquietos. Sentían que no estaban teniendo una experiencia realmente "auténtica" y querían comer para la cena lo mismo que comía la gente de la región: cabra.

Por consecuencia, uno o dos días después, una cabra viva (vamos a llamarla Fred) se encontraba amarrada cerca de la tienda de la comida, desde donde podíamos escucharla balar mientras comíamos a mediodía. A mis sensibles oídos de vegetariana, aquello sonaba como los lamentos de un alma condenada a un fatal destino, aunque viéndolo en retrospectiva probablemente estaba balando porque no les importó amarrarla bajo el rayazo del sol.

Más tarde me dijeron que la cabra había sido sacrificada de manera tradicional, usando un bowl para recolectar la sangre que derramaría por la herida que le hicieron en el cuello, después de lo cual la rostizaron y la sirvieron en un estofado tradicional. Estofado de Fred.

Yo trataba con todas mis fuerzas de no pensar en aquella antropormorfizada cabra que había proyectado en mi mente. Yo estaba segura de que la pobre tenía sueños y esperanzas y una familia de veinte a quienes cuidar en casa. Me molestaba mucho que los compañeros de viaje hubieran propiciado tan violenta iniciativa con el simple propósito de entretenerse, y más me enojé cuando escuché que no se sentían nada impresionados con la novedad de la carne. Para mí aquellas personas eran como romanos nobles y mimados, que estaban molestos porque los gladiadores no habían muerto de manera suficientemente interesante.

Eso fue hace quince años. Es sorprendente lo mucho que una persona puede cambiar en ese lapso. Ante un escenario como ese, hoy hubiera sido con toda seguridad la primera en la fila para ver el ritual de sacrificio de la cabra. Con mucho gusto hubiera probado la *cassoulet du goat*, y quién sabe, tal vez hasta me hubiera animado a probar un traguito del bowl de sangre. Los massai realizan un ritual en el que mezclan la sangre con leche para beberla, ya sabes.

De cualquier modo me hubiera fascinado, y seguramente ese hubiera sido el punto máximo del viaje, en lugar de haber sido el momento más desagradable. Aquella vez me separé del grupo cuando estábamos comiendo, sintiendo náuseas luego de escuchar los lamentos de la cabra y las carcajadas infames de los nobles romanos durante veinte minutos.

Entonces, ¿por qué habrá ocurrido un cambio tan drástico? ¿Había perdido mi sentido de compasión? ¿Ya no sentía ninguna empatía por los animales? No, todavía siento un profundo respeto por los animales y creo que tienen verdaderos sentimientos y que son capaces de sentir verdadero dolor. Lo que cambió fueron dos cosas: primero, como mencioné antes, me di cuenta de lo mucho más sana y fuerte que me sentía cuando consumía carne, un argumento bastante sólido.

Segundo, leí una entrevista con un filósofo que hablaba acerca de la naturaleza de la vida, del proceso de ser como algo inherentemente destructivo de alguna forma. La única manera de asegurar que nuestra existencia no causara ningún daño al mundo era… No, no existe. ¡Uuuuf! Había más argumentos sobre eso, pero este era el *quid*: mato (de manera activa o pasiva), luego existo. Por primera vez en veinte años de evitar la carne me pregunté: ¿Esto de evitar la carne no será más hipócrita que útil? ¿Pretendía ayudar al mundo mientras negaba el hecho de que mi existencia tenía como consecuencia la muerte de animales, plantas, insectos y microorganismos?

Otro de mis escritores favoritos, el filósofo y granjero Joel Salatin concuerda: "La perspectiva más inhumana es aquella que niega el ci-

238 | UN AÑO SIN AZÚCAR

clo de vida, muerte, decadencia, regeneración. Todo está en constante proceso de comer y ser comido".[44]

Decidí que no tenía planes de beneficiar al universo saltando del risco más cercano, gracias. La alternativa era ser consciente del funcionamiento de la naturaleza: vivir y en particular comer, implica algún grado de violencia por definición. Podemos negar el hecho e ir rengueando por la vida comiendo pasto y sintiéndonos mal, o podemos manejar a nuestros animales de manera saludable, amable y respetuosa.

En este momento siento que la mejor manera de ser respetuosos con los animales es dejándolos ser animales, domésticos o salvajes, por el lapso que vaya a durar su vida. Como una carnívora regenerada, lo que eso significa para mí es tratar de comer sólo carne de animales que hayan tenido una vida plena, lo que significa que no van a recibir alimento de engorda, que no van a vivir en una jaula en la oscuridad, que no habrán recibido un coctel farmacéutico. Desafortunadamente, conseguir este tipo de carne no es fácil ni tampoco barato. Pero creo que es la manera correcta de resolver el dilema de manera ética, y no es coincidencia que sea la manera en que lo resolvían nuestros ancestros.

Aquí está de nuevo, la idea de la comida en la historia, lo que parece seguir siendo la mejor opción. Si el problema del azúcar ha incrementado como resultado de la búsqueda del "progreso" (la producción industrial de alimentos), ¿entonces será que el antídoto para el azúcar se encuentra en el pasado? Me imagino cómo sería... Probablemente muy parecido a vivir en una granja familiar.

Sin embargo, la idea de una granja familiar autosustentable es algo que resulta anacrónico en estos días. Tengo algunos amigos que lo han intentado, claro, con ayuda de un enorme y conveniente congelador.

---

[44] Joel Salatin, "Correspondance", en: *The Sun*, enero de 2013.

Randy y Annie son los amigos que mencioné capítulos atrás, cuando hablaba de las personas que sorprendentemente criaban y sacrificaban cada año 52 pollos orgánicos para el consumo de su familia.

Un día del verano, Annie mencionó por causalidad que iban a "procesar" (el apropiado eufemismo) sus pollos el siguiente fin de semana. Entonces le pregunté lo que para mí era la pregunta más lógica: ¿Puedo ir?

Annie le dejó la decisión a Randy, quien es el que hace la mayor parte del proceso el día señalado. Unos días después vi a Randy, que al principio parecía vacilar un poco.

—Perdón por la pregunta —dijo—, pero, ¿para qué quieres ir?

Lo chistoso es que mi esposo me hubiera hecho exactamente la misma pregunta, y con una mirada bastante rara también, ahora que lo pienso. ¿Acaso era una petición tan bizarra? No era que le hubiera propuesto hacer un viaje escolar para visitar una capilla funeraria o algo parecido. (De hecho mi esposo lo hizo cuando era niño. "Mira, ¡qué divertido! ¿Aquí es donde guardan el líquido para embalsamar, señor?".) Honestamente, ¿qué tan malo podía ser? ¿Había algo de lo que no me estuviera dando cuenta? Me preguntaba si debía reconsiderar mi petición.

¿Volarían vísceras de pollo por todas partes? ¿Correría sangre por todos lados, como de caricatura? ¿Regresaría corriendo al vegetarianismo, arruinando para siempre el aprecio por el consumo de aves de corral? ¿Lloraría incontrolablemente, asustada por las noches en pesadillas de pollos que aletean y se revuelcan? Y, lo que es más importante: ¿dejaría de comer?

Definitivamente es muy interesante todo el espectro de reacciones que uno puede ver en estos días, y en esta era —incluso en Vermont— hacia la idea de matar voluntariamente a un animal indefenso. La cacería, por supuesto, es un tema similar, y los pocos cazadores que conocemos son notablemente discretos con los detalles, dependiendo de si la persona con quien están hablando va a responder con entusiasmo sincero a una historia de cacería o si abrirá los ojos horrorizada.

Tal vez la crianza de aves para comer y el hecho de despacharlas metódicamente resulte potencialmente más repulsivo. Es decir, el venado por lo menos tiene chance de correr y defenderse, ¿verdad? Luego de generaciones de ser criados y engordados de una manera dócil y sedentaria, la carne de pollo es... ¿Cómo podemos decirlo de modo elegante? No muy espectacular. No hay lucha o escapatoria posible, no señor. Parece que básicamente se trata de sentarse y esperar.

De modo que Randy quedó de llamarme cuando fuera a despachar su última tanda de pollos, el domingo después de mediodía. Esa tarde estuve limpiando la cocina y me puse a esperar a que timbrara el teléfono. Era un sentimiento raro, estar esperando sin nada qué hacer, como cuando se está a la espera de que un bebé nazca, cuando, por el contrario, se trata de la situación opuesta.

Entonces de nuevo pensé "Algo va a nacer hoy: comida". Pero verdadera comida. No ese sustituto asqueroso que quieren hacer pasar por comida en los supermercados. Alimento real, de la manera que nuestro ancestros han hecho por generaciones. Comida que es resul-tado del trabajo realizado con nuestras propias manos, aunque eso no niega lo oscuro que en esencia es esto: la muerte de un animal.

Tiene bastante lógica que entre más honestos seamos en esto, será mejor. La industria granjera está más que contenta y toma toda la ventaja de nuestra moderna remilgosidad, y del acuerdo cultural para evitar que los cuestionemos. (Sí, todos sabemos que se trata de un animal muerto, pero vamos a fingir que no lo es.) Si nunca has visitado una de estas granjas, debe ser por algo. Digamos que debe haber una buena razón para que no haya viajes escolares a las granjas de pollos. (Una razón muy similar al motivo por el que tampoco organizan viajes escolares a las capillas funerarias: demasiadas pesadillas juntas.) En resumidas cuentas, la industria agropecuaria que produce alimentos de forma masiva sistemáticamente tortura, medica y abusa de los animales, los trata como si no fueran seres vivos sino meros productos, como tostadoras o Tic Tacs. Y al hacerlo, no sólo están actuando de un modo moralmente reprobable hacia nuestros compañeros los seres vivos, sino que también ponen en riesgo la salud y la seguridad de los consumidores que comerán esos animales. Y esos somos nosotros.

Cuando la llamada finalmente llegó, dejé todo y me apuré a llegar a casa de Randy y de Annie, temerosa de llegar demasiado tarde para presenciar el sacrificio de los últimos cuatro pollos. Pero llegué justo a tiempo. Randy estaba tranquilo. Cansado y sudoroso luego de haber trabajado todo el día desde las seis de la mañana, y no terminaría sino hasta las seis de la tarde. Vestía un delantal de plástico amarillo y unas enormes botas de plástico que lo hacían ver, de todo a todo, como los hombres que trabajan matando pollos en el mercado, y todo en nombre de una dieta saludable y sustentable para su familia.

Después de beberse un vaso grande de té helado, él nos condujo en el tractor hacia el gallinero donde los pollos habían vivido durante las diez semanas de sus vidas. Para tener sólo diez semanas, se veían enormes: la mayoría pesaban más o menos tres o cuatro kilos, y te miraban con sus ojos salvajes como cuentas oscuras; sus patas eran reptilianas y estaban enlodadas. Uno por uno, Randy escoltó a los últimos cuatro pollos dentro del remolque en el que —usando su mejor humor negro para aliviar el desafío que le representaba el día— había pegado un letrero que decía: "Conozcan al Coronel —para referirse a la imagen de la famosa marca de pollo frito, representada por el coronel Sanders—. Firma de libros hoy". Después condujo hacia los conos para sacrificio de pollos.

Los conos para sacrificio de pollos se parecen un poco a los ana-
ranjados de tráfico, excepto porque los primeros están hechos de
metal. Se cuelgan sobre un marco, junto con alambre flexible que se
usa para amarrar las patas del ave, sometiéndola y reduciendo el for-
cejeo. Hacía mucho calor, y las moscas revoloteaban alrededor de la
sangre que ya había manchado la tierra debajo de cada cono. Una vez
que Randy hubo cortado la garganta del primer pollo, me sentí muy
aliviada. Había logrado hacer esto sin llorar, vomitar ni desmayarme.
¡Fiuuuú! Estaba muy sorprendida por darme cuenta de que me sentía
completamente bien. Despacio, la sangre fue drenando fuera del ca-
dá-ver del ave, y casi podías identificar el momento preciso en el que
el pollo dejaba de luchar y la vida simplemente abandonaba su cuerpo,
casi evaporándose. Era probablemente la muerte más silenciosa y pací-
fica a la que un pollo podía aspirar.

Después Randy me preguntó algo que no esperaba: "¿Quieres
ayudarme con uno?" Oooh, hmmmmm, bueno... ¿Por qué no? Digo,
¿quién sabe cuándo voy a volver a tener esta oportunidad, verdad?
Y así fue como acabé siendo el último amigo en la Tierra para el ave
número 52.

La primera vez que deslicé el cuchillo a través del pescuezo del
pollo, supe inmediatamente que no había cortado lo suficientemente
profundo. Entré en pánico, y bastante segura de que iba a terminar
por torturar o mutilar a la pobre criatura; rápidamente lo deslicé otra
vez con mayor fuerza, como si estuviera rebanando un asado. Esto
fue mejor, si no es que perfecto, y la sangre empezó a correr hacia
abajo, como yo había visto que debía ocurrir con los otros animales.
Colgando de su cono de aluminio, sólo le tomó uno o dos minutos
desangrarse.

Me pregunté por qué no me sentía molesta. Me pregunté si debería preocuparme el hecho de no sentirme molesta. (¡Soy un monstruo!

¡Una asesina sin conciencia de pollos inocentes!) Mientras tanto, Randy estaba desplumando los cadáveres y acomodando a los pollos muertos de regreso en el remolque, mientras que yo observaba fijamente al número 52. Después de un buen tiempo de autoflagelarme, él (¿ella?) torció su cabeza en una especie de signo de interrogación, y sus ojos me miraron directamente (o eso pensé). Imaginé una mirada interrogante en sus ojos que seguramente no estaba precisamente ahí y luego —al igual que si un switch se hubiera apagado— su pico se abrió como en un bostezo al mismo tiempo que su pescuezo se relajaba; una película blanca cubría ahora la mirada del pollo. Incluso una neófita como yo podía reconocer el aspecto de la muerte, y respetarla, aun en el pequeño e incómodo fin de un pollo.

Después de que Randy mata los pollos, todavía debe seguir un proceso bastante elaborado. Los escalda en agua hirviendo para que pierdan las plumas que les quedan, los pasa por un desplumador automático. Luego, sobre una barra cuidadosamente desinfectada con cloro, eviscera al ave, cortando la cabeza, patas, la glándula debajo de la cola y removiendo los órganos internos uno a uno (intestinos, hígado, corazón, tráquea y pulmones).

Una vez más, Randy me permitió participar en el procedimiento, y cualquiera que me conozca lo bastante tendrá que impresionarse al saber que eviscerí dos cadáveres de pollo todavía calientes bajo la supervisión experta de Randy. No sé por qué, pero mis remilgos desaparecieron. Quizá fue la naturaleza de-principio-a-fin del proceso. Acaso fue el hecho de que Randy me dio instrucciones paso a paso, incluso cuando estaba removiendo los pulmones. Tal vez yo estaba demasiado fascinada por el hecho de que sí, cada uno de los cuerpos de las aves era exactamente igual al anterior por dentro. "Sí, ahí está el corazón, justo en el mismo lugar que el anterior". Estaba pasmada por la maravillosa predictibilidad de la biología. ¿Es así como los ciru-

244 | UN AÑO SIN AZÚCAR

janos llegan a concebir a la gente, pensé, tan diferentes por fuera pero básicamente idénticos en su amalgama de órganos? "Sí, aquí está el corazón, justo en el mismo lugar que el anterior".

Supongo que una puede llegar a pensar cosas verdaderamente raras mientras le saca los órganos a un pollo.

Finalmente el ave es sumergida en un baño de agua helada para que se enfríe. Aquí espero que Annie entre a la escena para sacarla de ahí, secarla por dentro y por fuera con papel de cocina y envolverla cuidadosamente para ser almacenada en el congelador. ¿Y sabes qué? Parece un pollo común y corriente.

52 pollos, 52 semanas. Randy y Annie ahora tenían un congelador lleno de carne orgánica de primera calidad para consumir durante un año completo. Ellos sabían de dónde vino, ellos sabían qué había comido, cómo había sido tratada y cómo había muerto. Ellos habían asumido la responsabilidad, si bien a un nivel muy básico, por su comida.

Asistir al "día del proceso" seguro no es para todos. Pero fue bueno para mí, al menos, pasar una o dos horas dándome cuenta de dónde viene realmente todo el pollo que nos comemos —un animal sencillo, torpe, que aún así se merece nuestra consideración y respeto.

⟨ᥫᩭ⟩

Por supuesto que viendo en retrospectiva nuestra historia con la comida, los animales domésticos son sólo una parte de nuestro consumo de carnes. Desde que nos mudamos a Vermont he estado mucho más familiarizada con una forma más antigua de conseguir carne: la cacería.

Por suerte, el hecho de que hoy sea carnívora significa que nuestra familia puede ir y disfrutar de los beneficios de la cacería, aun cuando no nos hayamos levantado de madrugada para ir a sentarnos durante horas en lo alto de un árbol rociado con orina de venado. Pero, ¿quién sabe? Al ritmo que vamos, tal vez en algunos años lo estaremos haciendo nosotros también.

Si me hubieras pedido definir la expresión "cena de trofeos" hace catorce años, antes de que me mudara a Vermont, probablemente hubiera pensado en un festival donde se ostentan copas doradas, estandartes y esculturas sobre columnas dóricas. En ese tiempo era un ratón de ciudad. Para mí la palabra *trofeo* probablemente significaba la Copa Mundial o lo que te dan cuando ganas la competencia de volibol de la secundaria.

No puedo imaginar lo horrorizada que estaría con la versión de "trofeos" de Vermont aquella otra "yo" —la que insistió para que nuestro banquete de bodas para cien personas consistiera en vegetales y pescado—, de conocer el festín anual de carnívoros que es la Cena de Trofeos de Vermont.

Cada noviembre (léase: temporada de venados), cada pueblo de nuestra región celebra su propia Cena de Trofeos en beneficio a diferentes causas que lo ameritan, tales como el voluntariado del departamento de bomberos o el paseo de los niños de sexto. Hemos asistido a la Cena de Trofeos local los últimos años, y el menú ha sido siempre el mismo: albóndigas de alce (por supuesto, para llevar), filete de oso (para que no digas que no lo has probado), pollo con bísquets (para los remilgosos) y venado, venado, venado. Estofado de venado, filete de venado, salchichas de venado y, con mucha suerte, probablemente Gib haya preparado su famoso salami de venado (sólo una pieza por cliente, por favor, poquito porque es bendito).

Por supuesto, también hay guarniciones: puré de papa y de calabaza, si es que queda algo de espacio en tu plato, que con toda seguridad no lo habrá. Y también hay ensaladas, rollos y platos de papel copeteados con montañas de cubitos de queso Cheddar tamaño coctel esperándote al final de la mesa. Por si todavía tienes hambre —lo cual dudo mucho— y además de todo eso quieres comer azúcar (léase: todo mundo, excepto nosotros), siempre queda un huequito para la mesa de los postres, con rebanadas de tarta de manzana, de merengue de limón o de chocolate, que hacen babear a los niños mientras van pasando.

Pero este año, los rumores en la calle decían "Hey, pst pst, la Cena de Trofeos de Ruppert está mejor". Así que decidimos ir averiguar por qué. Y, ¿qué era lo que hacía mejor la Cena de Trofeos de Ruppert? Bueno, para empezar, nos daban platos de verdad y no aquellos platos que se aguadaban bajo el peso de una comida tipo Pedro Picapiedra, además se jactaban de tener caza más variada y singular que el típico alce o el filete de oso. Y así fue como llegué a probar la carne de castor. Y así fue también como tuve que escupir en mi servilleta la carne de castor .0395 segundos después.

Si alguien pregunta cómo es el sabor de la carne de caza, por favor mándenlos a que prueben un poco de carne de castor. Un amigo decía que comer castor es "como chupar petróleo", y tengo que decir que no podría estar más de acuerdo. Bueno, pero por lo menos la probé.

Otra diferencia clave entre la Cena de Trofeos de Ruppert y la de nuestro pueblo, era que con Ruppert llevaban sombreros chistosos: de cuernos de venado, de pollo, de lo que quieras. Nadie, de todos a los que les pregunté, sabía por qué.

Este año, no obstante, podía tener una nueva apreciación de nuestra Cena de Trofeos como uno de los eventos locales a los que asistía con la confianza que me daba nuestro proyecto de un año sin azúcar. La diferencia era tan clara como el agua: la carne estaba de un lado del salón y el azúcar estaba del otro. Después de toda la faramalla que habíamos hecho para mantenernos lejos de la fructosa durante todo el año, la claridad de esta división era realmente reconfortante.

Todo esto me lleva de nuevo al estribillo que se vuelve cada vez más insistente: la idea de volver atrás en el tiempo, un poco en aras

de evitar los daños a la salud causados por los alimentos sobrepro-
cesados, superprácticos que nos ha otorgado nuestro actual estilo de
vida. Hay un punto en que convergen todos los temas hippiosos —no
azúcar, no plásticos, no pesticidas, consume productos locales, etcétera—, de pronto empezamos a ver que el objetivo al que queremos
llegar equivale a hacer lo mismo que las bisabuelitas acostumbraban
hacer, cocinar la comida que las abuelitas preparaban. Y mucho de eso
se parece a lo que cenamos esa vez, en la Cena de Trofeos.

Una cosa que las abuelas hacían, y que de hecho lleva grandes cantidades de azúcar, era la mermelada. Personalmente me encanta preparar
mermeladas. Cada año salgo en busca de la variedad de cultivos locales
para ver qué nuevo sabor se me ocurre: ¿y si preparo una mermelada
de durazno con fresa?, ¿y cómo sabrá la mermelada de chile jalapeño?
Un año, quién sabe cómo fue que acabamos con una gran bolsa de
ciruelas italianas que cociné en mermelada haciendo que toda la casa
se impregnara de olor a pasas, "¡Ay, no! —pensé—, esto va a quedar
como mermelada de pasas". Pero de hecho, la mermelada de ciruela
estaba deliciosa.

Este año, por supuesto, tenía que darle vueltas al asunto. ¿Mermelada o no mermelada? He ahí el dilema. Claro, la mermelada era la
"excepción" que habían elegido las niñas, así que podía justificarme con
eso. Pero, ¿realmente estaba dispuesta a invertir horas de trabajo escla-
vo, con tinas de agua hirviendo y pinzas esterilizadas, y todo para que
al final no pudiera probar ni un poquito? No sé si era capaz de reunir
las fuerzas suficientes para eso, así que me detuve e hice algo de desidia.

No fue sino hasta septiembre, cuando los tallos de uva Concord
empezaron a enredarse en el viñedo y a dejar caer fragantes racimos de

fruta, que decidí que no podía aguantarme: debía intentar hacer mermelada de uva sin azúcar, y me puse a cosechar algunos racimos. Si nunca has preparado una mermelada, probablemente te sorprenderá saber la cantidad exagerada de azúcar que normalmente requiere un lote promedio. La mayoría de las mermeladas comerciales contienen más azúcar que fruta. Mucho más. No es raro que un lote de… digamos, mermelada de moras, requiera unas siete tazas de azúcar. Sí, leíste bien: siete. Y eso es apenas para un frasco. Piensa en eso la próxima vez que comas pan tostado y le pongas mermelada.

Y, como al hornear, la mermelada no es algo en lo que se pueda improvisar. A diferencia de cuando preparas un estofado o un omelet, donde puedes echar todo lo que se te ocurra y tener al final algo comestible, la mermelada es una cosa de precisión científica, lo cual resulta bastante inconveniente para nuestros fines. Para preparar una mermelada como es debido y con todas las de la ley (es decir, para lograr esa consistencia medio gelatinosa, no líquida, pero tampoco sólida), tienes que contar con la cantidad necesaria de pectina, la cual normalmente viene en toda la fruta, en especial la fruta que todavía está un poco verde. En los viejos tiempos, preparar mermelada era un verdadero trabajo artesanal: había que saber qué tanto se le debía poner de fruta madura, y qué tanto de fruta verde. Y después de cocinarla había que hacer la prueba con una cucharita fría, para saber si la mermelada había salido bien, antes de empezar el largo y engorroso proceso de rellenar los frascos esterilizados con la mermelada y hervirlos para que sellen correctamente y puedan ser almacenados.

Hoy en día, casi todos los que preparan mermelada agregan polvo de pectina al cocimiento de fruta, lo que asegura que la mermelada quedará tan firme como un Golden Retriever en una exhibición canina. Los últimos años he preparado muchos lotes de deliciosa mermelada con este método. Así que la pregunta era: ¿Qué va a pasar si preparo mermelada siguiendo las instrucciones, pero sustituyendo el azúcar por dextrosa? ¿Funcionará?

Estaba sola en esto. Nadie podía darme alguna orientación. Si estás familiarizado con las reglas del enlatado o has leído algunos libros de instrucciones para envasar, sabrás que no son aptos para débiles de corazón: "LO QUE SEA QUE HAGAS —dicen en alarmante tipografía y tantas veces como les sea posible—, POR NINGÚN MOTIVO, REPETIMOS, *POR NINGÚN MOTIVO*, ALTERES LO QUE ESTAS RECETAS TE INDICAN, SI NO QUIERES QUE TÚ Y TU FAMILIA Y TUS SERES QUERIDOS CON TODA SEGURIDAD MUERAN A CAUSA DE TERRIBLES BACTERIAS COMECARNE!" Tengo por lo menos cuatro libros de recetas que llevan envasado, y todas dicen virtualmente lo mismo: no se permite la improvisación. *Ningún* tipo de improvisación. Punto. Colorín colorado, este cuento se ha terminado.

Mientras tanto, si vas y preguntas a los viejos envasadores de otro tiempo, los que acostumbraban envasar hace décadas, con cosas tan locas como sellos de goma y cera, la historia es muy distinta. Todos ellos dicen la misma cosa: "Está bien, no pasa nada, no te apures, es muy difícil que la mermelada se eche a perder. Incluso si le sale moho le raspas el pedacito feo y de todas maneras te la puedes comer". Bueno, probablemente no llegaría al extremo de comer mermelada a la que le salieran puntitos peludos de moho, pero, ¿acaso es que podemos encontrar un punto medio? ¿Sería posible preparar mermelada sin azúcar?

Como mencioné, el viñedo de uvas Concord que tengo en el patio de atrás estaba cargado de fruta, así que decidí hacer mi experimento con ella. Esto añadía una dificultad más: usualmente prefiero preparar la mermelada con ricos pedazos de fruta con cáscara, pero con las uvas Concord tendría que preparar más bien una jalea y no precisamente mermelada, porque hay que quitarle las semillas y la piel, que es demasiado dura. Después de cocinar y de colar las uvas machacadas con un paño para quesos, me puse a hervir el jugo dulce.

En este punto me di cuenta de que me había metido en un tremendo problema. "¡Uuuuuh! ¿¡Esto es jugo!?". Me detuve a mitad de mi humeante cocina, toda salpicada de pulpa de uva, pensando en lo que acababa de descubrir. No habíamos probado nada de jugo desde el 1 de enero del año pasado, incluso como endulzante. La regla número 302 de un año sin azúcar dice claramente que la fruta debe llevar su medida de fibra correspondiente. Punto. "Ay, ¿por qué no me di cuenta de esto antes? ¿Y ahora qué voy a hacer?", pensaba. Pero bueno, estaba tan ansiosa de saber si mi experimento funcionaría, que pensé que si funcionaba, podía después convertir la jalea en mermelada incluyendo la pulpa y la cáscara. Lo cierto era que iba a trabajar con esas uvas, así que en marcha.

No todas las marcas de pectina que venden en el súper traen la larga lista de instrucciones para la mayoría de los tipos de mermelada o de jalea que uno quiera preparar. Así que, medio dudosa, seguí al pie de la letra las instrucciones para la jalea de uva. Después de quitar las semillas, la piel y la pulpa, puse a hervir al fuego en una olla grande cinco tazas de mi jugo fresco de uva Concord. Por cierto esta parte es de mis favoritas al preparar mermelada: el increíble olor de la fruta mientras se cocina, que se impregna en cada rincón de tu casa. Los aromatizantes de popurrí no tienen comparación con esto. Si quisiera inventar un perfume, creo que sería algo así como Uva Concord núm. 5 o también cabe la posibilidad de que fuera un L'eau de Chabacane.

En este punto del procedimiento, con la fruta hirviendo en una olla y los frascos de vidrio esterilizándose quirúrgicamente en otra, siento como si estuviera realizando un misterioso y maravilloso proceso alquímico que transformará la humilde delicia de la fruta en verdadera magia comestible. Son tan hermosos los frascos de mermelada que relucen protegidos en la alacena con tonalidades de brillo translúcido, esperando a que llegue el invierno de Vermont para recordarnos a qué supo el verano. En el caso de las uvas Concord es todavía mejor, porque son gratis: las cosas más deliciosas crecen como la hierba en nuestro patio, sin importar qué tanto nos olvidemos de ellas porque sus semillas y piel no las hacen una botana muy apetitosa que digamos. Sin el recurso de la jalea, todo este maravilloso sabor se desperdiciaría o quedaría sólo para los pajaritos que andan allá afuera.

Entonces seguí la receta: después de hervir el intenso e increíblemente jugo morado por diez minutos, añadí un cuarto de taza de dextrosa (en lugar del azúcar que decía que debía llevar) a un bowl con el polvo de pectina y mezclé esto en la olla. (Este es un paso extra que debes seguir cuando compras pectina para mermeladas sin azúcar porque te permite añadir una cantidad menor de azúcar en la receta, por decir, cinco tazas de azúcar en lugar de siete.) Dejé que hirviera la mezcla y después añadí el resto de la dextrosa: tres tazas y media más. Burbujeó durante un minuto exactamente y luego la retiré del fuego para empezar a envasarla en los frascos esterilizados.

De hecho, la cociné un poquito más de un minuto, tratando de adivinar lo que había cambiado por haber usado dextrosa. La miré bien: gelatinosa y jaleosa. Lo que pasa es que yo siempre había confiado en la alquimia de la combinación de azúcar con pectina, y por eso estaba tan nerviosa en esta parte del proceso. Vertí la lava hirviente color morado en los frascos de vidrio, los cubrí con la tapa de rosca apretando el botón central con el dedo y los puse a hervir en la olla grande para el proceso final de sellado y esterilización. Los frascos llenos debían dejarse hervir bajo el agua cinco minutos, antes de sacarlos con pinzas para ponerlos a enfriar sobre una toalla.

¿Qué quieres escuchar primero: la buena o la mala noticia? La mala notica es que la jalea no cuajó como jalea. La buena noticia es que procedimos a hacer lo que todo hacedor de mermeladas y jaleas sabe que se debe hacer en los casos de fracaso desde tiempos inmemoriales: nos comimos una deliciosa salsa dulce. Las niñas se la comían con galletas y en el pan tostado. Era dulce, pero con una dulzura muy distinta a cualquier cosa que haya preparado antes. Realmente sabía a uvas. Pero veamos. Si tan sólo pudiera descubrir por qué no funcionó la receta…

Mi investigación continuó. Estaba decidida a encontrar lo que había hecho mal, y aquí fue donde comencé a darme cuenta de un montón de cosas inquietantes. Para empezar, adivina lo que contenía la pectina especial para preparar mermeladas sin azúcar. Si no puedes adivinar a estas alturas voy a quedar muuuuy decepcionada. Oh, sí, acertaste: AZÚCAR. Así es: la pectina baja en azúcar "Para usarse en mermeladas con menos azúcar"… ¡contiene azúcar! Qué tan irónico puede ser eso. Irónico y al mismo tiempo predecible.

Resulta que hay una pectina especial que puedes ordenar o encontrar en tiendas especiales, que *no* contiene azúcar. Se llama Pomona's Universal Pectin (en lugar de activarse con azúcar se activa con calcio). Sin embargo, incluso la pectina Pomona's no enlista recetas que puedan ser preparadas omitiendo el azúcar por completo (en lugar de azúcar se enlistan miel, endulzante artificial y concentrado de jugo), pero en ninguna parte viene la receta para mermelada sin azúcar añadida que yo tanto estaba buscando.

Curiosamente me di cuenta de que las palabras empleadas son importantes en estos casos: ayuda saber que no se le llama *jalea* o *mermelada*, sino *untable de frutas*, que parece ser el término para referirse a la variante sin azúcar de este proceso. Las recetas de untable de frutas están disponibles en internet, y parecen prometedoras, aunque no se pueden envasar como conserva. Aunque producen lotes que puede permanecer en el refrigerador o el congelador, lo cual es práctico, no es muy bonito que digamos. También es probable que retenga más nutrientes. Valía la pena intentar.

Aun así, sospechaba que debía haber alguna mágica razón para que el azúcar fuera absolutamente esencial para envasar la jalea y la mermelada. No iba a envenenar a mi familia con mi jalea de uva casera, ¿verdad? Y, ¿por qué la respuesta tenía que ser tan extrañamente evasiva? Por suerte encontré dos fuentes bastante confiables que están en internet para ayudar aquellos como yo que quieren cruzar al lado oscuro, que quieren meterse donde nadie nos llama, y tratar de comprender la ciencia de las recetas envasadas: las dos son de universidades, la de Oregon y la de Colorado. Ambas tienen mucha información que finalmente me ayudó a entender lo que pasaba: que sí, el azúcar no sólo sirve como agente saborizante, sino también como conservador, y además hace que la pectina se active para que la mezcla cuaje.

Si seré idiota. Esto significaba que estaba añadiendo pectina a mi jugo de uva sin la cantidad necesaria de azúcar para activarla. Ponérsela a mi intento de jalea virtualmente no había servido de nada. ¿Acaso la dextrosa haría la misma función y sólo requería diferentes cantidades? Parecía que mi salsa de uva tendría un tiempo de vida más corto que el promedio estimado de un año para los alimentos envasados. Podía vivir con eso.

Rayos, ¿no te parece que deberían poner esto en la *Guía de enlatado y envasado de conservas para dummies*? Bueno, pues no lo hacen. "Tú cállate y sigue la receta" —parecen decir—, a final de cuentas a qué loco se le puede ocurrir preparar jalea de uva *sin azúcar*?

Estábamos llegando más allá de la punta del iceberg en lo que respecta a realmente saber lo que implica evitar este escurridizo ingrediente. A riesgo de sonar repetitiva (vamos, dilo conmigo… no te oigo…) estamos hablando de una sustancia que tu cuerpo no necesita, la cual empezamos a consumir apenas hace unas cuantas décadas, ¿o no? ¿Entonces —te preguntarás— por qué tiene que ser tan difícil tratar de evitar el azúcar?

CAPÍTULO 15

Alimento sagrado

E ra finales de noviembre. Nuestra familia había pasado mucho tiempo reunida, habíamos tenido un montón de cumpleaños, Halloween, los picnics escolares, el Día de Acción de Gracias. Sentía como si en casa nos estuviéramos volviendo un poquito… complacientes. Me las había arreglado para superar once meses de escritura de mi blog y contar todo acerca de mi familia, lo que habíamos estado comiendo, lo que no, y prácticamente todo lo incidental o importante que hubiera ocurrido a lo largo de nuestro año sin azúcar. Por lo tanto, creo que había asumido que ya no quedaba nada que pudiera sorprenderme. Pero ya sabes, había un enooooorme aspecto que no había considerado todavía. La religión.

La religión y la comida tienen algo totalmente esencial en común: ambos son temas de la filosofía personal que pueden dar amparo, pero también pueden afectar dramáticamente todo en tu vida. Lo que quiere decir que para algunas personas la religión es como el alimento diario, mientras que otras personas convierten el acto de comer en una religión. Tal vez los dos vienen junto con pegado, lo que sí, es que no vi venir ese promocional, en una bolsa de plástico llena de volantes y folletos, colgando en la puerta de mi casa.

Dentro de la bolsita había un montón de información acerca de un templo local, a unas cuantas millas de nuestra casa, una invitación a sus servicios y a la obra de teatro de Navidad, así como un DVD titulado *El caso de Cristo*. "Disfruta de la sabiduría divina y de la música", leí. Bueno, pues sonaba bien. Servicio comunitario, programa de recuperación, puras cosas positivas.

Entonces me topé con el cupón para el McDonald's que venía incluido junto con una tarjeta engrapada que decía "Ven a visitarnos el domingo ¡y te invitamos un Sundae!", y una cita de los salmos: "Prueba y mira que el Señor es bueno". No es broma.

¿Acaso McDonald's es prueba de que Dios existe? Aparentemente algunas personas piensan eso.

Estaba muda. ¿La Iglesia promoviendo comida chatarra? ¿Usando postres basura como recompensa por haber asistido a sus servicios? Cuando era niña, lograba sobrevivir a los soporíferos sermones y los versos de los salmos que rezaban: "El Señor es mi Pastor, nada me faltará…" garabateando en los sobres de las ofrendas y viendo a cada rato hacia atrás para ver si ya habían puesto el refrigerio que venía después en "La hora de convivencia", donde podíamos pillarnos más golosinas de las que nos estaba razonablemente permitido, mientras que los adultos conversaban y tomaban café. Aquello también era comida chatarra, por supuesto: galletas de mantequilla compradas en el súper y Kool-Aid. Así que, ¿realmente era tan distinto?

Podría argumentar que sí, era diferente. Lo que era distinto es que consumíamos aquellas golosinas todavía dentro de la iglesia, designadas para miembros de la congregación como motivación para que platicaran unos con otros y se volvieran amigos, e incluso siendo una comunidad tan cerrada, que se ayudaran unos a otros, y todo gracias a ese poco de cafeína gratis. ¿Convertir un local de McDonald's en el vestíbulo honorario? No, no es exactamente lo mismo.

En lugar de eso, este cupón era más bien algo así como un chantaje barato. Pensaba cómo serían los detalles técnicos: si usabas el cupón sin ir a la iglesia, ¿te ibas derechito al infierno? Y si salías a robarte los cupones de la bolsita que había colgada en la puerta de los vecinos antes de que llegaran a su casa, ¿te ibas, *ahora sí*, derechito al infierno?

En tiempos de Jesús, la comida era un asunto mucho más simple: panes y pescados. El azúcar, hasta donde sabemos, no se había inventado todavía. Tampoco el McDonald's. La miel se menciona muy seguido en la Biblia, por lo general como emblema de plenitud, como cuando se dice "una tierra que mana leche y miel". ¿En ese entonces era la comida símbolo de pecado? Ahí tienes la manzana.

Las manzanas tienen una larga trayectoria. Como símbolo en la sociedad de nuestro tiempo, representan pureza, entereza y salud, a pesar de lo que le pasó a Blanca Nieves. Lo que me lleva a pensar: si la Biblia se escribiera en estos días, ¿acaso Eva le hubiera ofrecido a Adán una cucharada de su McFlurry?

En afán de evitar esa tentación omnipresente en el mundo y en todo lo que hay en él, nos habíamos convertido un poco en algo así como monjes de la comida. Y ahora más que nunca. Para mí, la clave parecía estar en invertir *montones* de tiempo en preparar comida. Toda mi jornada se dividía básicamente en preparar comida y escribir sobre comida... y si quedaba algo de tiempo hacía cosas triviales como pagar las cuentas, bañarme, lavarme los dientes. A veces sentía como si de pronto emergiera de haber estado debajo de la superficie de un lago lleno de prejuicios culturales sobre la alimentación. Mi cabeza salía a la superficie del agua, abría los ojos y empezaba a mirar a mi alrededor: era increíble para mí comenzar a darme cuenta de la cantidad de tiempo que la verdadera comida puede llevar, y de lo bueno y satisfactorio que era.[45]

Por ejemplo, una noche me puse a preparar espagueti con albóndigas, lo cual suena como una cosa bastante simple. Hubo un tiempo en que hubiera comprado las albóndigas y la salsa en el súper, esa cena hubiera llevado alrededor de media hora, a lo mucho. Esta vez, sin embargo, me llevó una parte nada insignificante de mi día: en la mañana hice pan, no sólo para comer pan tostado y usarlo para los sándwiches, sino también como ingrediente de las albóndigas. Puse agua hirviendo sobre la avena y la dejé remojar durante una hora, luego le añadí los demás ingredientes, antes de amasar la masa y dejarla reposar para dejar que se levantara. Una hora después volví para dividirla en dos hogazas y dejar que se levantara un poquito más. Media hora después la puse en el horno y media hora después el pan salió del horno oliendo divino.

Más tarde, ese mismo día, luego de ir por las niñas a la escuela, me puse a preparar la salsa. Después de poner a guisar dos latas de tomate en cubos en una sartén con aceite y ajo, saqué los ingredientes de las albóndigas —la carne descongelada, el queso parmesano y las especias—, revolví todo con una pasta hecha de pan y agua. Luego de que la salsa terminó de reducirse, era momento de dar forma a las albóndigas y colocarlas en aceite caliente para que se frieran. Cada lote tarda alrededor de diez minutos y tengo que estar sobre ellas como mamá gallina, para asegurarme de que no se quemen de un lado y queden

---

[45] Y cansado. ¿Mencioné también lo cansado que es?

crudas de otro —y que la mayoría quede en una sola pieza—. Mientras tanto, había puesto a hervir el agua para el espagueti.

Todo este tiempo, Ilsa había estado ayudándome a preparar un coctel de frutas de gajos de mandarina y plátano. Ella le puso de nombre "Súper Amorosa Felicidad". Luego de un extremadamente largo proceso de pelar y exprimir y rebanar y mezclar, estaba orgullosísima del resultado final que puso en el centro de la mesa.

Sabía exactamente cómo se sentía.

Pensé: "¿Será demasiado loco sentirse así con respecto a la comida?" No comer azúcar era una parte tremenda de ello —después de todo, esa era la razón por la que estaba preparando mi propia salsa y mis propias albóndigas—. Pero eso no era todo. Era mucho más.

Por esos tiempos estaba leyendo *Into the Wild*, la historia basada en hechos reales de Chris McCandless (que se pone el nombre de Alexander Supertramp) y su viaje por Alaska para intentar librarse de las trampas de la sociedad y vivir de la tierra, así como de su muerte por inanición. "¿Por qué estoy leyendo esto? —pensé—, si todavía tengo una montaña de libros qué leer sobre nutrición y azúcar. Qué tiene que ver esto con nuestro año sin azúcar?" Probablemente nada.

En goo.gl/maAUX3 hay un documental (en inglés) acerca de este caso

Pero la respuesta llegó en la página 167. El autor, Jon Krakauer, relata que Alex había subrayado un pasaje del libro *Walden*, de David Thoreau, llamado "La moral del comer". Me senté y con ojos muy abiertos leí lo que Alexander había leído:

Es difícil proporcionarse y preparar una dieta tan sencilla y limpia que no ofenda a la imaginación; pero ésta ha de ser nutrida también, creo yo, cuando alimentamos nuestro cuerpo; ambos debieran sentarse a la misma mesa. Y acaso pueda conseguirse algún día. Los frutos comidos con templanza no deben hacer que nos avergoncemos de nuestro apetito ni interrumpir la persecución de nuestro hacer más digno. Pero pongan un condimento extra en sus platos y los envenenará.

¡Uuuuf! Quedé congelada cuando llegué a la parte del "condimento extra". Saltó de la página como si lo hubieran escrito con tinta neón. Seguro, Thoreau hablaba metafóricamente acerca de que ese condimento extra fuera un veneno... pero de todos modos, ¿a poco no suena un poquito como si de lo que estuviera hablando fuera acerca del azúcar? Estaba fascinada por este pasaje, al igual que Alex. Él había escrito al margen de la página de su copia: "SÍ. Conciencia de la comida. Comer y cocinar con concentración... Alimento sagrado".

Y como si esto no hubiera sido suficiente, poco después de esto estaba leyendo una entrevista en una revista, al filósofo espiritual Jacob Needleman, quien hablaba acerca de la práctica de "acordarse de uno mismo" y de "la atención plena y consciente de uno mismo..." Dice que mucho de lo que nos preocupa en la vida es insignificante, mientras que en muchas culturas lo que se describe como "Dios" tiene que ver con lo que se llama "sentimiento profundo". Me preguntaba si Alex había ido en busca de ese "sentimiento profundo" a las regiones salvajes de Alaska. ¿Será posible —o tal vez ya me volví loca a estas alturas— que nuestra búsqueda de Dios o de ese "sentimiento profundo" o como le quieran llamar, tenga que ver en la práctica de la búsqueda de sustento con lo que Alex llamó "alimento sagrado"?

En goo.gl/O0sMY0 puedes
leer la entrevista (en inglés) completa

Tal vez me encontraba en un extremo lejaaaaaaano, lejano, lejano, pero estábamos tan cerca de cumplir la meta de un año sin azúcar, y yo me sentía un poco filosófica. De algún modo era lógico que trazara amplias analogías entre la abstinencia de contacto social real de la cultura moderna, a favor de imitaciones de lo mismo —Facebook, Twitter, videojuegos interactivos— y nuestra abstinencia de alimentos verdaderos, satisfactorios y nutritivos, a favor de las consecuentes imitaciones de lo mismo —comida chatarra, alimentos procesados, alimentos congelados.

…la imaginación… ha de ser nutrida también, creo yo, cuando alimentamos nuestro cuerpo; ambos debieran sentarse a la misma mesa.

Sí, señoras y señores, estaba muy cerca de completar el año en este viaje, y tal vez por fin empezaba a salir del cascarón: había descubierto el significado de la vida en un bowl de espagueti con albóndigas.

CAPÍTULO 16

Estás arruinando mi vida… ¡Feliz Navidad!

¿Quieres que te cuente cómo estuvo el asunto de la Navidad con la familia en el proyecto de un año sin azúcar? Ok, pero advierto que no es para débiles de corazón.

Los días festivos se aproximaban, y lo digo del más escabroso modo posible. A veces sentía como si hubiéramos estado entrenando todo el año sólo para sobrevivir al mes de diciembre. Rectificaré: Navidad es la madre de todas las celebraciones azucaradas, la más cargada de fructosa, más que el Día de Acción de Gracias (que se limita sólo a un día de glotonería), más que Halloween (que se concentra exclusivamente en los niños), más que todos los cumpleaños o en San Valentín juntos. Como las docenas de catálogos que llegaban a nuestra casa por correo todos los días lo confirmaban, la Navidad para muchos de nosotros se trata de celebrar el nacimiento de Jesús por medio de un largo maratón de un mes de dulces, golosinas, galletas y pasteles.

Pero no era eso lo que más me molestaba. Lo que me molestaba y mucho era el miedo que las niñas sentían ante el prospecto de enfrentar una Navidad restringida de dulces. Claro que hablamos acerca de que el día de nuestro postre especial del mes sería Navidad, y que de cualquier modo podíamos preparar versiones endulzadas con dextrosa de nuestras golosinas tradicionales favoritas… pero tomando en cuenta todo esto, Greta se rehusó a cualquier intento de consolación.

"Auxilio, ¡me siento tan indefensa! No tengo voz ni voto en nada", escribió en su diario una noche. "La palabra y la voluntad de mi mamá y de mi papá están por encima de mí". ¡Uuuuf!

En su diario le echaba la culpa de su lamentable situación a David Gillespie, de quien yo había obtenido tanta inspiración. Cuando nos preparábamos para dormir traté de explicarle que el señor Gillespie era, de hecho, un hombre bastante agradable, y le recordé que tenía seis hijos que también evitaban consumir fructosa, incluida una hija que tenía su edad. Pero a Greta no le importaba nada de eso.

—¡Lo odio! ¡Lo odio! ¡LO OOOODIO! —explotó, golpeando los puños en el colchón. Sus ojos brillaban de lágrimas.

Auxilio, me estoy volviendo loca con esto del proyecto sin azúcar en Navidad. O sea, cómo puedes rechazar las galletas de frutos secos de la abuela Shaub. Y cómo puedes no comer las galletas de chocolate de la abuela Sharon, y también sus galletas navideñas. ¡Me siento tan indefensa! No tengo voz ni voto en nada. La palabra y la voluntad de mi mamá y de mi papá están por encima de mí. Como cuando Isaías y Donovan [los primos de Greta] oyeron que nosotros no podíamos comer azúcar y entonces empezaron a llenarse la boca de galletas y pastel y tarta. Es tan frustrante. ¿Entiendes?

Sinceramente, Greta

Posdata: La culpa no es de mi mamá, sino del señor David Gillespie. Y rayos, no tienes idea de cómo detesto a ese tipo. Cada miligramo de su existencia.

Del diario de Greta

Como recordarás, mi hija mayor tiene cierta habilidad para el drama. Pero aunque usted no lo crea, ésta había sido la más dura desaprobación que había escrito con respecto al proyecto de un año sin azúcar hasta la fecha. Debía admitirlo: me tomó por sorpresa. Por supuesto me parecía detestable la idea de que "mi" proyecto le causara tanta ansiedad a mis hijas, tanta tristeza o que sintieran que hacían el ridículo en la escuela… pero siempre supe que existiría esa parte ¿O no? ¿O nooo?

Mientras que me preocupaba con la explosión de Greta, Ilsa me preocupaba todavía más. Un helado día estábamos comprando sándwiches en una tienda, cuando ella, por curiosidad, tocó algo que había en un tazón sobre el mostrador, junto a las jarras de café. Entonces Greta de pronto le advirtió: "Eso es *azúcar*", e Ilsa se *contrajo* llena de miedo.

Luego, una noche, estábamos haciendo recortes de revistas para un proyecto de manualidades de la escuela. Entonces Ilsa me mostró un anuncio de helado Häagen-Daz y dijo:

—Mamá, qué bueno que no nos vamos a quedar con esto. Me duele. (Uy, ¡mierda!)

—¿De verdad, mi cielo? —dejé de hacer lo que estaba haciendo y la miré detenidamente.

—Claro —dijo, y me miró con seriedad, con un poco de incredulidad, como si quisiera decir: "¿Qué, acaso no sabías?"

Así que... diciembre pintaba para ser un mes bastante atareado en casa. Parecía que fuera a ponerme a organizar por colores mis sombreros de pico y mi colección de escobas voladoras, como una bruja controladora. Luego de la escenita de "Lo odio" tuve que tomar un profuuuuuuundo respiro y le pedí a las dos que me prestaran atención desde donde estaban, recargadas contra la cabecera de sus camas gemelas, cada una con su arrecife de muñecos de peluche.

—Escuchen —les dije—, quiero que sepan que sé que este año ha sido realmente difícil. Y también quiero que sepan lo mucho que aprecio el hecho de que hayan colaborado conmigo en este proyecto durante todo el año. Ya casi se acaba —la parte más dura era aquello de que "casi" se acaba.

Sentía como si hubiéramos roto un récord, y con todo y eso, ¿había algo que pudiera hacer para mitigar la tristeza, el enojo y el dolor que intencionalmente había provocado en ellas? ¿Podían fallarme las palabras, en las que yo ponía toda mi fe?

Entonces de pronto Geta se levantó como para apuntar algo muy importante, alzó el índice en el aire y en una pose dramática de profesor dijo:

—Mi primera biografía —declaró con una sonrisa maliciosa—, por lo menos hasta el momento —se limpió las lágrimas—, se llamará: "Mi espantosa infancia".

Sonreí. Ahora sí, esa era mi niña.

Pero la Navidad de todas maneras amenazaba con llegar. Y no sería Navidad si no había galletas, ¿verdad? Así como colgar nuestros calcetines en la chimenea y quedarnos sin diúrex, las galletas se habían convertido en parte intrínseca de la manera en que nuestra cultura celebra esta festividad. Cada familia que conozco tiene su modo propio y personalizado de llevar a cabo la tradición de las galletas.

Cuando yo era niña, en nuestra casa eran las galletas que tienen una gotita de mermelada en el centro y los merengues con chispas de chocolate. Tal vez todo esto no te suene muy navideño, pero basta con que pruebe el gusto a masa de mantequilla con un poquito de jalea y de inmediato me transporto a las Navidades de mi infancia. De entonces a la fecha me he dado cuenta que preparar esas dos recetas de galletas al mismo tiempo también representa un truco ahorrador para no desperdiciar nada de huevo: a las galletas se les ponen las yemas, y con las claras se preparan los merengues. En la casa de mi esposo eran —y siguen siendo— las maravillosas y adictivas galletas de azúcar bañadas con glaseado y chispas. Cada año sacamos un enorme *tupper* verde y todo mundo sabe lo que eso significa: las galletas de navidad de la abuela Sharon están cerca. La famosa historia familiar acerca de esas galletas decía que la abuela Sharon las preparaba mucho antes del caos navideño, pero en una ocasión se dio cuenta de que sus hijos las habían encontrado en la despensa y se las habían comido todas por adelantado, tal vez mucho antes de llegar a la temporada navideña.

Su castigo fue, por lo tanto, que toda la Navidad se quedarían sin galletas. ¡Uy! ¿Te puedes imaginar eso?

Ya de adulto aprendí, gracias a mi prima Gretchen, que la tradición familiar de las galletas es mucho más antigua de lo que pensaba por mi experiencia de infancia: una receta que fue traída del planeta Schaub. Cada Noviembre, semanas antes de que siquiera comenzara la temporada festiva, las mujeres de la familia acostumbraban a pasar un día entero amasando, planeando, cortando y friendo masa. Después de espolvorearlas con una mezcla de azúcar y canela, las delicadas galletitas serían envueltas en un paño de lino, para almacenarlas en el ático (¿¡Qué!?) hasta el inicio de las festividades, para dejarlas "añejar", lo que por lo visto las hacía mucho más crujientes y ricas. Yo no sé ustedes, pero yo estoy bien segura de que en mi casa los ratones del ático y los murciélagos harían a esas galletas lo mismo que mi esposo y su hermano le hicieron al gran tupper verde de su mamá.

Sin embargo, en años recientes, habíamos revivido la tradición familiar. Es un poquito más complicado en estos tiempos, ya que todo mundo viene desde Nueva Inglaterra, en lugar de venir de la otra cuadra o del otro lado del pueblo, pero toda la planeación vale la pena cuando finalmente llegamos a la casa de alguno de nosotros y nos instalamos con nuestros mandiles bien amarrados. Incluso cuando ya llevemos la masa preparada por anticipado (una rara combinación de crema, huevos separados y una exclusiva técnica de amasado —¡quién se pone a amasar las galletas!—) de todas maneras nos lleva gran parte del día. Nos reunimos las veteranas, encargadas de las freidoras, y las novatas y las niñas que cortan las galletas y las detallan con el azúcar y las chispas.

Durante años, Gretchen se había sentido tentada a enviar la historia de nuestra tradición a la revista de la Compañía Harinera del Rey Arturo, *The Kaking Sheet*, con la esperanza de resolver algunos de nuestros más largos debates: ¿Alguien en algún lugar había oído hablar de esta receta? ¿En realidad tenemos que separar y batir las claras de huevo sólo para amasar y medir la masa antes de añadirlas? Y honestamente a mí eso de almacenarlas en el ático, más que un verdadero paso de la receta me parecía otra de las inteligentes estrategias para ganar tiempo a las celebraciones navideñas.

Pero Gretchen mandó la historia e increíblemente sí se la publicaron en el número de fiestas de 2011.[46] Me encanta mi ironía: luchando por el proyecto de *no* azúcar en mi blog, mientras que, de manera simultánea aparecía en una revista de cocina junto a una gigantesca montaña de galletas navideñas fritas y azucaradas.

Pero todavía hay una ironía más aquí, por lo que puedo ver. Porque las galletas familiares llevan un montón de trabajo, contienen parte de nuestra historia familiar y son una maravillosa tradición de Navidad, pero, pst pst… En realidad no son TAN buenas. O sea, sí son ricas. Pero, ¿en serio sólo por ellas tuvimos que manejar tantas horas? Y todas esas horas, durante toda la tarde, que trabajamos como esclavas sobre la freidora caliente, después de todo, ¿fue sólo por esto? Con todo y las instrucciones de "guardar las galletas envueltas en lino en el ático", en mi opinión, las galletas siempre sabían mejor ese día, calientitas, recién salidas de la freidora, acabadas de espolvorear y, sobre todo, el hecho de comérnoslas rodeadas de la familia. A algunos de ellos no tendríamos la oportunidad de volver a verlos hasta el año siguiente. Como no tenemos mucha tradición familiar, Gretchen y yo nos aferramos fuertemente a la tradición de las galletas. No son tanto las galletas en sí, sino el hecho de que son *nuestras* galletas.

Y por lo visto, este año la familia no podría arreglárselas para reunirnos y organizar un día de familiar, así que me quedé sin el placer de ver cómo hubiera sido a la luz del proyecto Sin azúcar. Qué lástima. Me veo a mí misma intentando sacar un lote de galletas hechas con dextrosa, y estoy muy segura de que mi familia se hubiera reído,

---

[46] Susan Reid, "Baking Across America", en *The Baking Sheet*, vol. XXII, núm. 6, especial de 2011, páginas 12 y 13.

aunque se hubieran opuesto terminantemente a que reemplazara la manteca vegetal por manteca normal, que debía ser la manera en que nuestros antepasados seguramente freían sus galletas, antes de la invención de los aceites hidrogenados, en 1911.

En lugar de eso, me contenté con preparar algunas recetas oximorónicas, como galletas de azúcar sin azúcar y pan de jengibre con dextrosa. Tuvieron muy buenas reseñas de mi severa crítica: las niñas. Así que, a pesar de todas nuestras preocupaciones, empezaba a sospechar que nuestra Navidad sin azúcar podría salir bastante bien.

Más tarde ya no estaría tan segura.

Las galletas de Navidad de la abuela Sharon sería nuestro último postre del año. Era una de las cosas que simplemente no podíamos imaginar que nos hicieran falta. Llegamos a casa de la abuela después de un maratón compulsivo de manejar y manejar para llegar ahí, cansados de sentirnos como sardinas enlatadas. Y ahí estaba, en la barra de la cocina: el gran tupper verde que ni siquiera necesitábamos abrir para saber lo que contenía. Todos sabíamos que estaba lleno de galletas glaseadas con chispitas, en forma de Santa Claus y de arbolitos navideños.

El hecho de que Sharon haya sido ultra eficiente como suele ser, no obstante representaba para mí un pequeño problema que no había podido anticipar: no íbamos a comer galletas de Navidad toda la semana; podíamos comerlas un día, es un solo postre. ¿Cómo íbamos a estar mirando ese tupper toda la semana sabiendo que estaba lleno de galletas? ¡Ay! no, por favor, ¿acaso se trataba de una macabra forma de tortura?

Además, a Sharon siempre le han gustado los dulces, así que de fijo tenía un enorme tazón de vidrio azul lleno de Kisses de Hershey's y de caramelos sobre la barra de la cocina. Por si fuera poco, encima de todo añádele las miradas de dulces que inevitablemente aparecerían como regalos o como cortesía durante toda esta etapa del año, sin mencionar una cosa mucho más ordinaria: había jugo en el refrigerador, helado en el congelador. ¡Hey, momento, esta *no es nuestra casa*! Sabía que mi suegra no trataba de torturarnos con todas las cosas que no podíamos probar, ni nada por el estilo; después de todo, ella había hecho malabar y medio tratando de conseguir un jamón de Navidad que no contuviera azúcar de ningún tipo (prácticamente imposible de conseguir, hasta donde se puede ver. Una cosa parecida a un jamón sin glaseado en los días festivos de diciembre es más raro que las faldas escocesas en un rally en motocicletas).

Sabía que Sharon probablemente pensaba que estábamos locos y si lo hacía era muy educada en refrenarse de gritarlo a los cuatro vientos, lo cual aprecio enormemente. Sin embargo estaba segura de ser totalmente paranoica con respecto a que pusiera un tazón lleno de Kisses de Hershey's para tentarnos. Después de todo ese tazón siempre estaba ahí, y Greta e Ilsa no eran las únicas nietas que vendrían a visitar a la abuela. Definitivamente *no era como estar en nuestra casa*.

¿Verdad?

Estábamos en la recta final, lo cual probablemente era la única cosa que nos salvaba. Nos hicimos fuertes. Habíamos aguantado un montón. Sabíamos que en unos cuantos días la Navidad estaría trayéndonos no sólo la visita del viejo Santa, sino la del Hada de las Galletas de Navidad, y ya sólo quedarían unos cuantos días más hasta completar el año. El año. El año de mamá haciendo uso de sus conocimientos para pedirnos cosas irrazonables, oficialmente había llegado a su fin. Estábamos tan cerca.

Tal vez sabía que la casa de la tía Carol sería la más difícil de todas. ¿Por qué? Bueno, pues porque la tía Carol es súper linda. Es el tipo de pariente que no sólo hornea catorce diferentes tipos de galletas para las fiestas, sino que hace suficientes para que cada pariente que se encuentre en el pueblo pueda llevarse una buena muestra de ellas a su casa. Tiene fama de hacer sus propios chocolates y decorar los pasteles de cumpleaños de forma tan elaborada que podrían pasar por un pastel de boda de tamaño mediano.

Me identifico mucho con la tía Carol a este respecto: la comida es una expresión del amor que sentimos. Hasta este año yo también solía regalar cosas dulces a todos los parientes, cosas que había preparado en mi propia cocina. En los años en que las niñas eran muy pequeñitas y preparar algo por mí misma era todo un acontecimiento, entonces compraba regalos del mercado local, como algodones de azúcar hechos con jarabe de maple y crema para untar de maple. ¿Te das cuenta del punto al que quiero llegar? Si la comida puede equipararse al amor, entonces supongo que el azúcar puede equipararse a la Navidad.

Como mencioné, ese año pasamos Navidad en Michigan, con la familia de mi esposo, como hacemos cada año que vamos alternando. Son buenas once horas manejando desde casa, por un área suburbana junto al océano, entre las orillas de la ciudad de Toledo y de Detroit, y se puede ver mucho de todo por aquí: gente, tiendas, supermercados, restaurantes de comida rápida, restaurantes de cadena, pantallas publicitarias, freeways, lotes de estacionamiento, sirenas, lo que sea. Y no sólo hay cosas negativas, también hay mucho mayor variedad. En Vermont no podemos encontrar un auténtico restaurante libanés o griego o indio, pero aquí sí. Llegando de nuestro pequeño pueblo de Vermont, de mil residentes, el solo contraste ya puede crear todo un choque cultural.

Pero regresando a lo de la tía Carol, desde mucho antes que yo apareciera en escena, la familia de mi esposo acostumbra reunirse para intercambiar regalos en Noche Buena. Este año, la tía Carol se ofreció como anfitriona, así que llegamos todos con nuestros abrigos navideños y zapatos elegantes a las 6:05 en punto.

Inmediatamente vi que había un problema. Greta le dio una mirada al acostumbrado despliegue de charolas de galletas: las galletas de la barra de la cocina, las de ganache en una canastita, las de chocolate del Dietsch's en un paquete abierto en el trinchador. Rápidamente llegué a la conclusión de que sería la peor Navidad que hubiéramos vivido jamás.

Ilsa, por el contrario, estaba tranquila. Preguntó: "¿Puedo comer esto?", y cuando inevitablemente la respuesta fue no, se encogió de hombros y se fue corriendo a jugar. Tal vez sería que Greta era más dulcera, pero pensé que había más posibilidades de que fuera una imperiosa necesidad de independencia preadolescente, y de hacer sentir sus sentimientos a todos los que tuviera cerca. A diferencia de Ilsa se pasó una buena parte de la Noche Buena haciendo muecas y caras de tragedia frente a mí, para asegurarse de que yo pudiera verla.

La cena no fue mucho más fácil. Como en años anteriores, la tía Carol había preparado con amor un delicioso bufet para todos nosotros, aunque desgraciadamente no pudimos comer la mayor parte de él. Había estofado deshebrado de cerdo y de pollo, panecillos de harina blanca y de harina integral, frijoles horneados, salsa de manzana… Por supuesto, todo llevaba azúcar en un grado o en otro. El azúcar estaba por todas partes. No sé si intencionalmente en nuestro beneficio, pero fue extremadamente bueno que hubiera una gran charola de macarrones con queso. De no haber sido por eso, hubiéramos tenido que chupar aceitunas toda la cena, y estoy segura de que Greta hubiera tenido pretexto para extender sus muecas trágicas hasta cumplir los treinta años.

Ninguno de los parientes abundó sobre el tema del año sin azúcar, tal vez porque pensaban que estoy más loca que el Pájaro Loco por meter a mi familia en él, para empezar. Pero todos fueron tan amables como siempre, preguntándonos cómo había sido manejar desde Vermont y exclamando acerca de cómo habían crecido las niñas, así que me imaginé que todavía me querían un poquito.

Y después, por fortuna llegó la hora de abrir los regalos. Greta e Ilsa estaban totalmente cambiadas al recordar que era la tarde de abrir regalos. Se probaban las cosas, ayudaban a los bebés y a los chiquitines, y se pusieron a ensamblar un Lego con su primo Donovan. Aquel gesto amargo había desaparecido del rostro de Greta, reemplazado por la felicidad de ser una niña en Navidad. Gracias a Dios.

Contando el hecho de que Greta haya tenido que sentarse junto a una charola llena de chocolates prohibidos y de galletas durante la cena, esta Noche Buena no fue la ideal. Pero creo que fue el mayor reto que tuvimos en todo nuestro año y pudimos sobrevivir a él. Me sentía muy orgullosa de ello y también de mi familia. Estaba profundamente agradecida con ellos y por ellos. Y creo que esa era también una buena manera de sentir que era Navidad.

¿Y entonces, qué fue lo que traje como regalo este año? ¡Cosas dulces de mi cocina, por supuesto! Había experimentado suficiente desde las primeras semanas del año con panes de todo tipo: pan de plátano, de manzana, de calabaza, de nuez, todos hechos sin fructosa, sólo fruta y dextrosa, todo bien envuelto, atado con un bonito listón.

◡◠◡

Cuando el gran día finalmente llegó y pudimos abrir los regalos de Navidad y desparramarlos por todas partes, era momento de avanzar en caravana a la casa del prometido de Sharon, para comer a modo de bufet, que creo que es mucho más divertido en los días festivos: todo el mundo anda por ahí, en desorden —niños grandes y niños chiquitos y adolescentes— picando el plato de los vegetales, derramando el jugo y exclamando acerca de la calidad del *roast beef*. Siempre hay un partido de futbol o una película de Indiana Jones en la televisión y alguien siempre echa hacia atrás el respaldo del sillón reclinable y se queda dormido en medio del relajo.

Fue a mitad de este desorden plácido que me escurrí sobre el plato de las galletas de Navidad de Sharon, que estaban cerca de un arcoíris de tartas amontonadas en el trinchador. Me sentí rara. A lo largo del año siempre habíamos comido el postre de cada mes como familia, como de "Todos para uno ¡y uno para todos!". Pero por la propia naturaleza de este evento en particular, ese tipo de solidaridad no era posible, mi familia estaba contenta, desperdigada por toda la casa. No obstante no iba a perderme nuestro postre final, nuestra doceava cosa con fructosa añadida que probaríamos en esos 365 días, y por supuesto que no me iba a esperar a que se hubieran acabado las famosas galletas de Navidad de la abuela Sharon. Con mucho cuidado tomé una galleta de Santa que se veía especialmente gruesa, y la estudié. Me la llevé a la boca y le di una mordida.

"Sí" pensé, "ahí está. Ese sabor mantequilloso, casi como de pastel, cubierto con una delgada capa de glaseado y ese toque crujiente de las chispitas, como por descuido. Ahí lo tienes."

¿Te acuerdas de la película de ¡*Cómo el Grinch se robó la Navidad*!? Al final, cuando se detiene a pensar, sorprendido de darse cuenta de que la Navidad de todas maneras había llegado a Whos, aun cuando él se había robado todos los regalos. Seguro mi única galleta de Navidad había estado rica. Muy rica. Pero debemos preguntarnos ¿Qué tan rica puede ser una galleta de Navidad? ¿Suficientemente rica para *ser* Navidad? Estaba tan sorprendida como el Grinch al darme cuenta en ese preciso momento de que la Navidad había llegado… sin nada de fructosa. ¡Había llegado! De un modo o de otro, llegó tan igual como siempre.

CAPÍTULO 17

Azúcar a la media noche

Ilsa es tan pequeña que todavía usa un puñado de palabras. A veces no se da cuenta de que lo que dice parece impostado. Una de sus palabras es "felizmente", que ella usa para decir "gracias a Dios", como en la frase: "*Felizmente* llegamos justo a tiempo para la película".

Para mí, hay algo de inspirador en esto, en el hecho de que ella haya ensamblado esa palabra un día que tenía la necesidad de expresar una emoción en particular y la sacó de su acervo de experiencias previas. Como le funcionó, entonces decidió seguir usándola. Cuando somos niños estamos mucho más habituados a encontrar la solución de las cosas en lugar de quejarnos. Por necesidad, lo niños improvisan todo el tiempo. Como Indiana Jones dijo una vez a mitad de una hazaña súper heroica, en alguna de sus películas: "¡No sé! Estoy inventando mientras lo hago".

Este año, también nosotros estuvimos inventando mientras los meses transcurrían. Conforme se aproximaba la noche de Año Nuevo sentía el asombro de darme cuenta de que en realidad estábamos llegando a la orilla final de nuestro proyecto, había transcurrido un año entero. Sentía como si hubiera estado pedaleando una bicicleta de 14 velocidades, que hubiera requerido mi entera y total concentración durante millas y millas, sólo para de pronto darme cuenta de que faltaban tres metros para la línea final.

¡Aaaaay! No, no. Simplemente no puedo pensar cómo será la vida ahora, después de que hayamos terminado el proyecto. Hay tantas cosas que han cambiado. O quizá debería decir, a las que ya nos hemos adaptado. Y quiero decir, adaptado hasta el punto de que es como si fuéramos mutantes. ¿¡Simplemente no sé qué pensar!? El asunto es… bueno… el asunto es que… ¡Uy! Okey, tengo miedo de volver a comer azúcar.

Es tan raro. Es que ya no sé cómo reaccionar a esto. Ya sé, y lo he sabido por los últimos meses (desde mediados de septiembre) que el proyecto ha cambiado para siempre toda mi vida. Si es algo positivo o negativo, eso no lo sé. Así que ya ven, estoy confundida. ¡¡Muy confundida!!

¡Ayuda!

Del diario de Greta

Si me pongo a ver en retrospectiva, cuando apenas comenzaba nuestro año, me sorprende cómo no tenía la menor idea de lo que nos esperaba, de lo que implicaría vivir un año sin azúcar: hemos llegado a tener una comprensión mucho más completa de lo que es la fructosa, así como sus muchos, muchos alias, y de su omnipresencia en todos los ingredientes "sin azúcar", como los endulzantes artificiales y los polialcoholes. Tendría que pasar por todas aquellas fases del plátano y el dátil, del coco, de la oligofructosa, y de "¿cómo que no puedo comer algarroba?". Tendría que leer *Sweet Poison*, de David Gillespie, para descubrir por medio de él que la dextrosa es un endulzante que no tiene fructosa. Lo único que sabía al principio era que el video de YouTube con la conferencia del doctor Robert Lustig me había convencido de que el azúcar es una toxina. Veneno.

Ahora que estábamos en la vera del final de nuestro año sin azúcar, sentía un montón de emociones mezcladas: alivio, deleite, sorpresa, aprehensión. Aunque tradicionalmente Año Nuevo está asociado con los nuevos inicios, en este caso definitivamente se trataba de un final. Pensaba: ¿Qué viene después? ¿Para qué fue todo esto? ¿Será que hemos cambiado nuestro estilo de vida para mejor o ha sido sólo la terquedad de querer demostrar algo? Me tomé a mal cuando un amigo se refirió a nuestro proyecto como "un ejercicio intelectual, como si esa caracterización de alguna manera minimizara nuestro esfuerzo, pero ¿lo era? Tal vez la respuesta a esa pregunta revelaría poco a poco, conforme avanzara el siguiente año: el "Año de ver cómo le hacemos ahora".

Como preparativo para terminar de manera oficial con nuestro proyecto del año, tuvimos una serie de conversaciones en familia acerca de todo este asunto de "qué pasará después", y mucho de lo que platicamos estaba centrado en ver cuáles fueron las cosas que no estábamos dispuestos a disfrutar este año. Una mañana me puse a hacer una encuesta y descubrí que Greta extrañaba los club sándwich más que nada en el mundo, y Steve extrañaba los condimentos en los restaurantes mucho más que los postres: la cátsup en las papas fritas, el aderezo para las ensaladas, la mayonesa para los sándwiches. Después de una cuidadosa consideración, Ilsa decidió que además del jarabe de maple ella quería comer gelatina (lo que es curioso, ya que desde que empezamos *nunca* preparamos una gelatina).

¿Yo? Yo extrañaba una buena galleta de chispas de chocolate, para la cual nunca pudimos encontrar un buen reemplazo libre de fructosa. Si alguna vez podemos volver a Italia, aunque sea en febrero, me tomaría más de un helado. Recordaba lo que habíamos vivido durante el año y que hubiera sido bueno comer sin necesidad de interrogar a la mesera como si fuéramos la Inquisición.

Puedo decir que Steve estaba especialmente emocionado con el final de nuestro año sin azúcar. Lo sabía porque durante nuestros viajes de Navidad nos trajimos una buena provisión de barras de chocolate alemán y sesenta y cuatro piezas de bocadillos libaneses surtidos para comer "después del primero de enero". Trataba de no sentirme alarmada con este súbito entusiasmo por el gourmet azucarado —después de todo, ¿cuántos maridos hubieran apoyado un proyecto familiar como había hecho el mío?—. Entonces una noche, cuando dije que no me entusiasmaba comer postres azucarados, Steve comentó de pronto: "Oye, quiero a mi esposa de regreso". Debo admitir que esto me asustó bastante. ¿Cómo que de regreso? ¿Acaso me había ido? ¿Acaso ya no era la persona que amaba comerse un buen chocolate relleno de mantequilla de cacahuate? ¿Me había convertido para siempre en una aguafiestas?

No lo creo. Por lo menos, espero que no. De la manera como yo lo veo, es exactamente lo contrario: mi aprecio por la comida y por saber de dónde viene y cómo fue hecho, y cuánto esfuerzo requirió su preparación, había aumentado y se había diversificado. Más que todo, nuestro año sin azúcar me había enseñado lo mucho que *amo* la comida, lo importante que es y cómo nuestra cultura le presta muy poca atención a lo que come. La comida es el relleno de la vida: "somos lo que comemos", "alimentarte bien es cuidarte bien" elige tu frase favorita, todas son ciertas, mucho más verdaderas de lo que podemos llegar a darnos cuenta.

Este año me enseñó que, al igual que cualquier cosa tóxica —el alcohol o la nicotina—, necesitamos como sociedad empezar a tomar el azúcar (la fructosa) con mucho más cuidado y precaución, como algo potencialmente adictivo, potencialmente peligroso. Me pregunto si podremos hacerlo. ¿Seremos capaces de darnos cuenta de que la "moderación" no significa "cualquier cantidad que *a mí* se me antoje comer"?

Comprendí que el azúcar, con todo y que sea muy divertida, en términos nutricionales cobra un precio muy alto. ¿Por qué querría gastar mi ración de azúcar en galletas de paquete o en cereal de caja? ¿Por qué no reservar esa ración para algo realmente especial? Los norteamericanos, en lugar de eso, simplemente deciden tenerlo todo: lo bueno, lo malo y lo feo. Luego, trágicamente se sorprenden cuando aparecen las repercusiones en su salud. Nadie les dijo que el azúcar podía ser real y verdaderamente dañina.

Pero entonces, ¿qué pasaría después del primero de enero? No me gustaba la sensación caótica de no saberlo. Después de todo un año de apegarnos a las reglas estaba ahora ansiosa por alguna guía o pauta a la que pudiera aferrarme. Por consecuencia, conforme se acercaba el Año Nuevo, mi nueva propuesta para la familia sería que comiéramos un postre con azúcar a la semana. Después de lo que habíamos pasado durante el año sin azúcar eso sonaba a demasiado, pero después de nuestras aventuras de Navidad, viendo a los amigos y a los parientes, y de la cantidad de azúcar que los estadounidenses consumen en promedio diariamente, pensé que podía ser un trato razonable.

De la misma forma, en este nuevo año planeábamos volver a comer tocino y salsa cátsup, sin miedo. Compraríamos mayonesa Hellman's para nuestros sándwiches de atún y ya no me pondría quisquillosa en los restaurantes por el pan que tiene tres cucharaditas de azúcar en los ingredientes. Rayos, y debería también dejar de tomar fotos de la comida con mi celular.

Bueno, de eso no prometo nada.

Algunas cosas, no obstante, sí cambiaron de forma permanente. El jugo quedaba fuera de la mesa. Los refrescos también.[47] Si ya de por sí casi nunca compraba galletas de paquete o postres empaquetados, de aquí en adelante estos pasarían a estar en la lista de "nunca de los nuncas". Seguiría revisando la lista de ingredientes de las galletas saladas y de otros productos, y seguiría evitando cualquier cosa que tuviera azúcar como ingrediente de relleno. Los restaurantes de comida rápida quedaban completamente descartados. Los restaurantes de cadena pasarían a la categoría de "sólo en caso de extrema y muy desesperada emergencia". En lugar de ello, seguimos empecinados en nuestra búsqueda de buenos restaurantes, de restaurantes locales, de lugares donde realmente *preparen* la comida que sirven. En casa, continuaría cocinando mi propia pizza, las tartas, los panes de levadura y los panecillos dulces. Tal vez lo más significativo de todo es que continuaría usando dextrosa de manera cotidiana para todo lo que horneaba y cocinaba.

¿Que si me preocupaba por que las reglas de pronto iban a cambiar tanto en los sucesivo? ¿Me sentía nerviosa de que nos pasara como a los alcohólicos que piensan que tienen todo bajo control y que son capaces de manejar su situación? Sí, lo acepto. Steve equiparaba nues-

---

[47] Bueno, esto aplicaba para todos, excepto para Steve. ¿Alguien sabe el número de llamadas anónimas de Diet Dr. Pepper? Tengo un par de cosas que decirles.

tro año sin azúcar con su experiencia en la Marina. "Pasas por una experiencia que te cambia —dijo— y cuando regresas, dices: '¿Y ahora qué?' Pero de todas maneras no puedes volver a ser el mismo. El condicionamiento sigue estando ahí. Así es como me siento ahora".

Honestamente, no esperaba que nos comiéramos esos bocadillos libaneses de la misma manera que lo hubiéramos hecho hace un año. En lugar de eso me imaginé que nos comeríamos uno o dos —como hicimos con nuestra reserva de galletas de azúcar que guardamos de Navidad— y que luego diríamos: "Okey, está rico. ¡Y *dulce*!", y con eso sería suficiente.

Luego, a la media noche, mientras veíamos en la tele que Lady Gaga parloteaba acerca de lo mágica que era la ciudad de Nueva York, cada uno de nosotros se comió la golosina que había elegido para ese momento especial (Ilsa: una galleta; Steve y Greta: un bocadillo libanés, yo: un Reese's de mantequilla de cacahuate). Muchos de nuestros amigos y de nuestra familia pensaban que concentraríamos toda nuestra atención en este momento del Año Nuevo como si fuera absolutamente crucial: el momento en que nuestras papilas gustativas serían nuevamente libres y se librarían del yugo que nos habíamos impuesto. Pero eso hubiera sido muy anticlimático. Para mí, la mañana siguiente era lo que marcaba el verdadero punto de interrogación: ¿Cuál sería el verdadero *legado* de nuestro año sin azúcar?

Sólo el tiempo lo podía decir. Felizmente.

Piensa rápido: ¿Qué cosa es más difícil que pasar por un año sin azúcar?

Respuesta: La semana *después* de un año sin azúcar.

Caray, me pregunto por qué diantre había esperado con ansias llegar al otro lado de nuestro año sin azúcar. Nuestra primera semana fuera del proyecto fue tan difícil como nuestra primera semana de no azúcar. ¿Por qué? Bueno, pues porque mientras el proyecto sin azúcar puede ser difícil en términos de voluntad, una vez que sabes todos los sinónimos y palabras adyacentes, resultaba extremadamente claro en términos de reglas: "No azúcar" significa: NO azúcar.

Nada de azúcar en la mayonesa, nada de azúcar en el tocino, nada de azúcar en el pan ni en el aderezo para ensaladas. "No la comería en casa, no la comería en una taza", como dice el Dr. Seuss. Por todas partes nos hicimos fama con los meseros y con los parientes y con los amigos que trataban de argumentar educadamente "pero tiene sólo un poquito… ¡mira!, dice que es un .00001%". Pero las reglas, tal como las habíamos trazado, eran simples. "¿Se encuentra entre los ingredientes?" Preguntaba yo. Y por supuesto, siempre estaba.

Me encantaba esa claridad. Y odiaba que hiciera tanta falta ahora.

Para el desayuno de Año Nuevo decidimos visitar uno de nuestros restaurantes locales favoritos, Rathbun's Maple Sugar House. La última vez que habíamos estado ahí había sido hace un millón de millones de años: la mañana del Año Nuevo *anterior*, el primer día de nuestro experimento en familia sin azúcar, antes de que supiera que los hotcakes tenían que quedar completamente descartados de nuestro proyecto. (Una vez más, esa Eve es un poco lenta para que le caiga el veinte de las cosas.)

Inmediatamente las preguntas comenzaron a surgir: "¿Puedo tomar chocolate caliente?" "¿Puedo ponerles jarabe de maple?" "¿Podemos tomar jugo?" No chocolate caliente. Sí jarabe de maple, pero poquito. Jugo definitivamente no.

Y las preguntas siguieron surgiendo. Por supuesto que no podía culpar a las niñas, ellas simplemente estaban tratando de averiguar cuáles serían las nuevas reglas. El problema es que Steve y yo no sabíamos exactamente cuáles serían esas reglas. *Moderación* es el término más ambiguo que conozco.

Una mañana, no mucho después de eso, Steve preparó uno de nuestros platillos favoritos que durante tanto tiempo estuvieron prohibidos: crepas con mantequilla y azúcar. Ay, cuánto las extrañábamos. Claro, les puso un poco menos de azúcar de lo que les ponía antes, pero de todas maneras empezaba a sentirme ansiosa. Para mí se sentía como si las cosas se estuvieran disparando fuera de control. Era enero y de nuevo celebraríamos el cumpleaños de Ilsa. Luego vendría el cumpleaños de mi mamá y la fiesta infantil del cumpleaños de Ilsa… Empezaba a sentir que el azúcar nos invadía de nuevo como un virus. Entre los condimentos perdidos, los "¿te acuerdas de esto?" y los postres de las fiestas, de pronto me parecía que el azúcar se había metido por todas partes como la humedad. Después de haber pasado por toda clase de adversidades el año anterior, ahora estaba paralizada por un pensamiento: ¿Acaso todo lo que hicimos *no sirvió de nada*?

Luego llevé a las niñas al súper. "¡Mamá, ¿podemos comprar estas galletas? ¿Y cereal? ¿Cereal *de verdad*? ¿Woooow, y si compramos este *roast beef?*".[48] Me recordaban a aquella escena de la película *Un ruso en Nueva York,* donde Robin Williams hace el papel de un ruso desertor en los Estados Unidos que entra a un supermercado por primera vez en busca de una lata de café y se encuentra con una sección enorme, de piso a techo, de diferentes estilos, marcas, tamaños y le da un desmayo. Está bien tener opciones de dónde elegir, pero demasiadas opciones puede ser malo. A regañadientes permití las galletas saladas, pero le dije no al cereal y al roast beef. "Una cosa a la vez", dije.

Incluso les prometí —con un poquito de culpa por todo lo que le hice pasar a mi familia durante el año que habíamos tenido— que cuando termináramos el súper podían elegir una golosina cuando

---

[48] Recuerda que prácticamente todas las carnes frías y embutidos que venden en el súper contienen azúcar o glaseado.

fuéramos de salida, como solíamos hacer en los viejos tiempos. Esta simplísima prueba resultó ser un verdadero fiasco. ¿Sabías que TODOS los chicles contienen no sólo azúcar, sino también azúcares alcohólicos (maltitol, sorbitol, xylitol) o aspartame, y que la mayoría contienen ambos? Fuimos incapaces de encontrar un solo paquete de chicles que no tuviera azúcar. Así que tuve que hacer algo que detesto hacer: rompí mi promesa.

No podía creerlo. Luego de tantos meses tratando de sortear obstáculos para evitar los alimentos procesados, me enfrentaba nuevamente con la horrible realidad. ¿Acaso nos importa un carajo lo que nos comemos o lo que nuestros hijos comen? Pensé de nuevo en el enorme costal de dulces de Halloween que las niñas habían llevado a casa en octubre. ¿Te imaginas? Quién sabe la cantidad de porquería que hay ahí. (Gracias a Dios, sigue sin que nadie se lo coma, en la parte trasera de la alacena de la despensa. Mi nuevo plan es tirarlo a la basura una vez que las niñas hayan empezado a asistir a la escuela.)

Además de hacernos sonar como si viniéramos de Plutón cuando andamos de compras en el supermercado, otra consecuencia inmediata e interesante de nuestro año sin azúcar era que ahora realmente podía notar lo que el azúcar le hacía a mi cuerpo después de comerla. Cuando me comía una galleta o un pedacito de chocolate esto es lo que pasaba: después de un momento empezaba a sentir la boca... chistosa: como empalagoso y demasiado dulce, como si me acabara de empinar una botella entera de jarabe de maple. Al pasar unos minutos, empezaba a darme una sensación como de dolor de cabeza alrededor de la base del cráneo, seguida por una extraña sensación febril, como de tener mucha energía, el ataque azucarado. Luego de un rato, por supuesto, se me pasaba.

Seguramente recuerdas que David Gillespie escribió que después de un tiempo simplemente "dejas de querer" el sabor del azúcar de manera definitiva. Durante nuestro año sin azúcar descubrí que nunca llegué a esa estación de tren tan avanzada. Seguía *queriendo* cosas. Claro, con el tiempo empezaba a quererla menos —la voz en mi cabeza ya no gritaba tan fuerte, era más bien como un ligero murmullo— pero nunca sentí que el deseo de azúcar desapareciera *por completo*. ¿Seguían antojándose los croissants de nuestra panadería favorita, un cono de helado si hacía mucho calor o cátsup en las papas a la francesa el mero día 364 de nuestro proyecto? Sí, la verdad, sí.

Pero ahora, lo que me pegaba más era el hecho de que cuando probaba algo que quería, o que *pensaba* que quería, o que alguien más pensaba que podría querer, por lo general fracasaba en su objetivo de ser disfrutable por completo. Esto era nuevo, y muy notorio: una desconexión entre lo que mi cerebro pensaba que yo podía disfrutar y lo que mi cuerpo *realmente* disfrutaba.

Por ejemplo, un día, en una comida de recaudación de fondos, las niñas volvieron de la mesa de bocadillos, no con uno de los platos de uvas con queso que estaban vendiendo, sino con una enorme galleta de masa de chispas de chocolate cubierta de chocolate (Greta) y una galleta glaseada del tamaño de un plato de ensaladas (Ilsa). Pensé: "¿¡Qué, no aprendieron nada durante todo este año!?", pero de nuevo, quién era yo para culparlas por querer tomar parte y disfrutar, luego de un año entero de declinar toda clase de invitaciones y de decir "no, gracias". En este punto ellas sabían más sobre el azúcar de lo que muchos adultos saben. Tarde o temprano yo tendría que quitarme los guantes y dejarlas que tomaran sus propias decisiones.

Me pareció interesante que Greta insistiera tanto en darme la mitad de su "galleta-trufa", algo que no hace mucho hubiera tenido que sacarme del camino a codazos para poder conseguir… ¿galleta de masa de no-sé-qué? ¡Toma tu galleta de masa! Entonces le di una mordidita. De inmediato me sentí confundida. Sabía que *se suponía* que debía gustarme. Todos mis sentidos decían que debía gustarme: la textura, el olor, la apariencia… Y sin embargo… no. No me gustaba. Era enfermizamente dulce y me dejó un persistente mal sabor de boca. Hubo un tiempo en el que hubiera tenido que esforzarme mucho para no regresar por dos o diez de esas pequeñas confecciones chocolatosas. ¿Pero ahora? Estaba fingiendo que me gustaba y me sentí aliviada cuando me la pasé.

¿Era raro todo esto? Me di cuenta de que no era sólo en beneficio de mi familia que trataba de fingir que me gustaban las cosas que antes me encantaba comer. También estaba tratando de engañarme a mí misma, al pensar que no había diferencia, que seguía siendo la misma que había sido siempre. Pero sí era diferente. Me preguntaba si duraría mucho, si en algún momento volvería a disfrutar el azúcar de nuevo, o si inadvertidamente eliminé todo el gusto por lo dulce de mi vida entera. ¿Me había realizado una cirugía de las papilas gustativas? Luego de todas las miles de horas que me pasé escribiendo e investigando acerca de lo mala que es el azúcar añadida, no podía hacer otra cosa sino admitir que, al final, me sentía bastante confundida con esto. ¿Acaso esto significaba no volver a comer tarta de ruibarbo? ¿No volvería a pasar las tardes envasando mermelada de cereza? ¿No volvería (incluso titubeo a la hora de escribir estas palabras) a disfrutar un helado de chocolate con mantequilla de cacahuate? Cosechar cerezas, preparar tarta de ruibarbo recolectado en el patio trasero, todos estos son rituales que, de algún modo, vienen a definir lo que soy. Diablos, comí helado de chocolate con mantequilla de maní las dos noches anteriores al nacimiento de mis niñas. (Y aquí hay un buen punto publicitario para los helados Ben & Jerry's: ¡Es frío! ¡Es delicioso! ¡Y puede inducir al parto!)

Para aquellos de ustedes que estén llevando el conteo en casa, las repercusiones de nuestro año sin azúcar consistieron para mí en una plaga de miedos como:

Vamos a volver justo a donde mismo que estábamos cuando empezamos: toda el azúcar, todo el tiempo.

Nunca vamos (voy) a volver a disfrutar realmente del azúcar.

¿Notas algo chistoso en todo esto? Aparentemente estaba preocupada al mismo tiempo por que fuéramos a comer mucha azúcar y porque no íbamos a comer suficiente. Desearía que alguien hubiera ido y me hubiera librado de esa angustia, pero supuse que sería inevitable que me pusiera un poco neurótica al principio. Después de todo había estado poseída y obsesionada con la idea de un año sin azúcar, pero no había tenido ninguna epifanía de lo que venía después de pasar por el proyecto. Así que quedé desarmada.

Steve, que se merece el Premio al Esposo de Oro por haberme acompañado en todo el proyecto, estaba mejor preparado que yo para volver a la vida normal, como si pensara "¡Lo logramos! ¡Ya se terminó!". Esta diferencia de actitudes acerca de seguir adelante salió a la luz con toda claridad un día, a la hora de la comida.

Todo comenzó cuando yo, sumida en los estertores de la paranoia del azúcar, le pedí a Steve que no comprara una botella nueva de jarabe de maple, que siguiéramos con calma nuestra transición, que yo seguiría horneando con dextrosa, que seguiría haciendo que los panes endulzados con plátano y los bollos de manzana contaran como postre o como botana entre comidas. Imagino que algunas personas piensan que estábamos dando demasiada importancia a lo que comemos y a la manera en que lo comemos, hasta rayar en lo obsesivo. La verdad es que ya no sabía. Era agotador. Personalmente, en ese momento sentía que la moderación apestaba. Me había tomado tanto tiempo y energía, por no mencionar la lucha, que estaba segura de que preferiría ir a vivir debajo de un árbol y sobrevivir comiendo piñones de ahora en adelante.

Por supuesto, no podíamos hacer eso, y honestamente no quería ser uno de esos *freaks* de las dietas que hay en nuestra comunidad, que llevan a todas partes en una bolsita su propio aserrín marinado o lo que sea que coman, para poder comer por separado, pero en compañía de los demás. No. Admiro a esas personas, como Scott y Hellen Nearin o Tasha Tudor, que son apasionados con su estilo de vida único, me parecen fascinantes. Pero el sacrificio que hacen me parece exagerado: son amigos que se han escindido de la sociedad para mantenerse firmes en sus ideales, lo cual, por sobre todo, me parece que suena bastante solitario.

No mucho después de esa platica una noche contratamos niñera y Steve y yo pudimos ir a probar un nuevo restaurante. Al final de una deliciosa cena, Steve estaba convencido de que yo quería comer postre. Hace un año no hubiera considerado que había sido una comida hecha y derecha sin algo dulce al final, pero esta vez no me parecía así. Estaba satisfecha. No quería nada más. De todas maneras Steve insistió que eligiera algo del menú. No había poder humano que lo convenciera de que, en lo más profundo de mi corazón, realmente no quería comer un sundae con galleta de chispas de chocolate, pero —en gran parte para mi sorpresa— la verdad es que no quería. De verdad, de verdad, ¡realmente no quería!

Todo ese primer mes había estado sintiéndome culpable del año de negación al que había sometido a mis hijas, a mi esposo y a mí misma. Era muy difícil decir que no ahora, después de que mi familia había renunciado al azúcar durante todo un año por mi causa, porque pensé que sería una buena idea, que podría ser más saludable, que quería escribir acerca de ello.

Así que no pude decir "no" tantas veces como hubiera querido. Egoístamente, no quería que mis hijas pensaran que me había convertido en el Scrooge del universo de la comida, o que mi esposo pensara que había perdido a su divertida esposa, que acostumbraba tener pensamientos acelerados cuando se trataba de la combinación de chocolate con mantequilla de cacahuate. Todavía lo hago, después de todo. Y todavía soy divertida. ¿Verdad?

¡¿Verdaaad?!

Te preguntarás si ordenamos aquel ridículamente pecaminoso postre de galleta de chispas de chocolate en un molde con helado y crema batida encima. Claro, por supuesto que lo pedimos. Porque yo todavía soy divertida, carajo. Me sentía casi avergonzada por la evidente decadencia de la cosa cuando llegó a la mesa. Me sentía como si tuviéramos un elefante de circo sentado en una de las sillas. Probé unos cuantos bocados y por supuesto que estaba muy bueno: tan bueno como puede estar una galleta caliente, recién hecha, con helado de crema encima. Muy bueno. Pero entonces bajé mi tenedor y me sentí feliz de ver que de verdad, de verdad era capaz de tomarlo o dejarlo.

Las reacciones hacia nuestro proyecto por parte de amigos, familiares, conocidos y lectores me parecieron fascinantes. Mucha gente dijo "¡Felicidades!", lo que es muy lindo y se agradece. Muchos otros parecían aliviados de que por fin "ya no estuvieran haciendo esa cosa del azúcar", sólo por si acaso, no vaya a ser que se contagien o algo. La mitad de las personas que nos topamos parecían esperar que ahora nos diéramos un atracón de azúcar, como para recuperar el tiempo perdido, mientras que a otros les parecía terriblemente hipócrita siquiera quedarnos viendo al tazón de las mentitas en la entrada del restaurante.

El hecho es que para nosotros todo este asunto resultaba mucho más complicado que "Toda el azúcar, todo el tiempo" o "Nada de azúcar, nunca de los nuncas". Mis hijas todavía querían comerse una bola de helado después de cenar, del mismo modo como había sido antes. Y yo —madre egoísta que soy— frecuentemente quería, de verdad, poder darles ese plato de helado como si fuera una dosis de rica y compacta normalidad que pudiera ofrecerles, con un poquito de mermelada de cereza encima. "¿Ven? ¡No somos tan raros después de todo!".

La cosa es, no obstante, que sí, sí somos raros. Éramos raros *antes* —no comer en McDonald's y evitar los refrescos— y seguimos siendo raros *ahora* —evitamos los jugos y la comida chatarra con azúcar (donas, galletas, paletitas de regalo), al igual que cualquier cosa que haya sido endulzada, cuando sabemos que no necesita serlo, como los frutos secos, las galletas saladas, la salsa de tomate—. Nos hemos vuelto mucho, *mucho* más selectivos acerca del azúcar que consumimos, y en una cultura como la nuestra —que básicamente está saturada de azúcar, alimentos prefabricados y comida rápida—, eso es raro.

Por lo tanto, éramos mucho más *mainstream* de lo que habíamos sido durante nuestro año sin azúcar. Habíamos dejado de rehuir cosas como que el aderezo de la ensalada tuviera jugo de naranja o que el pan tuviera un poquito de azúcar. Ya no éramos la mesa más latosa que la persona de servicio hubiera tenido esa noche, lo cual resulta muy agradable para todos. Y de todas maneras, luego de un año entero de preguntas ya sabíamos cuáles eran las comidas que tenían azúcar, a veces las ordenábamos, a veces no.

Después de inocularme con pequeñas dosis de azúcar de manera regular —vale la pena una cucharadita aquí o allá— me di cuenta de que gradualmente, con el tiempo, mi habilidad para disfrutar el azúcar estaba regresando —sin dolores de cabeza ni mal sabor de boca—. No obstante, es bastante diferente. Ahora disfruto cosas mucho, mucho más sutilmente dulces de lo que jamás hubiera pensado que era posible. Refrescos, helados, sundaes, algodones de azúcar... todo eso ahora me pegaba como si fuera un poquito... desagradable. No obstante podía ordenar el risoto de mango en el restaurante de comida

Thai y simplemente lo disfrutaba, lo que me parece una cosa bastante buena.

Después de todo, el alcohol es un veneno potencialmente adictivo, aunque eso no me impide disfrutar una copa de vino con la cena de forma regular. De la misma forma, quiero seguir dispuesta a disfrutar un poquito de fructosa —¿alguien quiere un poquito de veneno potencialmente adictivo?— en los postres especiales. Para mí, todo esto es parte de disfrutar la vida.

De manera que puedo tomarme una copa de vino y tal vez una porción pequeña de un delicioso helado, como la vez del restaurante italiano, pero voy a pasar de largo el noventa por ciento de todo lo que venden en el supermercado —estantería por estantería, repletas de bebidas y cosas endulzadas con azúcar, dulces y comida preparada—. Bebemos agua, comemos fruta como botana, ignoramos por completo los dulces y cocinamos todo de forma casera. No es tan simple como decir "Sí, siempre" o "No, nunca", pero creo que es lo justo. La comida es lo que nos mantiene vivos, lo que nos hace estar juntos todos los días y nos da motivo para celebrar y disfrutar. Y si eso no merece una seria consideración, entonces no sé qué lo merece.

La moraleja de nuestra historia

El hombre saciado aborrece la miel,
pero para el hombre hambriento todo lo amargo es dulce.

Proverbios 27:7

La he escuchado una y mil veces. Es la historia de mi abuelo y la toronja.

Como mi abuelo —el padre de mi padre— murió cuando yo tenía como diez años, y como vivía lejos —en California—, no guardo muchos recuerdos de él. En lugar de eso, casi todo de lo que sé de mi abuelo viene de las historias que otros me contaban de él, y la historia que más oía era la que contaba mi mamá.

Va más o menos así: mi mamá, estando recién casada, se sentó a desayunar a la mesa con su esposo y su familia, y educadamente pidió que le pasaran el azúcar para poder rociarla sobre su media toronja.

Mi abuelo, siendo el lengüilarga que era, procedió a darle un sermón acerca de que la toronja sabía perfectamente así como la naturaleza quiso que fuera, sin necesidad de adulterarla.

En vista de que era un tipo testarudo e impositivo, parece que la manera en que dijo esto fue bastante poco diplomática, algo que podía claramente interpretarse como "Sólo un completo imbécil podría añadir azúcar a una toronja perfectamente buena", o algo parecido.

No estoy tan segura, pero creo que en ese tiempo mi madre se pudo haber sentido intimidada, y probablemente se vería sometida a comerse su mitad de toronja llena de resentimiento, lanzando miradas de enojo al autonombrado dictador de la comida. Probablemente no. Tal vez ella, desafiante, se puso a rociar con azúcar su mitad de toronja añadiendo un poquito más de lo habitual, sólo para que viera.

No puedo estar segura, porque para mi madre ese no era el punto importante de la historia. El punto importante era este: su suegro intentaba decirle *qué hacer*, específicamente *cómo comer*, como si hubiera una única manera correcta de hacerlo y todas las demás formas estuvieran mal. Y eso, a todas luces, a ella no le gustaba. No, definitivamente no. ¿Le habrá impedido poner azúcar a su mitad de toronja el simple hecho de no parecer una imbécil frente a los ojos de su suegro? Difícilmente. Mi madre sigue espolvoreando azúcar en su toronja de manera entusiasta hasta el día de hoy, y me atrevería a pensar que se acuerda del señor John Ogden cada vez que lo hace.

Me parece que este es el meollo de nuestro asunto. ¿Cómo pretendemos alejarnos del filo del desastre y emerger del completo descontrol de la epidemia de obesidad que amenaza con acabar con toda la población? El doctor Robert Lustig comparaba el mundo del azúcar de nuestra cultura moderna occidental con un fumadero de opio. Entonces, ¿cómo podemos salirnos de ese fumadero de opio sin que la gente sienta que se le está diciendo *lo que tiene que hacer*?

Bueno, pues no tengo una respuesta a esta pregunta. Lo que sí, es que he asumido el compromiso de asegurarme de que el diálogo sobre este tema siga en pie, y de que la pregunta siga siendo planteada una y otra vez, siempre que sea necesario. ¿Cuántas décadas tuvimos que mantener la lucha contra los cigarrillos, antes de cambiar el "cuatro de cada cinco doctores prefieren Camel" por "Los cirujanos han determinado que fumar tabaco es peligroso para tu salud"? Y el tema sigue vigente hasta nuestros días.

Específicamente de mi familia espero varias cosas. Espero que mis hijas hayan aprendido que puedes hacer prácticamente cualquier cosa que te propongas, que vale la pena intentar concretar las grandes ideas y que nuestra mejor red de contactos para tener el soporte y la seguridad que necesitamos es —idealmente— nuestra familia. Espero que hayan aprendido que comer de manera saludable es una decisión, y que hay montones de cosas en la vida que son malas para la salud —el azúcar, el alcohol, los *reality shows*— pero que por lo general la clave está en tener plena conciencia de lo que hacemos y en la moderación.

Por último, espero que hayan aprendido que la mayoría de las cosas que valen la pena —comer buena comida, criar niños felices, tener una carrera exitosa— llevan tiempo, esfuerzo y energía. Hay muchos atajos en la vida, pero probablemente ninguno viene libre de consecuencias. El azúcar es una de esas cosas que hemos manipulado para tener múltiples atajos: mejor sabor, mayor practicidad, sobre todo para ganancia de la cada vez más poderosa industria alimentaria. ¿Pero a qué costo? Como dice el viejo adagio: "si no tienes salud, no tienes nada".

¿Yo? Bueno, en primer lugar puedo decir que ahora cocino mejor. Si tuviera que hacerlo podría preparar mi propia mayonesa, matar un pollo, cocinar papas en una hoguera y preparar postres sin fructosa. Rayos, creo que incluso ahora podría sacar la pasta de los macarrones con queso unos segundos antes, pero no prometo nada. Y quiero intentar muchas otras cosas nuevas, aunque definitivamente la carne de castor ya está tachada de la lista.

LA NUEVA NORMALIDAD
STEPHEN SCHAUB

Después de todo nuestro año sin azúcar, puedo decir sin titubear que mi amor y respeto por mi esposa y por su perspectiva de las cosas creció de maneras nuevas y sorprendentes. Verla explorar y aprender más acerca de la comida, de la relación de nuestra sociedad con la comida y las consecuencias que todo esto tiene en nuestra salud me resultaba muy inspirador. En varias ocasiones Eve visitó la escuela de las niñas para explicar a sus compañeros por qué estábamos haciendo este proyecto y los fundamentos científicos detrás de nuestra decisión. Estoy seguro de que nuestras niñas tenían una salida mucho más fácil para explicar por qué no podían consumir nada de azúcar añadida: mi mami está loca.

Ahora que el "experimento oficial" terminó, y que ya pasaron varios meses de que acabara, me siento muy contento de decir que hemos encontrado la manera de acomodar nuestra vida cotidiana en una "normalidad" que siento que es bastante positiva para nuestra familia: un espacio intermedio entre un año sin azúcar y donde estábamos antes, cuando comenzamos, antes de ver el video de YouTube del doctor Lustig. Eve todavía prepara la mayoría de lo que comemos de forma casera, usa dextrosa en lugar de azúcar siempre que es posible y hemos limitado el número de postres que come nuestra familia. Me siento mucho más consciente de lo que como, y trato de tomar buenas decisiones que favorezcan a nuestra familia, que no estén basadas en el miedo a la comida —o en el miedo de que Eve pueda matarme—, sino en argumentos científicos y en el sentido común. Más que nada, lo que me llevo de un año sin azúcar es la consciencia de que la mayor parte de las personas en nuestra sociedad en realidad no comen comida. No verdadera comida. Y me parece muy triste que nuestra sociedad se quede mirando la manera en que nos estamos envenenando día tras día sin hacer nada al respecto.

A mi padre, por supuesto, le hubiera fascinado este proyecto. De hecho, imagino que hubiera sido difícil mantenerlo al margen. Nos hubiera inundado a Eve y a mí de artículos y de ideas. La búsqueda de toda su vida para encontrar la dieta perfecta siempre se fue a los extremos. Era una persona extremista. Pero lo que pude aprender es que la industria alimentaria en nuestro país es la que en realidad se va a los extremos. Comer alimentos que se producen de manera local, comida fresca —no cargada de azúcar añadida ni de conservadores y aditivos, químicos y toda esa mierda— es lo que se debería considerar normal. Ha sido normal durante miles de años. Tal vez esta dieta podría ser del estilo de vida que mi padre hubiera podido llevar, no lo sé. Lo que sí, sospecho que se habría sentido muy orgulloso de nosotros.

He podido aprender mucho acerca de mí y de mi familia conforme aprendía de nuestro demencial sistema de producción de alimentos, y de las miríadas de ingredientes diseñados para hacernos desistir. "Cómetelo y ya", vemos que se nos dice tan seguido, "No va a matarte". Pero parafraseando a Humphrey Bogart: no, el azúcar no te va a matar hoy, ni mañana, pero un día lo hará, lo hará durante el resto de tu vida.

He contado muchas historias en este libro y quiero contar una que todavía me falta: cuando las niñas estaban pequeñitas, antes de que pudieran asistir a la escuela, pasaban uno o dos días a la semana con una amorosa mujer que las cuidaba, cuya casa queda en el vecindario. En la comunidad. La Casa de Martha es famosa por ser el tipo de lugar en el que todos hubiéramos querido estar cuando éramos niños: toda la casa estaba orientada hacia los chiquitines. Hay estanterías llenas de libros desde el piso hasta el techo, alteros de rompecabezas, ejércitos de Lego, Playmobil y Barbie. Un tocadiscos, un piano y varios cobertizos repletos hasta el techo de bicicletas viejas y enormes arcones de ropa para disfrazarse. Todos los días los niños ponían un disco con la música que acompañaba la grabación de cuentos como "El pájaro de fuego", "Los tres cochinitos", "Pedro y el lobo". Hay un jardín enorme y una caja de arena y minitrampolines y alberquitas inflables y árboles de manzana que son perfectos para subirse a ellos. Podría seguir y seguir. "Rayos", pensaba, "si no puedo ir a jugar a la Casa de Martha, por lo menos mando a mis niñas, para que ellas jueguen ahí".

Martha misma tenía poco más de setenta años, pero esto no la detenía ni un poquito, tenía más energía que muchos adultos que conozco, y más cuando se trata de andar detrás de los niños. Ha cuidado niños en su casa desde que tuvo a sus cuatro hijos, hace unas cuantas décadas. Esa mujer ya lo ha visto todo. Ha visto dietas que se ponen de moda y que se olvidan: en los años setenta, me contó alguna vez, la gente empezaba a preocuparse por la cantidad de azúcar que comían sus niños. Sin embargo, esta preocupación progresivamente fue suplantada por muchas otras preocupaciones: colorantes y saborizantes artificiales, plásticos, vacunas, alergias e intolerancia a los alimentos, y por supuesto, el jarabe de maíz de alta fructosa.

Hace muchas lunas, tal vez cuando yo todavía era tan chiquita y que Martha me pudo haber cambiado los pañales, a ella se le ocurrió la idea de que entre las celebraciones en casa y las celebraciones en la escuela, los niños estaban consumiendo cantidades atroces de azúcar en sus cumpleaños. En un esfuerzo por no llevar más lejos el problema, ella inventó la especialidad de la Casa de Martha: el pan de cumpleaños.

Ninguno de los niños cumpleañeros que asistieron a la Casa de Martha se quedaron sin esta sencilla y maravillosa preparación. Cada niño ayudaba con la preparación de la masa y se le daba su porción para amasar y darle la forma que ellos quisieran: una bola, una tortuga, una letra. Si uno de los niños había estado ausente durante su cumpleaños por alguna razón, y regresaba, Martha siempre se aseguraba de que tuviera su pan de cumpleaños. Y no era algo que lo niños dejaran pasar: adoraban esta tradición, tanto como adoraban a Martha y a la Casa de Martha y todo lo que tuviera que ver con ella.

¿Había chispas de azúcar en ese pan de cumpleaños? ¿Betún? ¿Chispas de chocolate? ¿Por lo menos pasas? No. Sólo era pan. Marta encendía una velita a la hora del recreo, y los niños cantaban "Feliz cumpleaños a ti", y como todo en la Casa de Martha, era un momento alegre y festivo. Que Dios guarde a los papás del niño que haya olvidado llevarse las últimas migajas a casa, envueltas en un papel aluminio, para que se las comiera después, seguramente se verían obligados a escuchar el llanto y las lamentaciones desde el asiento trasero del coche, clamando por el preciado producto.

No es que no podamos comer pastel. No es que no podamos celebrar. Pero debemos tener presente la lección que Martha nos enseñó con todo lo que hace: los niños saben lo que es especial. Ellos saben cuando muestras interés verdadero. Y no necesariamente tiene que llevar azúcar.

Posdata

Vamos en el coche. Es enero. Steve y yo vamos manejando en un clima neblinoso y húmedo, el plan es salir a pasear e ir juntos al cine de Glen Falls, ver una película y cenar. De pronto descubro la perfecta simetría de todo esto: ¿Qué no fue exactamente lo mismo que hacíamos al inicio de nuestro proyecto de un año sin azúcar, hace dos años?

Ahora estaba a punto de terminar este libro. Bueno, más o menos. ¿Acaso se terminan de verdad las cosas que cambian radicalmente tu vida? Conforme íbamos por la carretera me puse a comparar esta noche de la que habíamos tenido dos años atrás: aquella noche habíamos tratado de ver la película *Temple de acero*, y no pudimos porque fuimos incapaces de encontrar algo que comer, suficientemente rápido para llegar a la hora que empezaba la película. Esta vez íbamos a ver *El lado bueno de las cosas*, y llegaríamos a tiempo porque habíamos cenado antes de salir.

En aquél momento acabamos cenando salchichas en un restaurante alemán. Esta noche yo me comí lo que quedaba de espagueti, algo de camote con queso ricotta. Steve cenó pollo horneado con salsa, porque ahora se metió en un nuevo desafío alimenticio: intenta perder unas cuantas libras con la dieta Atkins. En el cine paso de largo la dulcería, como siempre, mientras que Steve va por un refresco de dieta tamaño "chico", que es suficientemente grande para venir junto con su propia carretilla. Creo que entre más cambien unas cosas, más permanecen otras.

Esto me hace detenerme a pensar una vez más: ¿dónde estamos ahora con todo esto? Ahora que ha pasado un año entero desde que terminó el proyecto, ¿realmente seguía bloqueada?

Si hablo por mí, puedo decir que estoy feliz de no seguir siendo una nazi del azúcar o una lunática del azúcar. En lugar de eso creo que me podría caracterizar como una obstinada detractora del azúcar. No he perdido el hábito de leer obsesivamente las etiquetas, no he dejado de contar cuántas cosas tienen azúcar del lunch que le dieron a Ilsa en la escuela o de los demás carritos que me topo entre los pasillos del supermercado. No dejo de detenerme a mirar horrorizada. Todavía no puedo hacerme comprar las cosas que acostumbraba llevar antes de nuestro año sin azúcar: tortillas de paquete, salsa de tomate embotellada, arándanos secos o aquel paquete ocasional de galletas de higo Fig Newmans.

Pero me he relajado considerablemente. Ya no agonizo cada que debo elegir entre nitratos en lugar de azúcar en el tocino o comprar a las niñas papas fritas en lugar de muffins integrales. Puedo actuar de manera razonable y valorar un veneno contra otro para elegir el que haga el menor daño posible. Todavía compro y uso dextrosa, pero no me mortifico si la receta lleva una cucharada de azúcar o dos, se la pongo y listo. O no. Sobre todo, trato de que evitemos el consumo inconsciente de azúcar: la porquería de pasteles de cumpleaños que venden en las tiendas o las galletas de supermercado que la gente pone en la mesa de reuniones. Incluso hay cosas de factura casera que sé que no me van a gustar. Ahorramos azúcar para las cosas que realmente valen la pena, cosas con significado: para los cumpleaños y las ocasiones especiales y ese maravilloso cuadrito de chocolate después de la comida. Quién sabe, tal vez un día una brillante y deliciosa rebanada de pastel de mil hojas se me atraviese en el camino. Si lo hace, no quiero estar saturada de jugo Snapple y Choco Krispis, quiero sentir que *estoy lista*.

Mientras tanto, hemos llegado a la sala del cine y nos sentamos en unos sillones reclinables ridículamente cómodos, conforme la sala se llena de oscuridad. La pantalla se ilumina y se proyecta una escena que pretende hacernos sentir que estamos montados en un carrito de montaña rusa. La audiencia va en el carrito y se desplaza rápidamente en un espacio virtual que asciende hacia una noche estrellada, luego caemos dramáticamente y nos sumergimos en volteretas que abruptamente sortean versiones tamaño Stonehenge de cosas que venden en la dulcería: ¡Vasos gigantes de Coca-Cola! ¡Barras de chocolate del tamaño de una cancha de basquetbol! ¡Descomunales paquetes de chocolates M&M's!

"Oh, sí", pienso, "esos que van en el carrito de la montaña rusa somos nosotros".

Agradecimientos

Así fue como un buen día, en 2010, sucedió una cosa tremenda. Tuve esta idea, que fue el inicio de un largo viaje que acaba más o menos en esta página. Antes que nada tengo que agradecer a mis hijas, Greta e Ilsa, que me sorprendieron, me dejaron impactada y me inspiraron, aun cuando me temía que iba a arruinarles la vida. Ahora que ya ha pasado el tiempo tengo la confianza de que nuestro año sin azúcar, de hecho, quedará grabado en la lista de "cosas locas que nuestra mamá nos obligó a hacer", que es bastante larga, por cierto.

Tengo que agradecer también a mi amiga Katrina Farrell, a quien siempre voy a querer, por el hecho de que cuando le dije acerca de mi idea de un año sin azúcar, de inmediato se ofreció a que tanto ella como su familia siguieran el régimen con nosotros. (Ay, Dios mío, ¿llevar simultáneamente una dieta libre de azúcar y libre de gluten?, eso hubiera sido tan difícil como entrenar a un gato salvaje para hacer malabares.) Ella, junto con sus hijas, Stella y Lucy, pasaron una gran parte de nuestro año sin azúcar con nosotros y nos dieron el regalo de su total aceptación.

Gracias especialmente a mi equipo de grandes amigos que leyeron este libro en sus primeros esbozos, y que me dijeron sus opiniones totalmente honestas sin importar el qué dirán: Rhonda Schlangen, Robin Kadet y Noreen Hennessy. Ustedes me guiaron justo hacia donde debía ir. Soy tremendamente afortunada de tenerlos como amigos.

No podría dejar de agradecer a los amigos de la escuela de mis hijas, que me ayudaron a encontrar la tabla de asistencias. Gracias, señor Waterhouse y señora Nelson.

Nunca hubiera logrado pasar por ese 2011 sin la inspiración y el apoyo de David Gillespie, admiro profundamente el trabajo que ha hecho al promover todos estos conocimientos y el mensaje que hay detrás del proyecto sin azúcar. Su libro, *Sweet Poison*, apareció en el momento más oportuno de nuestro reto, y me dio la seguridad que desesperadamente necesitaba, el hecho de saber que no era la única, que no estaba sola y que no estaba loca. También su esposa Lizzie merece un Premio al Logro de Vida, tan sólo por su receta del pastel de coco.

Mi blog, ayearofnosugar.com, contiene las bases de gran parte de este libro, registrando nuestro año conforme transcurrió. Me siento en deuda con los leales lectores que lo frecuentaron y que comentaron los posts, cuyas historias y entusiasmo fueron profundamente inspiradores. De la misma forma quiero agradecer a los bloggers David Gillespie (howmuchsugar.com), a Betsy Shaw (numbmum.com) y a Craig Goodwin (www.yearofplenty.org), quienes me contagiaron su entusiasmo cuando más lo necesitaba, así como a tantos de sus maravillosos lectores que compartieron los enlaces de mis posts.

Por supuesto, debo agradecer al hombre en sí mismo que hizo que todo comenzara: al doctor Robert Lustig. No sólo por cambiar nuestras vidas con esa única y osada conferencia, sino por haberme apoyado a lo largo de nuestro año sin azúcar, respondiendo, para mi sorpresa, todos mis correos electrónicos llenos de preguntas tontas: cada una de ellas. Tengo la corazonada de que si el doctor Lustig pudiera resolver la epidemia de obesidad yendo de puerta en puerta y simplemente hablando con cada una de las personas, estaría dispuesto a ponerse un par de zapatos cómodos y salir a tocar timbres.

Muchísimas gracias a Angela Miller, quien, a la manera de Clark Kent, se cambia de una implacable agente literaria en Nueva York, a una granjera criadora de cabras en Vermont en un solo parpadeo. No sé cómo le haces, pero me siento muy, pero muy orgullosa de que lo hagas.

Quiero agradecer profundamente a mi editora, Shana Drehs, quien con su pluma roja y una varita mágica ha sido el hada madrina de este libro. Gracias por ayudarme a que las cabras no se me fueran pa'l monte.

Con mucho amor y aprecio a mi mamá y a mi papá. Papá, tus viernes de pesto me hicieron sentir un gran entusiasmo por la comida; mamá, tu pasión por las palabras y por ponerlas en su lugar despertó en mí el entusiasmo por la escritura. Así que básicamente todo esto es responsabilidad de ambos.

Por último, tengo que agradecer a mi esposo, Steve, quien ha sido mi compañero en todo, quien lee lo que escribo y siempre me dice lo que piensa. Steve, el hombre orquesta, sin el cual no podría distinguir entre una computadora y una lata de anchoas. Steve, quien me miró aquel día cuando por primera vez propuse nuestro proyecto familiar y dijo, como si cualquier cosa:

—¿Un año entero sin azúcar? Mmmmmta…

Nunca hubiéramos logrado pasar por todo nuestro año sin azúcar sin unas cuantas recetas clave que vinieron a nuestro rescate una y otra vez. Por suerte tengo una colección ridículamente grande de libros de cocina, así que cuando necesitamos algo como, digamos, salsa para pasta, voy a consultar uno de los desgastados volúmenes en busca de una receta que pueda adaptar a nuestras necesidades. Algunas veces esto resulta sorprendentemente fácil. Otras veces necesito hacer trampa. Incluyo esta sección no tanto para dármelas de genio en la cocina o de chef (oh, claro, ¡como si yo hubiera inventado el hummus!). En lugar de eso, pretendo que sea una pieza más del rompecabezas que complete la imagen total de nuestro año.

Unos cuantos meses después de haber empezado, tuvimos el gusto de descubrir la suscripción a la página web de David Gillespie, howmuchsugar.com, llena de recetas sin azúcar, muchas de ellas inventadas o adaptadas por Lizzie, la esposa de David. Personalmente creo que Lizzie debería tener su propio libro de cocina o tener su propio programa en la tele. Sus recetas son confiables, deliciosas y tan bien elaboradas que a nadie que le haya compartido algún postre preparado con ellas sospecharía por un segundo que están disfrutando algo preparado sin azúcar. Dos de mis favoritas son el pastel de coco y los bollos sin azúcar.

Algunas de las recetas simplemente vienen de mi carpeta zarrapastrosa de recortes de revistas, chismes de internet y los favoritos de la familia transcritos a mano. En esos casos alteré las instrucciones aquí y allá, para aclarar cómo las preparé. Espero que tú también puedas adaptarlas de la manera que resulte mejor en casa.

Incluso si no estás tratando de librarte por completo de la fructosa, lo poquito de azúcar añadida que podamos evitar (cada sándwich que podamos comer sin mayonesa, cada pan de dulce que podamos dejar de consumir) es una pequeña ganancia. Cada galleta que nos comamos que no contenga azúcar granulada, jugo de fruta, melaza o miel, ayuda a dejar fuera de nuestro cuerpo una cantidad de tóxicos. Y quién sabe, a la mejor hasta empieza a gustarte.

Para consultar las recetas, escanea el código o ingresa en goo.gl/Grm3rN

Un año sin azúcar se imprimió en agosto de 2015,
en Acabados Editoriales Tauro, S.A. de C.V.
Margarita 84, Col. Los Ángeles,
Del. Iztapalapa, C.P. 09360, México, D.F.

Dirección editorial : : César Gutiérrez
Portada : : Diseño Selector / Socorro Ramírez
Apoyo editorial : : Margarita Carrasco

www.ingramcontent.com/pod-product-compliance
Lightning Source LLC
Chambersburg PA
CBHW071407090426
42737CB00011B/1389